Annelen Kranefuss

MATTHIAS CLAUDIUS

| Hoffmann und Campe |

1. Auflage 2011
Copyright © 2011 by Hoffmann und Campe Verlag, Hamburg
www.hoca.de
Layout und Satz: Kathleen Bernsdorf, Hamburg
Gesetzt aus der Kepler
Druck und Bindung: Friedrich Pustet, Regensburg
Printed in Germany
ISBN 978-3-455-50190-2

HOFFMANN
UND CAMPE

Ein Unternehmen der
GANSKE VERLAGSGRUPPE

Dem Andenken an Ulrich Gembardt

(1919–1996)

⤙ *Inhaltsverzeichnis* ⤚

»Ich habe nun einmal an Hamburg und seinen *environs* einen Narren gefressen«, gestand Matthias Claudius einem Freund. (Br. I, 143) Nur fünf Jahre hat er hier gewohnt, die längste Zeit seines Lebens aber in einem Dorf vor den Toren der großen Stadt. In Hamburg lernte er das Handwerk des Zeitungsredakteurs. In diesem lebendigen Zentrum der Aufklärung kam er mit den besten Köpfen seiner Zeit in Berührung, nahm teil am Musik- und Theaterleben, an den Gesprächen der Aufklärer, den Kontroversen der Theologen. Eine der Attraktionen seines Wohnsitzes Wandsbek war für ihn sicherlich auch die Nähe zu Hamburg. Als er 1777 bei der Rückkehr von dem gescheiterten Versuch, in Darmstadt beruflich Fuß zu fassen, das Elbufer bei Hoopte gegenüber dem Zollenspieker erreicht hatte und im frühen Morgenlicht des ersten Maisonntags das Panorama der Stadt mit den hohen Türmen der fünf Hauptkirchen in der Ferne auftauchen sah, notierte er: »Auf dem Hoop an der Elbe angekommen und die Nacht herrlich geschlafen. Des morgens um 4 Uhr an der Elbe promenirt, Hamburg angesehen und gefrohlockt.«[1] In Hamburg ist er 1815 auch gestorben, am Jungfernstieg, im Haus seines Schwiegersohns Friedrich Perthes; begraben wurde er in Wandsbek, dem Ort, der durch ihn der »berühmteste Marktflecken von Deutschland« (so der Lyriker Friedrich von Matthisson) geworden war.

Was heute von Matthias Claudius im kulturellen Gedächtnis weiterlebt – allgemein kaum mehr als ein paar Lieder, Sprüche und Gedichte, in Vertonungen zumeist und oft ohne Kenntnis des Verfassernamens –, das wirkt in seiner vollendet einfachen, lebensnahen und zugleich traditionsgesättigten Sprachgestalt auf den ersten Blick eigentümlich zeitlos. Erst mit Blick auf Claudius'

Biographie wird deutlich, wie sehr seine Werke in der Welt und im Lebensgrund ihres Autors wurzeln, sind die Spuren zu erkennen, die Ort und Zeit ihres Entstehens im poetischen und journalistischen Schaffen dieses originellen und eigenständigen Mannes hinterlassen haben, dessen äußeres Leben, gemessen an den Lebensläufen anderer Zeitgenossen, wenig spektakulär war.

Claudius ist nicht weit herumgekommen. Sein Leben hat sich, mit wenigen Ausnahmen, zwischen Hamburg und Wandsbek abgespielt. Von hier aus aber hatte er Zugang zur Welt und nahm teil an dem, was sein Zeitalter bewegte. Wer sich im 18. Jahrhundert als Autor verstand, konnte in der deutschen und europäischen Republik der Literaten mit seinesgleichen und mit seiner Leserschaft in Beziehung treten, und diese Möglichkeit hat Claudius auf seine Weise erfolgreich genutzt. Sein Verhältnis zum »Beruf« des Autors war jedoch ambivalent und kompliziert. Der Schriftsteller, den Karl Kraus im Überschwang einen »der größten deutschen Dichter« nannte, hat sich selbst zu keiner Zeit als Dichter bezeichnet. Das »Fratzengesicht des Schriftstellers« sei ihm gleichgültig, hat er einmal erklärt. (Br. I, 165) Nur den Boten Asmus, sein literarisches Alter Ego, lässt er sagen, es gebe große und kleine Poeten und er sei »einer von den kleinen«. (135) Für seine Person lehnte es Claudius ab, Schriftsteller und Mensch zu trennen. Seine Biographen haben denn auch hervorgehoben, dass ihm letztlich »das Leben, sein Leben und das seiner Familie viel höher stand als die literarische Hinterlassenschaft« (Eckart Kleßmann); auf die schöne Formel vom »Leben als Hauptberuf« hat Reinhard Görisch diesen Zug gebracht. Doch so skeptisch und ironisch sich Claudius über das Schreiben und den »Schreibegeist« geäußert hat und so schmal der Umfang seines Werkes ist, als Schriftsteller und Homme de lettres hat er sich zeitlebens verstanden: »Wer einmal geschrieben hat, kann hernach schwerlich schweigen; das ›Küchlein im Ei‹ rührt sich immer, pickt und will heraus.« (277) Schreiben – wozu das

Übersetzen ebenso gehörte wie das Rezensieren, Zitieren, Exzerpieren, diese Antwortreflexe auf Gelesenes und Erlebtes – war für Claudius keine private Nebensache, sondern Bedingung und Ausdruck der ihm so wertvollen Unabhängigkeit der Lebensführung. Von Anfang an und je älter er wurde, umso ausdrücklicher wurde es für ihn zum Mittel, in Prosa und Gedichten auf ein »Besseres« hinzuwirken. Nicht auf ein autonomes Werk kam es ihm dabei an, sondern auf dialogische Mitteilung und Wirkung, auf das Gespräch mit Freunden und Lesern.

Dieses Buch soll zeigen, wie intensiv dieser Autor im kritischen Austausch mit seiner Epoche stand. Claudius war, obwohl eigensinnig und unbeirrt eigenständig, nicht der zeitenthobene Sonderling und Außenseiter, als der er oft hingestellt wurde, als den er sich auch gern selbst stilisierte. Bis zuletzt verfolgte er das Zeitgeschehen mit wachem Sinn. Er liebte die Geselligkeit unter Freunden, den persönlichen Austausch mit anderen. Doch hat er in seinem Leben über vieles auch hartnäckig geschwiegen. Claudius verfasste keine Autobiographie, führte kein Tagebuch. Seine Briefe sind, soweit wir sie nach dem heutigen Stand der Überlieferung kennen, verglichen mit den postalischen Herzensergüssen der empfindsamen Zeitgenossen seltsam verhalten. Von der manischen Briefschreiberei seines näheren Umkreises (Klopstock: »wahre Krankheit«) ließ Claudius sich nicht anstecken. Häufig sind seine Briefe kurz, hingeworfene Mitteilungen, nicht nur weil das Porto teuer war. Theologische oder philosophische Fragen, die ihn so sehr beschäftigten, werden darin nur selten erörtert. Selten ist zudem, außer in jüngeren Jahren, von Seelenregungen und Gefühlen die Rede, und wenn, dann knapp (»gefrohlockt«!) oder verklausuliert. Claudius bevorzugte erklärtermaßen das Mündliche. Aber auch dabei scheint nach den Berichten von Zeitgenossen oft Schweigen geherrscht zu haben. Gegen das zu seiner Zeit verbreitete hemmungslose Weitergeben und Veröffentlichen privater Briefe hat er sich vehement ausgesprochen. Er sah dadurch »die Heiligkeit des Freund-Vertrauens« (Br. I, 86 f.) verletzt.

Schon der junge Claudius verlangte von einem seiner Adressaten (Heinrich Wilhelm von Gerstenberg, damals im Militärdienst), er möge seine Briefe verbrennen, »wer weiß welchem Leutnant Ihr Briefpult in die Hände fallen könnte«. (Br. I, 87) Einen Teil seiner Korrespondenz vernichtete er selbst, etwa im Jahrzehnt nach der Französischen Revolution und angesichts drohender Besetzungsgefahr während der napoleonischen Kriege; eigene Briefe ließ er sich von den Empfängern oder ihren Erben zurückgeben. Mehr als Ängstlichkeit scheint sich da ein tiefsitzendes Bedürfnis nach Diskretion durchgesetzt zu haben, eine eigentümliche Schamhaftigkeit, die ihm den Gedanken unerträglich machte, Persönliches in falschen Händen zu wissen. Behauptete er doch sogar, sich beim Ankündigen seiner Werke zu fühlen, als »wenn ich vor dem ehrsamen Publikum die Hose heruntermachen soll«. (Br. I, 317)

Nur ein Bruchteil seiner Briefe ist bekannt. Überdies gibt es bis heute keine zuverlässige Ausgabe der erhaltenen Korrespondenz.[2] Gleichwohl hat die Forschung in den fast hundert Jahren seit der letzten großen wissenschaftlichen Claudius-Biographie von Wolfgang Stammler noch Unbekanntes und Neues zutage gefördert. Manches lässt sich bei eingehender Lektüre des Werkes vor dem Hintergrund des inzwischen genauer erforschten historischen Kontexts noch entdecken. In der Verflechtung mit seinem Zeitalter wird Claudius' Eigenart sichtbar. Und auch im Werk sind Lebensspuren zu finden, nicht im Sinne der schlichten Gleichsetzung von Leben und Werk der älteren Biographik, die literarische Texte nur als anekdotische Quellen verstand, sondern verwandelt in das andere Leben einer auf Leben und Tod bezogenen Literatur. Leben, nicht nur in Haus und Familie, sondern als Zeitgenossenschaft, war für den Schriftsteller Claudius Thema und Berufung. Dennoch bleiben schmerzliche Lücken in der Überlieferung. Das Geheimnis eines Menschen ist freilich nicht nur der ungesagte Rest, den Biographen so gern aufzuspüren suchen, es steckt bereits in dem, was er der Welt zeigt, im Werk wie in den verschiedenen Rollen seines Lebens. Was in diesem Lebenslauf die Hauptsache war, ist eine Frage der Perspektive. Für Claudius war die »Distinction zwischen Schriftsteller und Menschen« gegenstandslos. Doch danach, wie sich beides zueinander verhält, lässt sich fragen.

1.

HERKUNFT UND LEHRJAHRE

Ansicht von Reinfeld, 1813

⚬ *Reinfeld* ⚬

Reinfeld, nicht weit von Oldesloe und der Trave gelegen, in dessen Pfarrhaus Matthias Claudius am 15. August 1740 zur Welt kam, war zur Zeit seiner Kindheit kein reines Bauerndorf, sondern eine Handwerkersiedlung, deren Bewohner vom Schloss abhingen – dem Witwensitz der Mutter des regierenden Herzogs, Dorothea Christina. Ihr Sohn Friedrich Carl residierte im nahen Plön. Der Neffe des vorigen Herzogs aus der Nebenlinie Schleswig-Holstein-Sonderburg-Plön hatte 1729 mit Unterstützung des dänischen Königs im Tausch gegen sein Fürstentum Norburg, ein dänisches Lehen auf der Insel Alsen am Ausgang der Flensburger Förde, das ebenso winzige Herzogtum Plön übernommen und seinen geschätzten Pastor Matthias Claudius gleich mitgebracht. Nach dem Tod Friedrich Carls fiel der Zwergstaat um den Plöner See 1761 zurück an den königlichen Anteil Holsteins im dänischen Gesamtstaat, diesem übernationalen Zusammenschluss von Dänemark, Norwegen und den deutschen Herzogtümern Schleswig und Holstein; seitdem war Claudius dänischer Untertan deutscher Nation.

Matthias Claudius wuchs auf in der überschaubaren ländlichen Welt Südostholsteins. Wald, Wiesen, Felder, Sandwege, freistehende Bäume und baumbestandene Hügel bestimmten das Bild dieser Landschaft mit dem hohen Himmel – hier konnten die Pastorenkinder mit den Dorfkindern frei herumstreifen und die Natur erkunden. Die beiden einzigen repräsentativen Bauten am Ort waren das (heute nicht mehr vorhandene) Schloss, Anfang des 17. Jahrhunderts auf dem Grund und aus den Steinen eines aufgelösten Zisterzienser klosters errichtet, und die in einiger Entfernung auf einem Hügel über den Wohnhäusern der Hofbeamten und Gewerbetreibenden thronende kleine Gemeindekirche. Der schlichte, weißgekalkte Bau ersetzte die ehemalige Klosterkirche, die im 17. Jahrhundert nach einem Durchbruch des von den Mönchen angelegten großen

Fischteichs zerstört worden war. Nur das Pastorat blieb im Gartengelände zwischen Schloss und »Herrenteich«. Hier konnte der Pfarrer zur Versorgung seiner kinderreichen Familie einen eigenen Garten mit Obstbäumen bewirtschaften und vier Kühe halten, die im Sommer auf den umliegenden Vorwerken freie Weide hatten.

Schloss – Pastorat – Kirche: In diesen Raumverhältnissen seines Heimatortes bilden sich die sozialen Strukturen und persönlichen Beziehungen ab, die sich dem jungen Matthias Claudius als selbstverständliche Ordnung der Welt einprägen. Der Vater steht als Geistlicher zwischen den Dorfbewohnern und der weltlichen »Obrigkeit«, die am Ort durch die verwitwete Herzoginmutter vertreten wird. Sein Haus liegt auf Schlossgrund, dem Schloss näher als dem Dorf. Der Prediger als Verwalter und Verkündiger von Gottes Wort zählt als geistliche und geistige Autorität zur Mittelschicht der Gebildeten zwischen Adligen, Kleinbürgern und Bauern. Sein Amt macht ihn innerlich unabhängig; als Seelsorger der kleinen Gemeinde und der Herzogin von Reinfeld hat er eine herausgehobene Stellung, als Vater einer Familie genießt er die besondere Fürsorge der Herzoginmutter. Er ist ihr damit nicht nur dem Stand nach untergeordnet, sondern trotz der Gebühreneinnahmen aus den Amtshandlungen, von der Taufe bis zur Beerdigung, auch bis zu einem gewissen Grade wirtschaftlich von ihr abhängig, eine Form der Patronage, die in dieser Gegend um die Mitte des 18. Jahrhunderts die Regel ist. Die Landesmutter kümmert sich besonders um die Pastorenfamilie, man begegnet einander auch im Alltag. Einige Claudius-Geschwister sind Patenkinder von Angehörigen der herzoglichen Familie. Es wird noch davon die Rede sein, wie Claudius später im Leben mit ähnlichen Konstellationen umgeht.

Die Herkunft der Familie ist in der handlichen Hausbibel, die der Vater seit 1738 als Familienchronik führt, gut dokumentiert: Väterlicherseits fünf Generationen einer nordschleswigschen Pastorenfamilie aus der Gegend von Tondern; hier wurde das Pfarramt

in der Regel noch vom Vater auf den Sohn vererbt. In der Bibel
verzeichnete Pastor Claudius auch die Geburt seines vierten, nach
ihm benannten Sohnes Matthias, des zweiten aus zweiter Ehe. Es
folgten noch sieben Kinder. Mütterlicherseits stammten die Vorfah-
ren aus der angesehenen Flensburger Kaufmanns- und Ratsherren-
familie Lorck. Es waren Männer und Frauen, für die praktische
Wohltätigkeit und gottgefälliges Leben zusammengehörten. Auf
Anregung einer Tante von Claudius' Mutter wurde in Flensburg ein
Waisenhaus nach dem Vorbild der Franckeschen Stiftung in Halle
gegründet. Schwer zu sagen, in welcher Form der pietistische Geist
dieser Gründung in der Familie weiterwirkte. Aus den Briefen von
Claudius' Mutter Maria spricht eine innige, durch den täglichen
Umgang mit Bibel und Gesangbuch genährte Frömmigkeit, in die
die Kinder selbstverständlich einbezogen wurden.»So ein ›Befiehl
du deine Wege‹, das man in der Jugend, in Fällen, wo es nicht so war,
wie's sein sollte, oft und andächtig mit der Mutter gesungen hat, ist
wie ein alter Freund im Hause, dem man vertraut und bei dem man
in ähnlichen Fällen Rat und Trost sucht« (344), wird Claudius einmal schreiben. Im Reinfelder Pfarrhaus wie in der Kirche wurden die
Lieder aus dem Kernbestand der evangelischen Kirche nach dem
Plönischen Gesangbuch gesungen, Lieder von Martin Luther, Paul
Gerhardt, Johann Heermann. Es mischt alte und neuere Kirchen-
lieder, verzichtet aber beinahe gänzlich auf pietistisches Liedgut.[3]

Immer wieder ist nach Claudius' Beziehung zum Pietismus gefragt worden. Als »grämlicher Pietist« sei er gestorben, meinte
Wolfgang Koeppen,[4] der damit allerdings von einem historisch
vagen Pietismusbegriff ausging. Tatsächlich wird es bei Claudius
später Kontakte zu den »Stillen im Lande« geben, doch macht
ihn dies noch nicht zum Pietisten. Aus den wenigen erhaltenen
Dokumenten lässt sich nicht auf eine pietistische Prägung des
väterlichen Pfarrhauses schließen. Die Lutherbibel, die die Eltern
dem achtjährigen Matthias schenkten, war ein Druck des Waisen-

hauses zu Halle,[5] doch die Familien- und Kirchenbucheintragungen des Reinfelder Pastors fallen nicht aus dem gut lutherischen Rahmen der Zeit. Vieles, was gemeinhin mit Pietismus assoziiert wird, fehlt in Claudius' Leben, nichts deutet auf Bußkampf und Bekehrung oder radikal-spiritualistischen Enthusiasmus hin, nichts darauf, dass Matthias sich von einem moralisch engen Lebensstil der Eltern hätte emanzipieren müssen. Keinesfalls hätte er sonst als junger Mann seinen Freund Schönborn bei dem Versuch, ihn zum Tabakschmuggel nach Kopenhagen zu animieren (»unten im coffre in der Mitten kommt keine Hand des Visitierers«), an seine Eltern verweisen können: »Die werden wohl Anstalt zu Toback machen.« (Br. I, 31)

Im Elternhaus wurde der Grund zu dem persönlichen lutherischen Glauben gelegt, der zum Cantus firmus seines schriftstellerischen Lebens werden sollte. Der poetische Nachruf, den er 1773 am Begräbnistag des Vaters in die Zeitung setzte, mochte auf dieses Vermächtnis hinweisen: »Ach, sie haben / Einen guten Mann begraben / Und mir war er mehr«. Claudius ist indes einer der vielen Pastorensöhne, die der Theologie und dem Amt des Vaters den Rücken kehrten und auf anderen Feldern ihr Glück suchten, so zum Beispiel in der weltlichen Literatur.[6] Die Tradition der väterlichen Familienbibel aber führt er weiter, sie fällt ihm 1780 nach dem Tod seiner Mutter als Erbteil zu. Nicht nur daran zeigt sich, dass bei diesem Pfarrerssohn die Verbindung zur Welt des Vaters und der Väter nicht abreißt – bei allen zeitbedingten Veränderungen, die das Leben noch bereithält. Allerdings wird er im religiösen Feld an eine andere Stelle rücken. Er übernimmt die Position des Laien, nach Max Weber Gegenüber und Gegenspieler der Spezialisten des Heils, der Priester und Propheten. Wie er diese Rolle im Lauf seines Lebens ausfüllt, wie er mit ihr spielt, sie in Literatur und Publizistik verwandelt, auch das macht seine Gestalt in der Geschichte der Literatur und der Kulturgeschichte der Frömmigkeit originell und unverwechselbar.

Zunächst aber steht außer Frage, dass die Claudius-Söhne Theologen werden sollen. Der Bildungsweg ist vorgezeichnet: vom fünften Lebensjahr an bis zur Konfirmation Elementarunterricht am Ort beim Organisten und Küster, der auch Musikunterricht gibt, zu dem unter anderem das Orgelspiel gehört. Der Vater übernimmt zu Hause die Vorbereitung auf die Lateinschule im nahen Plön. Hier wird die Grundausstattung eines künftigen »Gelehrten« vermittelt (was damals allgemein den Stand der *litterati*, der akademisch Geschulten, meinte): Latein und Griechisch, Einführung in die klassische Literatur. Nach vier Jahren dann das Studium der Theologie in Jena. Die dortige Universität ist noch immer wegen ihres wüsten Studententreibens berüchtigt, wird aber wegen der moderaten Studiengebühren von den weniger finanzstarken Söhnen der schleswig-holsteinischen Herzogtümer bevorzugt. Dennoch hätte der Vater die Ausbildungskosten für zwei Studenten nicht allein tragen können. Die Summen, die für ein Universitätsjahr aufzubringen waren, konnten fast die Hälfte des Jahreseinkommens eines Landpfarrers (im benachbarten Niedersachsen etwa 300 Reichstaler) verschlingen.[7] Selbst wenn der Reinfelder Pastor mehr verdient hätte: Hier mussten gleich zwei Söhne einen Wechsel erhalten – von den im Hause noch zu ernährenden Kindern ganz zu schweigen. Vermutlich hat Herzogin Dorothea Christina geholfen. Die von ihr im ersten Studienjahr der Claudius-Söhne eingerichtete Stiftung, aus der zwei Studierende »aus den Plönischen Landen« mit je 65 Reichstalern pro Jahr jeweils drei Jahre lang unterstützt wurden[8], wirkt wie auf die Pastorenkinder zugeschnitten. Ob das Studium der beiden ältesten tatsächlich aus diesem Fonds finanziert wurde, ist freilich, anders als später bei dem Medizinstudium des Bruders Detlev Christian, nicht belegt. Einen Zuschuss könnte die Herzoginmutter aber auch aus ihrer Privatschatulle beigesteuert haben.[9]

1759 lassen sich Matthias (19) und sein Bruder Josias (20) als Theologiestudenten immatrikulieren. In einem kleinen Heft hat ihnen der Vater »Väterliche Erinnerungen an seinen nach Universitäten gehenden Sohn«[10] mitgegeben. Protestantische Frömmigkeit und Arbeitsethos verbinden sich darin mit dem praktisch-humanistischen Geist der frühen Aufklärung. Sie zeigen Augenmaß: Die Studierenden sollen sich »nicht mit Collegia überheuffen«, in den Vorlesungen nicht alles »sclavisch« mitschreiben, den Stoff nicht einfach auswendig lernen. Die Aufforderung zur Sparsamkeit (»Seine Feuerung im Sommer in der wohfeilesten Zeit anschaffen«) ist umso mehr angebracht, als der Siebenjährige Krieg die Lebenshaltungskosten auch in dem thüringischen Universitätsstädtchen verteuert hat. »Stille und eingezogen leben« soll der Student und »warten, bis man durch seine Geschicklichkeit bekannt werde«. Vor allem wird er zum täglichen Morgen- und Abendgebet angehalten, zu Bibelstudium und Beachtung »des öffentl. Gottes-Dienstes«.

Matthias Claudius hat sich die 35 Sätze seines Vaters auf eine Weise zu Herzen genommen, die weder Vater noch Sohn voraussehen konnten. Sie gehen ein in den Grundstock, aus dem der dichtende Pfarrerssohn nicht nur seine spätere Lebenseinstellung, sondern auch seinen Sprachschatz bezieht. »Alle gute Gabe«, so hatte Vater Claudius geschrieben und damit aus dem vertrauten Fundus der Lutherbibel zitiert, «auch die theure Gabe der Weisheit«, müsse »von dem Vater des Lichtes von oben herab kommen«. Fast ein Vierteljahrhundert danach wird der Sohn das Zitat seinerseits in einem »Bauernlied« wiederholen, das einmal nach seinem Tod aus seinem literarischen Kontext gelöst und als Erntedanklied ins evangelische Kirchengesangbuch übernommen wird:

Wir pflügen und wir streuen
Den Samen auf das Land;
Doch Wachstum und Gedeihen
Steht nicht in unsrer Hand.

Der Refrain lautet:

Alle gute Gabe
Kömmt oben her, von Gott,
Vom schönen blauen Himmel herab!

Nicht nur hier ist die Saat des Vaters und seiner biblischen Sprachwelt in der Literatur des Sohnes aufgegangen.

Jena gehörte zu Claudius' Studienzeit nicht zu den führenden Universitäten der Aufklärung. Die beherrschende Gestalt an der Theologischen Fakultät, der alte Johann Georg Walch (1693–1775), Herausgeber der Werke Luthers, war ein gemäßigter Orthodoxer mit betonter Orientierung an der ethischen Praxis, der, wie sein Lehrer und Schwiegervater Franz Budde, ein eklektisches Studium der Philosophie und Theologie befürwortete und historisch-theologische Einleitungen in die »Religions-Streitigkeiten« der reformatorischen Kirchen verfasst hatte. Werke von Budde und Walch hat Claudius besessen. In seinen Vorlesungen saß schon Claudius' Vater, später auch Klopstock. Walch war erklärter Gegner des schulphilosophischen Systems von Christian Wolff, der die Welt aus logisch deduzierbaren Sätzen zu erklären und Vernunft und Offenbarung zu harmonisieren suchte. So ist Claudius wohl von Anfang an nicht in »die dürre Sandwüsten der Wolffschen Philosophie« (26), wie er sie später nannte, geraten.

Vermutlich schon im ersten Studienjahr gibt er die Theologie auf. Über die Gründe ist viel spekuliert worden. Es mag ein »Brustleiden« gewesen sein, das ihn vor dem Berufsweg des Predigers

zurückschrecken ließ; tatsächlich wird er zeitlebens mit einer An-
fälligkeit der Atemwege, schweren Erkältungen, Bronchitis und
»Pleuresie« (Brustfellentzündung) zu kämpfen haben. Andererseits
gab es in seinem späteren Umkreis auch Prediger, die trotz lebens-
bedrohlicher Lungenkrankheiten amtierten. Schreckte er schon
damals vor dem Gewicht des Amtes zurück? Oder ödete ihn, wie
auch vermutet wurde, die schulmäßig betriebene »Gottesgelahrtheit« an? Die akademische Theologie jedenfalls konnte ihn nicht
fesseln. Rückschlüsse auf seinen eigenen Glauben erlaubt dies nicht,
der Fächerwechsel war auch generationstypisch. Zu welchem Zeitpunkt sein religiöser Standpunkt in Grundzügen feststand, welche
Impulse die Glaubenshaltung begründeten, die, wenn auch verhüllt,
schon in den frühesten journalistischen Beiträgen seiner Hamburger Zeit aufblitzt, darüber gibt es keine biographischen Dokumente.
Wohl aber zeigen Lektürespuren in seinen Werken, welche ent-
scheidende Rolle das Lesen bei der Ausbildung der eigenen Position spielte. Auf der imaginären Leseliste religiös-philosophischer
Autoren, die sich aus seinen Schriften rekonstruieren lässt, stehen
neben Johann Arndt, dem im 18. Jahrhundert noch vielgelesenen
Wegbereiter des lutherischen Pietismus, Kirchenväter wie Dio-
nysius Areopagita, Augustinus und Laktanz sowie die frommen
empirischen Naturphilosophen des 17. Jahrhunderts, Robert Boyle,
Newton und Bacon, an deren »Geschmack an der Erfahrung« Claudius seine »große Freude« bekundete. (570 f.) Noch im hohen Alter
nennt er den englischen Philosophen Francis Bacon of Verulam
(1561–1626) einen der entscheidenden Leseeindrücke seiner Jugend:
Dies habe in seinem Herzen die Liebe zum Christentum genährt
und vertieft.[11] Einiges mag ihm schon in der Bibliothek des Vaters
begegnet sein – Titel der genannten Autoren finden sich auch im
Auktionskatalog der Bücher aus seinem Nachlass, die seine Familie
nach dem Tod seiner Frau Rebecca 1833 versteigern ließ.[12]
    Matthias Claudius wechselt also zur Juristischen Fakultät und

belegt »Cameralwissenschaften«, also Wirtschafts- und Staatswissenschaft. Begründer des Fachs war in Jena Joachim Georg Darjes (1714–1791), ein renommierter Philosoph und Jurist, der sich vom Anhänger zum – moderaten – Kritiker des Wolffianismus entwickelt hatte und den Standpunkt vertrat, dass die Wissenschaft sich durch ihren Nutzen für Staat und Gesellschaft zu legitimieren habe.[13] Darjes muss ein anregender Hochschullehrer gewesen sein, ein Aufklärer, für den »die moralische Bildung des Herzens der Lernenden eine von den Hauptabsichten des academischen Geschäfts« war und dem nach eigenem Bekunden daran gelegen war, die »Kunst des Selbstdenkens« verständlich und praxisbezogen zu lehren.[14]

Die Brüder Claudius konnten diesen interessanten Professor auch als Leiter der »Teutschen Gesellschaft« erleben, einer Sprachgesellschaft nach dem Muster der gleichnamigen Leipziger Gründung des Rhetorikprofessors und Lehrers der Dichtkunst, Johann Christoph Gottsched. Jeden Samstag versammelten sich Studenten, Magister und Professoren außerhalb des offiziellen Lehrbetriebs, in dem immer noch das Latein dominierte, um in geselliger Runde unter Anleitung eines »Aufsehers« rhetorisch-poetische Kunstfertigkeit und einen guten deutschen Stil zu üben. Die »Übungen in der Dichtkunst«, noch ganz im Sinne einer rationalistischen, das Gefällige mit dem Nützlichen verbindenden Poetik, waren Teil einer Schulung, die für die späteren Berufe, beispielsweise in den fürstlichen Verwaltungen und Ministerien der großen und kleinen deutschen Territorialstaaten, qualifizieren sollte, auch wenn es dort prosaischer zuging.[15] Für die Begabteren waren sie zugleich der Beginn einer intensiveren Beschäftigung mit der »Dichtkunst«. Ihr Mentor, der Magister Jakob Friedrich Schmidt, ein Theologe mit literarischen Neigungen und zehn Jahre älter als Claudius, sah seine Aufgabe darin, die jungen Talente aus der Vorherrschaft der Gottsched'schen Regelpoetik in das Fahrwasser einer ästhetisch moderneren Auffassung von Dichtung zu lotsen, für die unter anderem der Name Klopstock stand.

Am Anfang des Weges zu Kunst und Literatur steht das »Ich ... auch«. Keimpunkt eigenen Schaffens ist das Berührtsein durch fremde Sprachen und der Wunsch, sich antwortend selbst zu äußern. Ein Mitglied der Jenaer Deutschen Gesellschaft, Heinrich Wilhelm von Gerstenberg (1737–1823), den Claudius im Sommer 1759 kurz vor dessen Rückkehr nach Holstein kennenlernt, hat ein Büchlein mit dem Titel *Tändeleyen* veröffentlicht, eine Sammlung teils neckischer, teils empfindsamer Dichtungen in der gerade in Mode gekommenen leichtfüßigen Mischung von Vers und Prosa der französischen Rokokopoesie. Es handelt von den »stillen Entzückungen der Liebe«, anmutigen Schäferinnen und dem »Geschmack eines Kusses« – scherzhaft-galante Themen, wie sie etwa der vielgelesene Dichter Johann Wilhelm Ludwig Gleim in Halberstadt unter Berufung auf Anakreon, den griechischen Sänger von Wein und Liebe, durchspielte. Das Gütesiegel für die Welt der Literatur erhielt Gerstenbergs Erstling durch Lessings wohlwollende Rezension in Friedrich Nicolais Berliner *Briefen die neueste Litteratur betreffend*. »Solche Tändeleyen zu lesen« bereitet Claudius »große Wollust«.[16] So möchte er auch schreiben. 1762 hat er ein eigenes, exakt genauso umfangreiches Bändchen zusammen, ein Taschenbuch von 64 Seiten, vier Bogen im Oktavformat. Darin sein vielleicht ältestes Gedicht: »An eine Quelle«, das er mit der Jahreszahl 1760 später als einziges in seine Werkausgabe übernehmen wird, vielleicht aus Protest gegen den Plagiatsvorwurf der Kritik. Während Gerstenberg einen renommierten Leipziger Verleger gefunden hat, lässt Claudius sein Büchlein in Jena drucken. Es erscheint 1762 nach der Leipziger Herbst-Buchmesse und wird deshalb, wie damals üblich, auf das folgende Jahr vordatiert.

»Ich habe auch Tandeleyen gemacht«, bekennt Claudius dem bewunderten Dichter stolz, um sich im selben Atemzug treuherzig für den nahezu identischen Titel zu entschuldigen: »Ich wuste nichts wie ich sie anders nennen sollte.« (Br. I, 22)[17] Der Gleichklang wird bald allseits Kritik hervorrufen. Gerstenberg selbst reagiert freundlich, der Berliner Großkritiker Nicolai aber stöhnt: »O mein Gott! müssen denn die Studenten auf Universitäten tändeln!« Ohne einen blassen Schimmer von dem, was einen Gerstenberg »unter die besten Köpfe Deutschlands setzet«, dächten diese jungen Leute wohl: »Tändeleyen? Hm! Das kann ich auch wohl machen: gesagt geschehn!«[18]

Verglichen mit dem anmutigeren Gerstenberg, wirkt Claudius' Anfängerarbeit tatsächlich unbeholfen. Auch anderen Kritikern fiel die unfreiwillige Komik der Turnübungen Amors und anderer »LiebesGötter« auf Mädchenbusen, Schlüsselblumen und alten Runzeln, die schiefen Wendungen in den betulichen Verserzählungen im Stil des empfindsamen, freilich wesentlich eleganteren Gottsched-Antipoden Christian Fürchtegott Gellert auf. Noch hat der junge Dichter den eigenen Ton nicht gefunden. Schon hier aber tauchen Motive auf, die ihn sein Leben lang beschäftigen werden: das Lob der Nächstenliebe, der uneigennützigen nachbarlichen Hilfe für die Armen und Alten; der »Heide«, dessen Frömmigkeit die kalten und gefühllosen Christen beschämt. Noch in seinem letzten Lebensjahrzehnt wird Claudius diesen Lieblingsgedanken seiner Zeit wiederaufnehmen.

Zum ersten Mal erscheint auch der für ihn später so bedeutsame Gegensatz von lebensferner und praxisnaher Wissenschaft. »Der nützliche Gelehrte« – so heißt die Verserzählung, die »An Herrn Mag.[ister] Schlettwein« gerichtet ist. Diesen Lehrer zeichne aus, dass er sich von den Schulphilosophen unterscheide, welche die Welt im logischen Schlussverfahren mit Vernunftbegriffen nur interpretierten, statt dazu beizutragen, sie praktisch zu verändern:

Das, was sie plaudern, ist zwar wahr,
Doch bis zum nützlichen sich nie herunter lassen,
Und Dich so gar deswegen hassen,
Ist lächerlich, was zu erweisen war.
Du hast der Wissenschaften Werth, in jeglicher ein Mann
Durch schöne Proben dargethan.
Freund, zeig uns ferner Mittel an,
Das Leben glücklicher zu führen,
Und laß die Narren demonstriren.
Und jeder lache, der sie hört!

Der so gelobte Johann August Schlettwein (1731–1802), ein umtrie-
biger und eigenständiger Darjes-Schüler, wurde später einer der
führenden deutschen Physiokraten, ein Vertreter jener Wirtschafts-
theorie, die das Wohl eines Landes vor allem in Bodenschätzen und
Landwirtschaft sah. Es wird vermutet, dass Claudius seine Verse
1762 aus Anlass von Schlettweins Ernennung zum Professor der
»Policeywissenschaften« (Staats- und Verwaltungslehre) schrieb.[19]
Vielleicht war er sogar Mitglied der von Schlettwein gegründeten
studentischen Übungsgruppe, die dieser zu einer selbständigen
Wissenschaftsgesellschaft profilieren wollte, sehr zum Ärger der
Philosophischen Fakultät, deren Angehörige den jungen Dozenten
einen äußerst »gefährlichen Menschen« nannten, der das »deis-
tische und naturalistische Gift […] unter die studierende Jugend
ausströmt«.[20] Sogar sein Förderer Darjes, der ihn einige Jahre zuvor noch gegen den Vorwurf »spinozistischer Irrtümer« in Schutz
genommen hatte – eine gefährliche Beschuldigung, weil sie Nähe
zum Atheismus insinuierte –, ging als amtierender Dekan, freilich
eher aus hochschulpolitischen Gründen, auf Distanz.[21]

Hat der junge Claudius von den Angriffen auf Schlettwein ge-
wusst? Seine Zueignung lässt sich als Parteinahme für einen von
den Autoritäten Angefeindeten lesen, selbst wenn dieser mit der

Ernennung zum Professor wohl nicht mehr in der Schusslinie stand. Die Waffe seines Verteidigers ist das Verlachen der weltfremden Wissenschaft, wie es auch zum guten Ton der zeitgenössischen Gelehrtensatire gehörte. Eine recht stumpfe Waffe in der Hand des jungen Holsteiners, von dem man sich doch in Jena erzählte, er sei »zur Satyre ziemlich aufgelegt«.[22] Den Namen Satire verdient die Erzählung nicht, interessant und auf Späteres vorausweisend aber ist ihr angedeuteter Realitätsbezug.

»Tändeleyen«, Liebesszenen nach dem Muster antiker Kleinkunst, sind ein schönes Spiel. Vom persönlichen Erleben des Lyrikers sprechen sie nicht. Dagegen bringen drei Gedichte am Ende des Bändchens ausdrücklich Nichtfiktives, Persönliches zur Sprache. Das Gedicht »An meinen Vater«, wirft ein Licht auf die bruchlos herzliche Vaterbeziehung des jungen Autors, dokumentiert aber auch, dass er noch keine eigene Sprache dafür hat. Das letzte Stück der Sammlung, eine kurze Klage über den Tod des Bruders, vermittelt eine schwache Ahnung von der späteren Einfachheit im Ausdruck des reifen Claudius. Es schiebt rhetorische Vorgaben (mit einem dafür vorgesehenen rhetorischen Kunstgriff) beiseite: »Ich mag heut nicht im Dichterschmuck erscheinen / Mein Lied sei traurig wie mein Herz!« (725)

Der Tod des Bruders war für Claudius das erschütterndste Ereignis der Jenaer Zeit. Im Herbst 1760 erkrankten beide Brüder an den »Blattern« oder Pocken, dieser hochansteckenden, oft tödlichen Krankheit, gegen die es kein Heilmittel gab – die Möglichkeit prophylaktischer Immunisierung durch »Inoculation« eines Pockenserums, die die Seuche heute fast ausgerottet hat, hatte sich noch nicht durchgesetzt, die allgemeine Impfpflicht, eines der nützlichen Projekte der Aufklärung, lag noch in weiter Ferne. Matthias übersteht die schwere Krankheit aus eigener Kraft, Josias aber stirbt in seinen Armen, ohne dass er helfen kann. Der Tod macht »Arbeit, tief im Herzen«. So sagt es sein zum Begräbnis veröffentlichtes Gedicht, die separat gedruckte »Klage / bei der Gruft seines geliebtesten Bruders / Herrn Josias Claudius / der Gottesgelahrtheit rühmlichst Beflissenen welcher zu Jena den 19. / des Wintermonats 1760 selig verschied«. (894) Als Kind schon hatte Claudius drei Geschwister verloren, dieser aber war der Lieblingsbruder seiner Jugend, der Vertraute in der Fremde, und er erlebte dessen Sterben aus nächster Nähe. Zum ersten Mal stellte sich ihm in aller Schärfe die Frage nach dem Sinn des Leidens. Muss unser Lebensweg durch »dunkele unabsehbare Tiefen« (891) führen, kann ein solcher Tod Gottes Wille sein?

Das fragt Claudius in der Rede, die er nach akademischem Brauch am Grab des Bruders im Beisein des Exrektors vor der Trauergemeinde halten muss. Tapfer kämpft er mit den dafür vorgesehenen Konventionen und verheddert sich nach der eindringlichen Vergegenwärtigung des Todeskampfs (»Er ringt die Hände, Todesangst schwellt ihm die Brust auf, er sieht mich starr an, da seine Zunge keine Worte mehr stammlen kann«) in einer schulmäßigen Pro-und-Contra-Abhandlung über das Thema *Ob und wie weit Gott den Tod der Menschen bestimme.* Es meldet sich, im Gewand aufklärerisch-rationaler Argumentation, die alte Hiobsfrage angesichts einer als sinnlos empfundenen, herzzerreißenden Verlusterfahrung: Das soll Gott gewollt und verursacht haben? Der Gott, der doch das Glück seiner Geschöpfe will? Selbst wenn es eine (dem Menschen nicht zugängliche) Logik geben sollte, die das Sterbedatum festlegt, »weil die Vollkommenheit des Ganzen es erfordert«, kann denn Gott, so fragt der Redner, mit ansehen, dass einer einen so qualvollen Tod stirbt? Darf der Gott der Liebe grausamer sein als der Mensch? Hinter diesen rhetorischen, unbeantwortbaren Fragen einer nicht ausgeführten Theodizee lauert das Undenkbare: ein Gott, der ganz anders ist als der gütige Vater und Schöpfer einer vernünftig eingerichteten Natur. Doch so nah der Trauerredner an diesem Novembertag des Jahres 1760 dem gefährlichen Komplex auch kommt, der Gedanke, das Gottesbild selbst – und das heißt auch: sein Vaterbild – in Frage zu stellen, liegt ihm fern. Der Zwanzigjährige ist kein Rebell. Er kann Gott weder anklagen noch schuldig sprechen wie wenige Jahre danach die Stürmer und Dränger, noch überhaupt, wie später Jean Paul, die Möglichkeit denken, »dass kein Gott sei«.

Die gedankliche und sprachliche Anstrengung des Versuchs, das Unbegreifliche zu begreifen, und der Schmerz über den Verlust sind auch in dem erwähnten Gedicht am Schluss der *Tändeleyen und Erzählungen* zu spüren, das im Ganzen schon befriedeter klingt. Vorsichtig weist es den Gedanken eines strafenden Gottes zurück und nähert sich der optimistischen Haltung der Epoche mit Worten, die auf Paul Gerhardt zurückgreifen. Dass Gott es in allem nicht zu verstehenden Leid »treu und redlich mit uns meint«, will auch der Sprecher glauben. Das heißt nicht, dass der Tod erklärt oder aufgehoben ist. Als unausweichliches Faktum wird er Claudius bis ans Lebensende im Bewusstsein bleiben.

⸰⸱ *Reinfeld: Interim* ⸱⸰

Eine der Legenden der Claudius-Biographik ist die vom abgebrochenen Studium. Als Claudius im Herbst 1762 nach Hause zurückkehrt, ist er, wie immer wieder vermerkt wird, »ohne akademischen Abschluss«. Heute wissen wir, dass das kein Debakel war. Für die Mehrzahl der Studierenden war ein Universitätsbesuch ohne Graduierung die Regel. »Wer Studienabbrecher im 18. Jahrhundert findet, überträgt [...] moderne Strukturen auf das vormoderne Bildungswesen.«[23] Alle Spekulationen über ein sich bei Claudius früh abzeichnendes Muster beruflichen Scheiterns und die seelischen Folgen eines nicht ordnungsgemäß beendeten Studiums sind somit gegenstandslos. Der weitere Berufsweg des Studenten hing nicht vom Examen ab, sondern von den persönlichen Verbindungen, die er auf der Universität gewinnen konnte. Auch den Titel Baccalaureus, den die Forschung Claudius aufgrund einer schwer zu entziffernden späteren Kirchenbucheintragung zuerkennen wollte, gab es in Jena um die Mitte des 18. Jahrhunderts nicht mehr.[24] Claudius verlässt die Universität nach Ablauf der Regelstudienzeit von drei Jahren mit dem »guten Titel *étudiant en droit*«. (Br. I, 32) Er weiß ihn zu schätzen, bietet er doch die Möglichkeit, sich weiterzuqualifizieren oder im öffentlichen Dienst zu bewerben. Dazu sind Beziehungen unerlässlich. Wohl in der Hoffnung auf hochrangige Unterstützung hatte er seinem Büchlein eine Widmung an einen ihm nicht weiter bekannten jungen Adligen vorangestellt, einen Grafen Moltke, sein Vater Adam Gottlob von Moltke war einer der einflussreichsten Männer am dänischen Hof. Den gewünschten Erfolg hatte das freilich nicht.[25]

Auch die Bemühungen Gerstenbergs um eine Stelle in der dänischen Militärjustiz für seinen Landsmann führen nicht weiter. Die vom Magister Schmidt bereits in Jena eingefädelte »kleine Correspondenz«[26] aber wird sich zu einer lebenslangen Freundschaft auf der Basis ihres gemeinsamen Interesses an Literatur und Musik entwickeln. Gerstenberg ist zur dänischen Kavallerie gegangen, wo er es im Lauf der nächsten Jahre bis zum Rittmeister bringen wird. Der Dienst lässt ihm genügend Zeit: Er schreibt für den *Hypochondristen*, eine »hollsteinische Wochenschrift«, die sein Freund Schmidt herausgibt, betätigt sich als Literaturkritiker und knüpft an seine früheren dramatischen Versuche an. »Schenken Sie uns lieber ein Trauerspiel oder sonst tragische Stücke, dabei man so recht weinen muß«, hatte ihn Claudius schon von Jena aus aufgefordert und damit eigene Bedürfnisse verknüpft: »Wie unaussprechlich süß ist die Träne, die man beim Grabe oder überhaupt beim Unglück seines Freundes weint, und wer wird die Tränen besser herauslocken als Sie?« (Br. I, 21) Für das Trauerspiel, das Sensation in der literarischen Welt machen wird und ihm einen Platz in der Literaturgeschichte sichert, für den *Ugolino*, braucht Gerstenberg allerdings noch einige Jahre.

Über seine eigene Stellung in der Literaturszene ist Claudius noch ganz unsicher. Gleich in der ersten Rezension wird sein Büchlein durch den Jenaer Stadtschulrektor Christian Blasche, der über die örtlichen literarischen Verhältnisse gut im Bilde ist, »hässlich heruntergemacht«, daran kann gönnerhaftes Schulterklopfen des Rezensenten nichts ändern. Mit zusammengebissenen Zähnen versichert der junge Dichter: »es ärgert mich die Kritik nicht, aber daß Herr Blasch so stolz spricht, das ist doch viel; indessen will ich die Schmach erdulden und stille sein.«[27] Daran hält er sich eisern: kein Wort mehr zu den noch folgenden Kritiken, darunter ein vernichtender Verriss von Friedrich Nicolai in Berlin (»platteste Nachahmungen«) anlässlich der – immerhin offenbar doch erforderlichen – Neuauflage der *Tändeleyen und Erzählungen* 1764.

So schnell kommt Claudius über die Beschämung aber nicht hinweg. Wie sehr der immer als bescheiden Geschilderte in seinem ohnehin nicht besonders ausgeprägten Selbstwertgefühl getroffen ist, geht aus einer Bemerkung von Heinrich Christian Boie hervor. Der Herausgeber des *Göttinger Musenalmanachs* weiß aus eigener Erfahrung als gewiefter Talentförderer, wie sensibel begabte junge Poeten reagieren können. »Zur Zeit der Literaturbriefe«, so Boie 1771, »studirte er zu Jena, schrieb nach Gerstenberg Tändeleien und wurde sehr gemißhandelt! Die Kritiker würden es nicht gethan haben, wenn sie in die Zukunft gesehen hätten! Claudius wäre sonst lange schon bekannt. So ist es mit der Kritik! Sie kann auch ein Genie abschrecken, wenn es sich nicht ganz fühlt!«[28]

Claudius lässt sich von der Suche nach seinem Platz in der literarischen Welt nicht völlig abbringen. Was sein Eigenes sein könnte, ist ihm noch nicht deutlich. Schriftsteller bilden sich durch Lektüre, sie orientieren sich an Vorbildern, probieren aus, ehe sie – bestenfalls – ihren eigenen Stil finden. Das ist heute noch so. Claudius' Debüt aber fällt in eine Zeit, in der Orientierung an Regeln erwünscht und Nachahmung kein Makel ist. Die eigenständige Leistung liegt in der einfallsreichen Abwandlung vorgegebener Muster. Gelungene Nachahmung ist Innovation durch Variation. Was das angeht, bescheinigt Magister Schmidt dem jungen Autor durchaus »seine eigene Manier«. Er findet sie »nicht schlecht«, allerdings sei Claudius »nicht genug Mechanikus, um seinen Versen das gefällige Air zu geben, welches Gedichte von dieser Art haben müssen«.[29] Claudius' Eigenart aber tritt, wie sich im Rückblick zeigt, oft gerade in den ungefälligen, nicht so gekonnt wirkenden Partien zutage, ohne dass sich immer unterscheiden ließe, was Unvermögen ist und was Absicht.

Wie ein irritierendes Sandkorn die Muschel dazu provozieren kann, eine Perle zu bilden, könnte die herbe Aufnahme seiner ersten Versuche bei dem angehenden Dichter unterschwellig produktiv nachgewirkt haben. Der Gestus defensiver bis komischer Selbstherabsetzung etwa, ein auffallender Zug in Claudius' Werk wie in seinen Briefen, könnte eine Spätwirkung dieser ersten großen Verunsicherung durch Kritik sein. Jedenfalls wird er seine habituelle Bescheidenheit immer wieder geschickt in sein Rollenspiel als Autor einbauen.

Zunächst aber stockt die poetische Ader, nicht zuletzt wohl, weil die Stellensuche Vorrang hat. Gerstenberg hat gute Verbindungen zur dänischen Militärjustiz, doch alle Bemühungen scheitern am Stellenmangel. Auch eine Hofmeister-, also Erzieher-, oder – was Claudius noch lieber wäre – eine »Sekretärstelle« bei einem hohen Herrn findet sich vorerst nicht. Alles komme in Frage, »was in die Policey und nützlichen Wissenschaften einschlägt«,[30] lässt er den Freund wissen, nur als Advokaten sieht er sich nicht: Zum Gericht »nach Glückstadt gehen und anfangen zu plaidieren, das kann mir der Hunger nur süß machen«.[31] Schließlich zieht er sogar »das

Land Norwegen« am anderen Ende des dänischen Gesamtstaats in Betracht, »wenn ich da nur was zu thun hätte, bey den Bergwerken, oder sonst«. Sollte das einer der Scherze sein, zu denen dieser Briefschreiber neigt, so hat er einen ernsten Hintergrund: »Ich wollte gar zu gerne vom Hause.« (Br. I, 26)

Kein Wunder, dass das Dichten fast ganz versiegt. Apoll, der Gott der Musen, so Claudius' Erklärung, fliehe angesichts juristischer Texte, in die er sich jetzt, wohl zur Vorbereitung auf Bewerbungsgespräche, vertiefen muss. Aus den anderthalb Reinfelder Jahren bis zur ersten Anstellung sind nur ein paar Gelegenheitsgedichte zu familiären Anlässen überliefert: ein Hochzeitsgesang für die Schwester, ein Wiegenlied für deren neugeborene Tochter. Das bleibt im Rahmen der üblichen Familienreimereien – auch die beiden jüngeren Brüder steuern je ein Hochzeitscarmen bei. Das von Matthias schlägt allerdings einen neuen Ton an. Es ist ein Echo auf Klopstocks reimlose Oden, die ihm Magister Jakob Friedrich Schmidt aus Jena nahegebracht haben könnte.

»Das sind in einem ganzen Jahr fast alle reime, die ich gemacht habe und vielleicht habe ichs klug gemacht, daß ichs dabey habe bewenden lassen. Hätte ich sonst noch was machen sollen, so hätte es vom Grab und von Todtengräbern und Bahren und Beinhäußern, von Einöden darin hie und da Alpen von Menschenschädeln trauren, sein müssen, denn das ist itzo mein Feld –« Dass in dieser Stimmung auch der Briefwechsel mit Gerstenberg ins Stocken kommt, schiebt Claudius auf sein »dickes hypochondrisches Blut«.[32]

Indizien einer »tief depressiven Verfassung« hat man hierin gesehen.[33] Was heute unter die Diagnose Depression fällt, hieß im 18. Jahrhundert Hypochondrie und war die Modekrankheit der Intellektuellen mit sitzender Lebensweise, eine Sonderform der Melancholie. Mit den Namen der Seelenzustände ändern sich freilich über die Zeiten auch die Erscheinungsbilder. Hypochondrie galt als somatisch (Verdauungsstörungen, »dickes Blut«) induzierte

Krankheit der Einbildungskraft und umfasste mehr als die pathologische Krankheitsfurcht, die heute darunter verstanden wird. Die Bilder, in denen sie sich darstellte, sucht man in den international gültigen psychiatrisch-diagnostischen Klassifikationssystemen von heute vergebens. Wie genau die aufgetürmten Totenschädel, die Gräber und Bahren Claudius' reale seelische und körperliche Verfassung spiegeln, lässt sich nicht messen. Was diese Bilder dem Briefempfänger vor allem mitteilen sollen, ist etwas anderes. Gerade entdeckt die literarische Avantgarde die Gefühlsqualitäten der keltisch-nordischen Mythen, der Totenklagen auf einsamen Schlachtfeldern, die Phantasiewelt des Barden Ossian. Gerstenberg, der wenig später in seinen *Schleswigschen Literaturbriefen* und dem *Gedicht eines Skalden* eine regelrechte nordische Mode begründen wird, hat natürlich auch seine Freunde für die nordische Vorzeit interessiert. So kann Claudius seinem Briefpartner dessen eigene Motive zurückspielen und wählt für seinen inneren Zustand das Kürzel »hypochondrisch«, auch mit Blick auf Schmidts und Gerstenbergs Wochenschrift *Der Hypochondrist*. Das ist mehr als höfliche Anpassung an den Adressaten, mehr auch als Bedrückung über die Ungewissheit seiner Reinfelder Lage, die sich ihm, je mehr Zeit ins Land ging, schwer aufs Gemüt gelegt haben muss. Claudius rechtfertigt sich. Das eigentliche Signal lautet: Auch ich will ein Autor sein, und selbst wenn ich bis jetzt (fast) keine Reime gemacht habe, gehöre ich zu euch. Auch wenn er den Beweis dafür noch nicht antreten kann, die vorgefundenen Sprachbilder eröffnen ihm eine Möglichkeit, eigene Gefühle zu spiegeln, wahrzunehmen und zu steigern. »Das ist itzo mein Feld« – ein Resonanzraum literarisch induzierter Phantasien und Gefühle. Sie werden hier noch nicht weiter verfolgt und gestaltet. Fast scheint es, als fürchtete Claudius den unheimlichen Sog der zitierten alptraumhaften Bilderwelt, denn er muss sich »losreißen, einmal mit Gewalt menschlicher gesinnet sein«. (Br. I, 29)

Thialf, der mythische Eisläufer des Nordens

In der Nachbarschaft finden sich gleichgesinnte Gesprächspartner: Zuweilen kommt Magister Schmidt, der jetzt Hauslehrer auf einem Gut in der Nähe von Plön ist, ins Reinfelder Pfarrhaus. Man trifft sich zu Gesprächen über Philosophie und Literatur mit Gottlob Friedrich Ernst Schönborn (1737–1817), auch er ein Pfarrerssohn, der auf einem benachbarten Gut die Kinder eines Hamburger Kaufmanns erzieht. Die Freunde teilen die Begeisterung für Klopstock und Shakespeare, den die junge Generation gerade entdeckt. Doch während die Verbindung zu dem bald in seine Gothaer Heimat zurückkehrenden Schmidt nach einiger Zeit einschläft, wird Claudius' Beziehung zu Schönborn bis ins Alter erhalten bleiben.

Im Frühjahr 1764 hat die leidige Stellensuche ein Ende. Ein Graf Holstein wird in die königlich-dänische Heeresverwaltung nach Kopenhagen berufen. Claudius' Onkel Josias Lorck, Pastor an der deutschen Friederichskirche in Kopenhagen, der Bruder von Claudius' Mutter, muss davon gehört haben, er stammt aus einer bekannten Flensburger Familie, und Ulrich Adolph von Holstein ist der Sohn des wenige Jahre zuvor verstorbenen Amtmanns von Flensburg. So wird Matthias durch familiäre Beihilfe gräflicher Sekretär. Am 17. März 1764 segelt sein Paketboot von Lübeck nach Kopenhagen ab.

···· *Kopenhagen* ····

Das Haus des Onkels liegt in der Wildersgade im Kopenhagener Stadtteil Christianshavn, auf der östlich dem Stadtzentrum vorgelagerten kleinen Insel Amager. Die Lorcks wohnen in der Nähe der neuen Friederichskirche (heute Christianskirche), die erst wenige Jahre zuvor für die wachsende deutsche Gemeinde in diesem Teil Kopenhagens gebaut wurde, mit Lotteriegeldern, königlichen Zuschüssen und im neuesten klassizistischen Stil. Noch fehlt der Turmhelm mit Kugel und Fahne; er wird wenige Jahre nach Claudius'

Kopenhagener Aufenthalt vollendet. Bis heute ist er ein Wahrzeichen des Stadtteils, in dem noch immer die typisch niederländische Renaissancearchitektur vorherrscht, eingeführt durch ins Land geholte holländische Siedler, die Viehzucht, Gemüseanbau und Windmühlen mitbrachten.

Claudius könnte anfangs im Haus seines Onkels vor den Toren der Stadt untergekommen sein, später scheint er im Zentrum gewohnt zu haben, vermutlich im Haus seines Dienstherrn. Hier wohnt auch der Kupferstecher Johann Martin Preisler (1715–1794), der unter anderem für Klopstock und Gerstenberg arbeitet. So kann ein Kontakt hergestellt werden, den Claudius später für sich nutzen wird.

Was es für Claudius, mit Hans Christian Andersen gefragt, »auf dem flachen Amager zu bestaunen gibt«,[34] außer der seit zehn Jahren stetig wachsenden großen Bibelsammlung seines Onkels, wissen wir nicht. (Die Sammlung wird einmal die des Hamburger Hauptpastors Goeze an Umfang übertreffen und nach Lorcks Tod in den Besitz des Herzogs von Württemberg, Karl Eugen, übergehen.) Kopenhagen hat andere Anziehungspunkte. Etwa die deutsche Sankt-Petri-Kirche im Stadtzentrum, an der Hofprediger Johann Andreas Cramer, Klopstocks Freund aus Jugendtagen, amtiert – ein Treffpunkt der Prominenz von Kopenhagens deutscher Kolonie. Nach strenger Rang- und Ständeordnung platziert, sind hier die einflussreichen Männer des Staates zu sehen, darunter der Außenminister und Leiter der Deutschen Kanzlei, Johann Hartwig Ernst Bernstorff (1712–1772), oder der Oberhofmeister und Vermögensverwalter der Königinwitwe Sophie Magdalene, Christian Günther Graf zu Stolberg-Stolberg, ein prinzipienstrenger, vom hallischen Pietismus geprägter Mann mit seiner kinderreichen Familie sowie deren Hofmeistern, die hohen Militärs (Kopenhagen ist Festungsstadt) und natürlich Klopstock, der Dichter des *Messias*, der 1751 auf Bernstorffs Rat hin von König Friedrich V. nach Kopenhagen eingeladen wurde, um hier sorgenfrei sein christliches Epos zu vollenden. Noch ahnen die tonangebenden deutschen

Diplomaten und Intellektuellen am Hof und in der Verwaltung des Gesamtstaats nicht, dass ihr Stern bald sinken wird. Doch als Friedrich V. 1766 stirbt und Christian VII., sein geistesgestörter Nachfolger, 1770 auf Betreiben seines reformfreudigen Favoriten und Leibarztes, Johann Friedrich Struensee, Bernstorff entlässt, bricht die Hauptstütze des glanzvollen deutschen Kulturkreises in Kopenhagen weg. Der große Staatsmann zieht sich, gefolgt von Klopstock, nach Hamburg und auf seine holsteinischen Güter zurück.

Noch ist es nicht so weit. Noch ist Klopstock der bewunderte Mittelpunkt des Kreises von Intellektuellen und Künstlern, die im Begriff sind, vom »Dänischen Ende Deutschlands« (Herder) aus die deutsche Literatur zu erneuern. Wer immer ihn hier eingeführt hat (wahrscheinlich Gerstenberg) – Claudius wird Klopstocks Trabant als geschätzter Klavierspieler und Schlittschuhläufer, wenn der »Großmeister und seine Gesellen« im Winter auf die zugefrorenen Seen und Kanäle der Umgebung ziehen, mit Vorliebe in eisklaren Mondnächten. Eine neue Lebensart wird entdeckt. Geselligkeit, Dichtkunst und Leibesübungen gehen in dieser »Academie der Eisläufer«, wie Carl Friedrich Cramer, der Sohn des Hofpredigers, es nennt, eine innige Verbindung ein. Klopstock erklärt das zauberische Hingleiten auf »Schrittschuhen« (er bleibt etymologisch eigensinnig bei der älteren Sprachform), den hölzernen Kufen mit Metallverstärkung, die man sich als »Flügel am Fuß« unter die Schuhe schnallt, zur Kunst der alten Barden und dekretiert eine eigene, natürliche Körperästhetik: »Künstle nicht! Stellung wie die lieb ich nicht / zeichnet dir auch Preisler nicht nach.« Wie ein strenger Choreograph instruiert er sein sportliches Gefolge. »Eislauf predigt er mit der Salbung eines Heidenbekehrers und nicht ohne Wunder zu wirken,« spottet der aus Darmstadt stammende Helferich Peter Sturz, »denn auch mich [...], der ich nicht zum Schweben gebaut bin, hat er aufs Eis argumentiert.«[35] Sturz, der Jurist und Essayist, ist ungefähr zur gleichen Zeit wie Claudius nach Kopenhagen gekommen. Im Auswärtigen Departement der Deutschen Kanzlei von Bernstorff angestellt, ist er zugleich dessen Privatsekretär und wohnt wie Klopstock in Bernstorffs Stadtpalais. Anders als der schwergewichtige Intellektuelle Sturz tut sich der kleine, drahtige Claudius auf dem Eis als Schnellläufer hervor. Klopstocks Ode »Der Eislauf« soll an ihn gerichtet sein, den »Jüngling, der den Wasser-kothurn / Zu beseelen weiß, und flüchtiger tanzt«.

Sonst ist wenig bekannt aus Claudius' Kopenhagener Zeit. Über seinen Dienst beim Grafen Holstein in der Heeresverwaltung weiß man nichts und ist auch zur Ermittlung seines privaten Umgangs auf winzige »Puzzleteilchen«[36] angewiesen. Er lernt die Kinder des Grafen Stolberg kennen, die damals sechzehn- und fünfzehnjähri-gen Brüder Christian und Friedrich Leopold, ihre Schwestern, die vierzehnjährige Katharina und die elfjährige Auguste Louise, das »Gustchen«, Goethes spätere Brieffreundin. Gesichert ist, dass er deren französischen Hauslehrer gut kannte und seit dieser Zeit für die Geschwister Stolberg »unser Claudius« war, ein bis ins Alter geliebter Freund.[37] »Er gehört in den engsten Kreis«, wird Friedrich Leopold später versichern. Dahin gehört auch Schönborn, der auf Claudius' Aufforderung hin in die dänische Hauptstadt kommt – es hat sich eine »Information« (eine Hauslehrerstelle) gefunden.

Im Sommer 1765 nimmt Graf Holstein seinen Abschied. Nicht lange danach wird er zum Amtmann von Tondern ernannt. Sein Sekretär Claudius wird damit arbeitslos. Er hat also nicht einfach, wie ihm die Biographen nachsagten, aus einer unerklärlichen Laune oder Faulheit heraus seinen Dienst quittiert. Allerdings hätte ein anderer mit mehr Initiative, Ehrgeiz und Anpassungsbereitschaft vielleicht in Kopenhagen eine Tätigkeit im Staatsdienst gefunden. Wie das Beispiel Schönborns zeigt, gab es für einen gebildeten und anstelligen jungen Mann in der dänischen Hauptstadt durchaus Zukunftsaussichten. Als Hofmeister bei Bernstorff legte Schönborn den Grundstein für seine spätere Diplomatenkarriere, die ihn nach

Algier, in den »Backofen«, so Claudius' sprechende Metapher, und bis in die Dänische Botschaft in London führen sollte. Um eine solche Laufbahn dürfte Claudius sich gar nicht erst bemüht haben.

❧ *Ein weißer Fleck* ❧

Nach Reinfeld zurückgekehrt, ist der Fünfundzwanzigjährige also erneut auf der beschwerlichen Suche nach einem Lebensunterhalt. Er will »vom Hause«, auch wenn die Mainächte mit ihrem »Nachtigallenschrei« ihm nirgends so schön wie in Reinfeld vorkommen. (Br. I, 41) Etwas von dem inneren und äußeren Druck, der damals auf ihm gelastet haben muss, ist noch mehr als drei Jahrzehnte später in seiner Reaktion auf den Wunsch seines Sohnes Johannes, die Kaufmannslehre zugunsten eines Theologiestudiums abzubrechen, zu spüren: Es mache »eine Art Übelstand vor den Leuten, wenn Du, nachdem Du einmal auf gute Art das väterliche Haus verlassen hast, auf den alten Fleck zurückkehrst«. (Br. II, 64) Vielleicht hat er sich da an seine eigene Lage ohne Arbeit und Perspektive erinnert.

Die nun folgenden knapp drei Jahre im Reinfelder Elternhaus, von 1765 bis 1768, gelten als der »weiße Fleck« der Claudius-Biographie. (Es wird sich zeigen, dass es davon noch mehr gibt.) Wie er die Tage verbracht hat, mit wem er umgegangen ist, wie er in diesen Jahren beispielsweise das Fundament seiner erstaunlichen Belesenheit, deren Spuren sein späteres Werk durchziehen, weiter gefestigt hat, ist nicht überliefert. Eine von ihm zunächst in Erwägung gezogene Bewerbung auf eine Organistenstelle in Lübeck kam nicht zustande, so sehr widerstrebte es ihm, den Kotau vor dem Magistrat zu machen und, sei es auch nur der Form halber, zum Vorspiel mit anderen Bewerbern anzutreten.[38] Er dürfte auch bei der Obsternte im Pastoratsgarten geholfen haben. Bäume wird er bis ins Alter lieben und ihnen immer wieder in Liedern und Gesängen die Ehre erweisen.

Jetzt geht eine Sendung Äpfel gut verpackt in einem »Tönngen« aus Reinfeld an die Kopenhagener Freunde und die Pastorin Lorck. Sein Leben lang wird er kulinarische Freundschaftsgaben verschicken, sei die Familienkasse noch so leer. So gehen später aus Wandsbek Päckchen mit Pökelfleisch, Rheinwein oder Malaga an Gevatter Hamann nach Königsberg, Austern und selbsteingekochtes Gelee an Familie Herder in Bückeburg und Weimar; umgekehrt wird sich Claudius von den Freunden Rigaer »Trockenbütte« besorgen lassen, einen Fisch, den er besonders mag, oder der alte Gleim schickt einen Rehbraten.

Claudius schreibt Briefe, eigentümlich lakonische. Schönborn antwortet er auf dessen »Nachrichtenallerlei« aus Kopenhagen. Damit könne er in der Provinz leider nicht dienen: »Der pflügt, der drischt, der läßts sein, der ist krank, der traurig, der liebt, der fällt in den Schnee, der stirbt, der brennt ab – das würden meine Neuigkeiten sein.« Zum ersten Mal blitzt bei ihm die Ahnung auf, dass solche unspektakulären Grundtatsachen des Lebens ihre eigene Würde haben und sich behaupten können gegen alle »Neuigkeiten« aus der großen Welt. Und noch ein für Claudius typischer Zug zeigt sich hier zum ersten Mal: ein unsentimentales Mitgefühl, das zu praktischem Handeln drängt. Es geht um die Brandschäden eines »guten fleißigen Bauern«: »8 Pferde, 6 Kühe und sein Haus mit wenig Hausrat!, ich schreibe dies so umständlich, wenn Sie vielleicht jemand kennen, der dem Feuer zum Trotz einem solchen mit Gewalt ein Pferd aufdrängen wollte.« (Br. I, 39)

Auch an seiner eigenen Familie geht der Tod nicht vorüber. Am 26. Mai 1766 stirbt mit zweiundzwanzig Jahren die einzige Schwester, Dorothea Christine, nach fünfeinhalb Jahren Ehe mit Christian August Müller, dem Pfarrer eines kleinen Dorfes zwischen Lübeck und Eutin. Sie hinterlässt vier kleine Kinder. Es heißt, dass Claudius die Trost- und Trauer-Ode, die er später anonym im *Wandsbecker Bothen* veröffentlicht, für den Schwager gedichtet habe. »Der Säemann säet den Samen« beginnt dieses bemerkenswerte Gedicht,

das unaufdringlich in vertrauten biblischen Bildern von Vergänglichkeit und Auferstehungshoffnung spricht: dem Gras auf dem
Felde, dem in die Erde gesenkten Samen und, in der Schlussstrophe,
dem auch in der christlichen Tradition lebendigen Bild des zur
Sonne fliegenden Adlers:

> Der Adler besuchet die Erde,
>> Doch säumt nicht, schüttelt vom Flügel den Staub, und
>> Kehret zur Sonne zurück!

Ob die Verse, die erst sechs Jahre später veröffentlicht wurden,
wirklich zu diesem Trauerfall entstanden sind, ist nicht sicher.
Unverkennbar aber ist, woher der dichterische Impuls kommt. Mit
einigen sprachlichen Anklängen und der reimlosen, antikisierenden
Strophenform ist Klopstocks Odenton so gut getroffen, dass das
Gedicht sogar unter dessen Namen nachgedruckt wurde. Erst als
Claudius die Strophen in seine Werkausgabe aufnahm, entdeckten
die Zeitgenossen den Irrtum. Aus der Kenntnis beider Dichter lässt
sich bei genauem Hinhören aber schon in diesen von Klopstock
inspirierten Versen eine lapidare Gefasstheit erkennen, die aus einer
ganz anderen Sprachhaltung kommt. 1771 wird Claudius als Rezensent der Oden Klopstocks bekennen: »Das wollt' ich wohl gemacht
haben.« (53) Alles Berührtsein aber hindert den angehenden Autor
nicht, seine eigene Sprache zu entwickeln. Es gelingt ihm, in die
fremde Sprachatmosphäre einzuschwingen, ohne sich zu verlieren.
   Schritt für Schritt wird er sich seiner Eigenart bewusst. Die
folgende Selbsteinschätzung stammt allerdings aus späterer Zeit.
Gefragt nach dem Unterschied zwischen ihm und Klopstock, soll
der alte Claudius geantwortet haben: »Klopstock spricht folgender-
maßen: ›Du, der du weniger bist, als ich und dennoch mir gleich,
nahe dich mir und entlade mich, dich beugend, von der Last des
ausatmenden Kalbfells!‹ Ich dagegen sage nur: ›Johann, komm' und

zieh mir die Stiefel aus!'« Eine der vielen Anekdoten, die in der Familie über den Großvater in Umlauf waren.[39]

Zunächst muss Claudius erfahren, dass die Beziehung zu dem verehrten Dichter recht einseitig ist. »Klopstock hat nicht geschrieben, schreibt nicht und wird wohl auch nicht schreiben«, klagt er Schönborn im Februar 1767. Für Klopstock ist er nur der eifrige kleine »Eistänzer« und Kopenhagener »Musikdirektor«,[40] der als geistig ebenbürtiger Gesprächs- oder Briefpartner nicht in Betracht kommt. Das wird sich auch später, als sich die beiden in Hamburg häufiger begegnen, kaum wirklich ändern. Doch was sie zeitlebens verbindet, ist die Freude am geselligen Umgang. Vielleicht hat, wie vermutet wurde, die in Kopenhagen angebahnte Freundschaft sogar gerade deshalb fast vierzig Jahre lang gehalten, weil »es nie zu einem geistigen Austausch zwischen beiden gekommen ist«.[41]

Im Mai 1768 steht fest: Claudius geht nach Hamburg. Er ist jetzt fast achtundzwanzig Jahre alt und gewillt, sich auf eigene Faust durchzuschlagen. Klopstock hat seinem Eislaufgenossen die Möglichkeit zur Mitarbeit an einer neuen Hamburger Zeitung vermittelt. Damit sind die Weichen gestellt. Claudius' Weg zum Schriftsteller führt über den Journalismus. Es ist, mit Hannah Arendt zu sprechen, der Weg der »entschlossenen Hungerleider«. Doch auf ihm eröffnet sich ein überaus reiches und anregendes Lern- und Betätigungsfeld.

2.

HAMBURG

Hamburg vor dem Dammtor

⤙ *Addreß-Comtoir-Nachrichten* ⤚

H amburg, die Handelsmetropole, war seit langem die führende
deutsche Pressestadt. Früh wurde hier der Marktwert von
Nachrichten und Informationen, die gewinnbringende Seite der
kulturellen Bedürfnisse der Bürger erkannt. Die geographische Lage
begünstigte mit dem schnellen Transport von Gütern auch den
Informationsfluss. Die Hamburger Presseerzeugnisse erreichten
eine große überregionale Leserschaft. Sie wurden besonders geschätzt wegen ihrer Auslandsverbindungen und weil die Zensur
hier, anders als im übrigen Reich, verhältnismäßig lax gehandhabt
wurde. In der Hansestadt gab es eine schmale, aber maßgebliche,
kulturell interessierte großbürgerliche Leserschaft – Gelehrte und
Kaufleute, die sich nach der Wirtschaftskrise am Ende des Siebenjährigen Kriegs zur wirtschaftlichen und sozialen Verbesserung
des Gemeinwesens zusammengeschlossen hatten – so entstand
die *Hamburgische Gesellschaft zur Beförderung der Künste und
nützlichen Gewerbe*, die Patriotische Gesellschaft von 1765. Das
war der Augenblick für unternehmerisch denkende Naturen wie
den kursächsischen Legationsrat August Polykarp Leisching. Eine
ausgesprochen modern anmutende Verlegerpersönlichkeit betrat
mit ihm die Bühne, auf der in jenen Jahren auf typisch Hamburger
Weise die Prinzipien der Aufklärung – Gemeinwohl, Pragmatis-
mus, technischer Fortschritt – propagiert und praktiziert wurden.
Leisching, 1730 in Langensalza geboren, ein Vetter Klopstocks, war
Kapitalgeber für zwei im Jahr 1767 neugegründete Zeitungen: die
Kayserlich privilegirte Hamburgische Neue Zeitung und die *Addreß-
Comtoir-Nachrichten (ACN)*. Die *Neue Zeitung*, wie sie oft abgekürzt
wurde, ein »politisches« und »gelehrtes« Blatt, wollte den anderen überregionalen Zeitungen im Hamburger Raum Konkurrenz
machen, vor allem dem auflagenstarken, europaweit am meisten
gelesenen *Hamburgischen Unpartheyischen Correspondenten*. Die

Addreß-Comtoir-Nachrichten, eine neuartige, spezifisch hamburgische Mischung aus Handels- und Intelligenzblatt, brachten offizielle Verlautbarungen, Annoncen und Informationen, »die den gemeinnützig denkenden Mitbürger, und insonderheit den Handelsmann intereßiren« sollten (*ACN*, 4.11.1768) und im »Kayserlichen Addreß-Comtoir«, einem von Leisching nach Kopenhagener Vorbild errichteten Informationsbüro, gesammelt wurden, dazu gelegentlich Literarisch-Feuilletonistisches. Politische Nachrichten und der seriöse Gelehrte Artikel wurden der im gleichen Verlag erscheinenden *Neuen Zeitung* überlassen.

Der eigentliche Blattmacher war der erfahrene Journalist Johann Wilhelm Dumpf (1729–1801), ein Schwager Leischings und Schulfreund Klopstocks aus Langensalza. Als inzwischen eingebürgerter Hamburger hatte er anstelle von Leisching, der das Bürgerrecht nicht erwerben wollte, das Privileg für beide Zeitungen beantragt. Von Dumpf dürfte das publikumswirksame Konzept der achtseitigen, zweimal wöchentlich erscheinenden *ACN* stammen.[42] Von Anfang an maßgeblich konzeptionell beteiligt war Johann Georg Büsch, Professor am Akademischen Gymnasium, Mitbegründer und später Direktor der 1768 eröffneten Handlungsakademie. Er gilt als einer der Begründer der Wirtschaftswissenschaften in Deutschland. Ursprünglich hatte Leisching ihn als Redakteur der *ACN* gewinnen wollen, was Büsch aber aus Gesundheitsgründen ablehnte. Dafür nutzte er die Zeitung gern als Forum für seine ökonomischen Überlegungen, etwa zum Wechselrecht oder zum Armen- und Versicherungswesen, und lieferte geographische und naturwissenschaftlich-technische Beiträge zur Erweiterung der Weltkenntnis seiner kaufmännischen Leser.

Von Dumpf lernte Claudius die Anfangsgründe des journalistischen Handwerks. Zunächst wurde er wohl als redaktionelle Hilfskraft für beide Zeitungen eingesetzt. In einem der Vorderzimmer des Dresserschen Kaffeehauses an der Zollenbrücke, dem börsennahen Treffpunkt der »besten Kaufleute und Gelehrten«[43] und Sitz des Adressbüros, in dem es Lotterielose, Zeitschriften und Bücher zu kaufen gab, konnte er dem Chefredakteur bei der Auswahl von Nachrichten, kuriosen Meldungen und moralischen Geschichten für die *ACN* zur Hand gehen. Die Wechselkurse, »Handlungs- und Schiffsnachrichten« mit den Preisen von Korn, »Colonie-Waren« vornehmlich aus Amerika und andere für den Handel interessante Informationen mussten, oft unter Zeitdruck, zusammengestellt, die eingehende Post der Korrespondenten aus europäischen Haupt-städten sowie in- und ausländische Zeitungen ausgewertet und übersetzt oder umgeschrieben werden. Claudius kontrollierte Rechnungen und erledigte Post für den Verleger, wobei er seine eigenen Freundschaftsbeziehungen einbringen konnte. So wurde Gerstenberg in Kopenhagen von ihm um Rezensionen für die *Neue Zeitung* gebeten. Und er konnte dem Drucker über die Schulter blicken, der oft schon mit dem Setzen begann, wenn die letzten eingehenden Nachrichten noch bearbeitet wurden.[44]

Aus Geldknappheit sah sich der freie Mitarbeiter Claudius zu-nächst weiter nach anderen Tätigkeiten wie Übersetzungsaufträgen um, musste oft auch Freunde anpumpen oder Briefe unfrankiert aufgeben, in der Hoffnung, dass die Empfänger das Porto zahlten. Seine erste Hamburger Wohnung war entsprechend dürftig, »eine Stube, aus der ich täglich mit Lebensgefahr zu einem Nachtstuhl im Keller hinab sinken muß«. (Br. I, 44) Sie lag in der Neustadt, im Kirchspiel St. Nicolai, »an der Mühlenbrücke bei H[errn] Schmidt«. Ein Provisorium, wie anfangs vermutlich auch die Arbeit bei der Zeitung – Claudius mietete das Zimmer erst einmal nur für vier Wochen. Später zog er im selben Viertel um, in welches Haus, ist nicht überliefert. Seine letzte Hamburger Adresse war zwei Jahre später »hinter der Petrikirche an der Dompropstei«.

Nachdem der neue »Zeitungsschreiber« der *ACN* eingearbeitet worden war, konnte Dumpf sich ganz auf die anspruchsvollere

Redaktion der *Neuen Zeitung* konzentrieren, eine Aufgabenteilung, die seinem Verleger wohl von Anfang an vorgeschwebt hatte.[45]

Claudius war vermutlich schon bei der Zeitung, als die *ACN* aufgrund der positiven Leserresonanz erneut Auszüge aus *Yorick's Sentimental Journey* brachten, dem soeben in England erschienenen »liebenswürdigen Buche« (so die redaktionelle Erklärung) des Landpfarrers Laurence Sterne. Die Anregung dazu dürfte von Lessing gekommen sein, der seit 1767 als hauseigener Theaterkritiker am neueröffneten Schauspielhaus am Gänsemarkt wirkte und ein großer Bewunderer des englischen Romanciers war. Vielleicht durfte Claudius den Text für die Ausgabe vom 11. Juni auswählen und für den Druck einrichten, mit Sicherheit aber hat er gelesen, wie Yorick, der Frankreich-Reisende, und Pater Lorenz, der Franziskanermönch, zum Zeichen ihrer Zuneigung die Schnupftabaksdosen tauschen – die von Yorick ist aus Schildpatt, die des Mönchs aus schlichtem Horn. Diese »kleine hörnerne Dose« wird den Besitzer stets an die Menschenfreundlichkeit und den gelassenen Geist ihres liebenswürdigen Vorbesitzers erinnern. In der im gleichen Jahr veröffentlichten Übersetzung von Johann Joachim Christoph Bode (1730–1793), Lessings Partner in der gemeinsamen Verlagsdruckerei, wurde das Buch rasch zu einem Lieblingstext der Epoche. Die rührende Szene mit dem Franziskaner begründete den Freundschaftskult mit »Lorenzodosen« unter den Empfindsamen in Deutschland, an ihn sollte sich noch der alte Claudius als Beispiel für die Kurzlebigkeit aller Moden erinnern. (538) Noch vor Erscheinen der kompletten Übersetzung konnten die Hamburger die Geschichte jetzt also in der Zeitung lesen, allerdings nicht im Wortlaut der späteren Buchfassung. Auch den von Lessing vorgeschlagenen Titel *Empfindsame Reise* gab es noch nicht. Wer das kleine Stück für die Zeitung übersetzte, ob auch diese erste Version von Bode stammt, ist nicht bekannt. Übersetzer wurden damals nicht genannt, und gerade Bode fürchtete nichts so sehr wie den Vorwurf der Eitelkeit; sein Bedürfnis nach Anonymität auch als Autor mutet selbst zu einer Zeit, in der der Verzicht auf den Autornamen in literarischen Veröffentlichungen üblich war, fast wie ein Tic an.[46]

Der humoristische Duktus des Engländers wirkt wie die Einstimmung auf Claudius' ersten eigenen Beitrag. Von Anfang an hatte das Blatt regelmäßig belehrende Artikel nach Art der aus England übernommenen, fast schon wieder aus der Mode gekommenen Moralischen Wochenschriften gebracht, oft aus der Feder von Büsch. Allerdings waren die meisten dieser Stücke trotz gelegentlicher unterhaltender Beimischungen ernsthaft im Ton. Humor und Satire überließ man den aus dem Englischen übersetzten Beiträgen.

An die englischen Humoristen und die Schreibweise der Wochenschriften mit ihren fiktiven »Charakteren« knüpft Claudius in seinem ersten eigenen Beitrag an, wenn er am 2. Juli 1768 einen Kaufmann namens Gustav Pfahl einen Brief an seinen »lieben Herrn Gevatter« in der Redaktion schreiben lässt. Dem redaktionellen Vorspruch zufolge legt der Briefschreiber »besondere Laune und seltsame Gelehrsamkeit« an den Tag – womit sich auch der anonym bleibende Autor indirekt selbst vorstellt. Der Leserbrief verrät Insiderwissen und ein hohes Maß an medialer Selbstbezüglichkeit. Er spielt auf Spannungen zwischen den auf Anhieb sehr erfolgreichen *ACN* und den etablierten Organen an, in deren Domäne das neue Blatt eingebrochen sei. Claudius hat gut zugehört bei den Gesprächen der Kollegen im Dresserschen Kaffeehaus. Sein kaufmännischer Briefschreiber bekennt, er sei den Leuten von den *ACN* »allen miteinander etwas feind, weil ihr nicht in euren Schranken bleibt«. Denn: »In euren Blättern seid ihr euren Nachbarn, den Zeitungsschreibern und den Hochländern den [!] Journalisten, ins Land gefallen und überschwemmet alles.« Dieser Meinung war auch die Kommerzdeputation, die offizielle Vertretung der Hamburger

Kaufmannschaft, die ihr Informationsmonopol durch das neue Anzeigenblatt bedroht sah.[47] Claudius' Korrespondent ist konzilianter – er urteilt »als ein Kaufmann vom Wert eines Blatts«. Wenn es um Geschäftserfolg geht, werden die alten Regeln außer Kraft gesetzt, auch in der Presse: »Je nun – die andern Herren würden auch wohl keine strenge Mannzucht halten, wenn 's ihr Vortheil wäre.« (729)

Das so mit einem Achselzucken in Kauf genommene freie Spiel der Kräfte ist doch nur schlechte Realität gegen das Idealbild, das der Briefschreiber dann entwirft. Die Metaphern purzeln ihm nur so übereinander: Das »Addreß-Comtoir« einer großen Stadt solle »ein erhabner Ort sein, wo man überall sehen kann, ein Hör- und Sprach-Rohr zugleich, ein magischer Spiegel, auf dessen einer Seite jedermann sein Bedürfnis schreibt, und auf der anderen die Antwort liest, und euer Blatt soll nur ein Teil eures Geschäfts sein.« Informations- und Kommunikationsinteressen, Gemeinwohl und Geschäft halten einander in diesem publizistischen Zauberreich harmonisch die Waage. Zeitgenössische Wirtschaftslehre als utopische Medientheorie – sein Jenaer Lehrer Schlettwein hätte Claudius anerkennend auf die Schulter geklopft. Wieweit er selbst daran glaubt, muss der Humorist nicht verraten.

In Wirklichkeit rangierten Zeitungsschreiber auf der Rangskala der gelehrten und literarischen Welt am unteren Ende, das konnte auch der neue Redakteur merken, allein schon an der Bezahlung. Sie dürfte noch unter dem Ende der 1780er Jahre in Hamburg gezahlten Journalistensalär – zwischen jährlich 300 und maximal 600 Reichstalern – gelegen haben; eine Mittelschichtfamilie benötigte zum Unterhalt 400 bis 900 Reichstaler.[48]

Die negative Bewertung des journalistischen Berufs gab es schon damals, ebenso wie die Hackordnung unter den Kollegen. Bei wem es nicht zum Dichter oder Schöngeist reiche, wer also weder »aus der Urne seines Genies Oceane der Epopee [episches Gedicht] zu brausen oder Ströme und Bäche des Witzes und Geschmacks zu sprudeln« imstande sei, der werde Zeitungsschreiber – so emblematisch verklausuliert wird in den *ACN* diese Meinung in einer satirischen Ansprache an Apoll, den »Vorsteher der neun Musen«, zitiert.[49] Die ironische »Adresse *en faveur* der Politischen Zeitungsschreiber« wimmelt von Druckfehlern und ist so wirr und umständlich geschrieben, dass sie heute nur mit Mühe zu verstehen ist, zumal der reale Anlass im Dunkeln bleibt. Trotzdem lohnt ein Blick auf die verunglückte Satire, spiegelt sie doch den grundlegenden Wandel in der Publizistik jener Jahre, den Claudius miterlebt. Es geht um einen Rangstreit zwischen dem wissenschaftlich und diplomatisch qualifizierten, politisch-gelehrten Publizisten alter Schule und dem Typ des »New Paper Man«, der im Begriff ist, ihn abzulösen, so gründlich und publikumswirksam, dass, wie der Autor mit gespielter Empörung und in unbeholfenem Englisch schreibt, man sich jetzt nicht scheut, das ganze Jahrhundert »das Jahrhundert der New-Paper-Man zu nennen«. Sollte diese ironische Ehrenrettung der alten Platzhirsche der Publizistik, der Gelehrten, von Claudius stammen, wofür einiges spricht, dann zeigte sich hier sein ausgeprägtes Bewusstsein für die feinen Unterschiede in seinem neuen Arbeitsfeld.

Welche Konsequenzen zieht er selbst aus der geschilderten Situation? Wo sieht er seinen Platz? Trotz Hektik und ständigem Druck – die Arbeit bei der Zeitung scheint ihm zu liegen.[50] Das Fragmentarische der Zeitungsarbeit, die unsystematische, auf den Augenblick bezogene Produktionsweise, die Nötigung, mit begrenztem Raum auszukommen, kommen seinem Naturell, seinem Talent, in den Tag hineinzuleben, entgegen. Hier kann er auch seinem Spieltrieb, seiner »satirischen« Ader freien Lauf lassen.[51] Claudius hat zeitlebens keine größeren literarischen Formen in Angriff genommen, kein Versepos, keinen Roman, kein Theaterstück, obwohl er auch narrative und dramatische Formen kennt. Lyrik, Epigrammatik, Kurzprosa – all die Kleinformen seines späteren Werkes, sieht man von den längeren Abhandlungen seines Alters ab, die aber auch als Zeitschriftenbeiträge durchgehen könnten – haben im Zeitungsrahmen Platz. Es sind kommunikative Formen, oft mit genauem Realitätsbezug, bei denen die Leser mit ihrem Vorwissen angesprochen und zum Mitdenken aufgefordert werden.

Zum Mitdenken und zum Mitfühlen und Mitleiden. Das Zeitalter der Empfindsamkeit hat mit seiner Tugendlehre auch in der Großstadtzeitung Einzug gehalten. In der Maske eines gewissen »John Bickerstaf« gibt Claudius zu verstehen, wie er sich die journalistische Arbeit vorstellt. Ein Nachfahr von Isaac Bickerstaff Esq., dem fiktiven Verfasser der Londoner Wochenschrift *The Tatler* nach einer Figur von Jonathan Swift, bewirbt sich da bei der Redaktion als Londoner Korrespondent. Er habe eine andere Auswahl aus den Nachrichten zu bieten, die hier »rollieren«, er empfehle sich als »vielleicht der einzige in meiner Art«, denn »ich schreibe auch nicht bloß die Nachrichten so hin, sondern thue gemeiniglich etwas von meinem Eigenen hinzu, eine Exclamation oder Lügenstrafung, oder was Satyrisches, und sonst noch allerley, und ich habe eine besondere Gabe, die Semicolons anzubringen ...« Was mit dieser Einzigartigkeit gemeint ist, sollen die mitgelieferten Arbeitsproben belegen:

»Vorgestern Morgen fand man in einem der neuen Häuser, die nahe bey Marybone gebaut worden, einen Mann in sehr lumpichter Kleidung; todt: der vermutlich vor Kälte und Hunger gestorben war. *O hätte ich ihm den Abend vorher; einen Schilling gegeben«.*

Oder: »Den 28. gegen 2 Uhr befestigte ein Arbeitsmann einen Strick an die Spitze der Spitalfieldskirche, und ließ sich daran von der Spitze mitten in die Paternoster-Row unter dem Geschrey von tausend Zuschauern nieder. *Ja, ja, schreit nur, wenn aber der Strick gerissen wäre!«* (736)

In der anregenden Atmosphäre der Stadt arbeitet Claudius an einem Ort, an dem es leicht ist, mit den interessanten Männern der Hamburger Kultur zusammenzukommen. Zielstrebig sucht er den Umgang mit den Großen, von denen er lernen kann. Vor allem die Nähe der Künstler scheint ihm wichtig gewesen zu sein. Seine Verbindungen zum Kopenhagener Kreis um Klopstock erleichtern die Kontaktaufnahme. Er führt sich ein mit Grüßen, macht sich dienstbar als Überbringer von Nachrichten, Neuigkeiten, Noten-blättern, Manuskripten. Eine Form der Beziehungspflege, die den Journalisten auszeichnet und die er zeitlebens beibehält.

Weil er dabei manchmal mit einer gehörigen Portion Tollpat-schigkeit vorgeht, verläuft das nicht immer glücklich. Schon in Reinfeld hat er sich vorgenommen, Carl Philipp Emanuel Bach, den neuen Musikdirektor der Hansestadt, aufzusuchen und dem musik-liebenden Freund Gerstenberg mit einem Bericht zu imponieren. Der sähe es gern, wenn der große Bach eine seiner Dichtungen vertonen würde.[52] Doch nachdem Claudius den Kapellmeister eines Morgens unangemeldet überfallen und im Morgenrock angetroffen hat, steht die Beziehung unter keinem günstigen Stern. Der unbekannte kleine Journalist, der sich so gar nicht an gesellschaftliche Konventionen hält, scheint dem vielbeschäftigten Bach, der seine Privatsphäre vor aufdringlichen Besuchern abschirmt, nicht besonders zu liegen. So kommt Claudius am Ende nur im Schlepptau von Bachs gutem Bekannten Lessing in den Genuss einer Privatvorführung seines Spiels auf dem berühmten Silbermann-Clavichord mit dem »hellen, durchdringenden, süßen Ton«, und den Gedanken, Bach für seine Freunde »zum Komponieren zu bewegen«, muss er bald aufgeben. Dafür darf er ihm vorspielen. Bachs Urteil, der junge Mann »spiele mit Leib und Seele«, ist in Anbetracht der eigenen Auffassung des Musikers vom empfindsamen Spiel »aus der Seele« ein Lob, auf das

Claudius stolz sein kann. Gleichwohl werden die beiden zunächst miteinander nicht recht warm, anders als einige Jahre danach der Göttinger Student Johann Heinrich Voß, der stolz vom angeregten Austausch mit dem Tonsetzer berichtet, oder der zweiundzwanzigjährige Musikus Johann Friedrich Reichardt (1752–1814) aus Königsberg, der spätere Kapellmeister Friedrichs II. in Berlin, mit seiner eingestandenen »bekannten Zudringlichkeit zu großen Männern«. Claudius reagiert zunächst etwas pikiert darauf, dass Bach sich so oft verleugnen lässt, doch ist er zu sehr Musikliebhaber, um sein Urteil von Verstimmungen beeinflussen zu lassen. Auch Bach geht später freundschaftlich mit Claudius um, der im Sommer 1774 aus Wandsbek sogar berichten kann, dass »Se. musikalische Excellence« ihn »den ganzen Tag mit Besuch beehrte«. (An Gerstenberg, Br. I, 101)

Von Anfang an zugänglicher ist der große Lessing, trotz des Abstands an Kenntnissen und Lebenserfahrung. Er zeigt ein lebendiges Interesse an den aufstrebenden Talenten der jüngeren Generation.[53] Ihn, den intellektuell überragenden Kritiker und Dramatiker, den Aufklärungsdenker von europäischem Format, darf der Novize von Zeit zu Zeit besuchen und auf Spaziergängen durch die Stadt begleiten. Für das Kaffeehaus hinter dem AddreßComtoir und andere von Lessing frequentierte Gasthäuser, wie das beliebte Ausflugslokal »Baumhaus« mit Blick über den Hafen oder den Ratskeller im Eimbeckschen Haus, Treffpunkt der Schauspieler, Literaten und Journalisten – für diese Kaffeehäuser *à la mode* dürften die Mittel des kleinen Zeitungsschreibers, wenn er nicht eingeladen wurde, kaum gereicht haben, so wie er sich, obwohl zeitlebens kein Verächter des Kartenspiels,[54] wohl auch nicht am riskanten Glücksspiel »Pharao« beteiligt hat. Er wird hauptsächlich als Zuhörer mitgegangen sein, der sich gelegentlich mit seiner ausgeprägten Begabung, andere mit »ehrbarem Gesicht« zum Lachen zu bringen, bemerkbar machte. Es muss ein hohes Vergnügen gewesen sein, den überaus belesenen, souverän und scharfsinnig argumentierenden Lessing im Gespräch zu erleben, der immer darauf aus war, den Dingen im Disput auf den Grund zu gehen, immer bereit zu einer Pointe auch auf Kosten seines Gegenübers, es sei denn, der sei gutherzig und bedürfe der Schonung. Lessing fand offenbar Gefallen an dem jungen Kollegen, der die ersten unsicheren Schritte auf dem Weg zum Schriftsteller wagte, auf der Suche nach dem eigenen Standpunkt und nach Impulsen für sein Schaffen.

Als Claudius nach Hamburg kam, stand für Lessing bereits fest, dass das ehrgeizige Theaterprojekt am Gänsemarkt ein Fehlschlag war. Es sollte nach dem Willen eines Konsortiums von kulturinteressierten und unternehmungslustigen, wenn auch nicht gerade als besonders solide geltenden Kaufleuten zu einem deutschen Nationaltheater werden, und der berühmte Dramatiker sollte als fester Kritiker und dramaturgischer Berater mit Ideen und Publicity den Erfolg garantieren. Doch bald schon zeichnete sich ab, dass das Projekt an unklaren Leitungsstrukturen, Kompetenzgerangel und nicht zuletzt Finanzschwäche scheitern musste. Der Versuch, den Spielplan von der französischen und italienischen Dramatik auf zeitgenössische deutsche Stücke umzustellen, kam beim Publikum nicht an. Damit war auch der von Lessing und dem Buchdrucker Bode gegründeten Verlagsbuchhandlung und der darin erschienenen *Hamburgischen Dramaturgie* die finanzielle Grundlage entzogen – ein Übriges tat der unautorisierte Nachdruck durch einen Leipziger Raubdrucker. Glänzende Geschäfte, auf die die beiden Neuverleger auch spekuliert haben mochten, waren in Deutschland damals weder mit dem »akademischen Theater« noch mit anspruchsvollen Drucksachen zu machen. Gerade noch konnte der Verlag Gerstenbergs Trauerspiel *Ugolino* herausbringen, die grausige Geschichte vom Hungertod eines im Turmverlies schmachtenden Vaters und seiner Kinder nach Dantes *Göttlicher Komödie*. Claudius hat das Stück gelesen und sich später in seinem Gedicht *Wandsbeck, eine Art von Romanze* darauf bezogen.

Überhaupt erfährt er vom Kulturgeschehen aus erster Hand. Von dem Ende der Nationaltheater-»Entreprise« am Gänsemarkt, von dem lange schon gemunkelt wurde, berichten die *ACN* Ende November 1768, am Tag nach der letzten Vorstellung vor der jährlichen Theaterpause im Advent. Sie drucken die von Madame Hensel, der ersten Heroine des Ensembles, vorgetragene gereimte Abschiedsrede. Sie sei »in einem etwas tragischen Tone abgefasst«, bemerkt der Redakteur und gibt einen vielsagenden Hinweis, dass hier Lessing selbst seine Hand im Spiel gehabt haben könnte: Der Epilog sei »ganz aus Stellen des *Codrus* zusammengesetzt«. Den Witz dieser wie hingeworfenen Bemerkung, hinter der ein ganzes auf Lessing deutendes Anspielungsgeflecht steht, konnten die Leser und Teilnehmer am Stadtgespräch in den Kaffeehäusern und den Abendgesellschaften der gebildeten Kaufleute und Juristen als Lateinschulabsolventen durchaus goutieren. Codrus, das war nicht nur der Titelheld eines in Lessings *Hamburgischer Dramaturgie* erwähnten zeitgenössischen Dramas, sondern auch der heisere Bettelpoet des römischen Satirikers Juvenal, der nichts besaß als eine Bücherkiste und in der großen Stadt Rom auch noch dieses Nichts verlor – genau wie Lessing, von dem man wusste, dass sich seine Einlagen bei »J. J. C. Bode & Compagnie« mit dem Fiasko des Hamburger Theaterexperiments buchstäblich in weniger als nichts auflösten und er zur Tilgung der Schulden auch noch den Rest seiner Bibliothek verkaufen musste. Den Auktionskatalog dazu hatte Claudius gerade an Gerstenberg geschickt.

Ein Jahr danach, die Schauspieltruppe ist unter ihrem früheren Prinzipal Konrad Ernst Ackermann wieder nach Hamburg zurückgekehrt, geht Claudius in den *ACN* auf Lessings erneut auf den Spielplan gesetztes Lustspiel *Minna von Barnhelm oder Das Soldatenglück* ein. Seine ›Rezension‹ in Form eines fingierten Briefwechsels zieht sich über mehrere Ausgaben hin. Dieses Bravourstückchen wird mit gutem Grund immer wieder als Beleg für Claudius' in diesen

Jahren entwickelte humoristische Virtuosität zitiert. Harmlos-lustig an der Oberfläche, voller Bezüglichkeiten in der Tiefe für Kenner, beweist es neben Witz auch literarisches Urteil. Fritz, ein »naiver unwissender Jüngling im Parterre«, der zum ersten Mal nach Hamburg und zum ersten Mal im Leben ins Theater kommt, schreibt seinem Vater von seinen Eindrücken:»Das heiß ich eine Stadt, das Hamburg; da gibt's was zu sehen, Rathäuser und Baumhäuser und Weinhäuser und Kaffeehäuser und Musikhäuser: mein Vetter geht überall mit mir hin.« Sehen und Verstehen klaffen auseinander, die Kunstwelt des Theaters kann der unbedarfte Besucher, anders als die amüsierten weltläufigen Zeitungsleser, nicht durchschauen. Fritz hält die Ränge des Schauspielhauses für Bücherregale, die Logen für »kleine Schränkchen« und das Geschehen auf der Bühne, das ihm »die Tränen in die Augen« treibt, für wirkliches Leben. Für Distanz und Aufklärung sorgt ein besser informierter Begleiter – ein Kunstgriff, auf den Claudius später noch oft zurückgreifen wird:»Vetter Steffens sagte mir im Vertrauen, daß ein Mann, der Lessing heißt, und der sich hier aufhalten soll, diese ganze Geschichte gemacht habe – Nun so vergeb's ihm Gott, daß er dem Major und dem armen Fräulein so viel Unruhe gemacht hat. – Ich will gewiß den Hut nicht vor ihm abnehmen, wenn er mir begegnet. Aber zehn Taler wollte ich darum geben, wenn ich noch einmal eine solche Geschichte mit ansehen könnte. Mir war den ganzen Abend das Herz so groß und so warm – ich hatte einen so heißen Durst nach edlen Taten – ja ich glaube wahrhaftig, wenn man solche Leute oft sähe, man könnte endlich selber rechtschaffen und großmütig mit ihnen werden.« (751)

In der drolligen Maske des Theater und Leben verwechselnden Jünglings vom Lande bezieht Claudius sich auf einen zentralen Punkt von Lessings Theatertheorie: die Frage der Wirkung. Nicht diskursiv, sondern indem er annähernd das tut, was Lessing von der dramatischen Kunst fordert, nämlich »die Leidenschaften nicht beschreiben, sondern vor den Augen des Zuschauers entstehen und ohne Sprung in einer so illusorischen Stetigkeit wachsen zu lassen, daß dieser sympathisieren muss, er mag wollen oder nicht«.[55]

Indem Claudius seinen Lesern die durch die Aufführung geweckten Gefühle am Beispiel eines hingerissenen, mitfühlenden, unverbildeten Zuschauers vorführt, bestätigt er mit literarischen Mitteln Lessings Postulat von der emotionalen, moralisch-sittlichen Wirkung des Theaters.[56] Auf die »Herausforderung der Kunst für die Lebensführung«[57] kommt es dem Rezensenten dabei an, auf lebendige Resonanz, nicht auf kunstrichterliche Aufführungskritik. »Rechtschaffen und großmütig« sollen die Zuschauer werden, aber auch die Leser der Rezension.

In der nächsten Folge meldet sich Fritzens Tante mit einem Brief und kanzelt den Neffen empört als »Sündenwisch« ab, weil er »in dem Hause mit dem Vorhange gewesen« sei. Ein neuer aktueller Bezug: Seit fast einem Jahr schwelte in Hamburg ein Streit um das Theater, eine weitere Folge der Auseinandersetzungen von und mit Johan Melchior Goeze, dem Hauptpastor von St. Katharinen und Senior der Hamburgischen Kirche, dessen Ruf als eifernder und starrsinniger Glaubenswächter nach verschiedenen Kämpfen um orthodoxe Positionen in der Öffentlichkeit weit über Hamburg hinaus bereits unwiderruflich feststand. Auslöser war eine Indiskretion, die enthüllte, dass der Bergedorfer Prediger Johann Ludwig Schlosser Autor von Dramen war, die (angeblich) ohne seine Zustimmung in Hamburg anonym aufgeführt und gedruckt worden waren. Ein Pastor, der Theaterstücke schrieb, das galt noch immer als unvereinbar mit der Amtswürde eines Geistlichen und dem von ihm erwarteten untadeligen Lebenswandel. In Hamburg war den Kandidaten des Geistlichen Ministeriums, also der obersten Kirchenbehörde, ja sogar immer noch der Besuch des Schauspiels untersagt, neben vergleichbar anrüchigen öffentlichen Vergnügungen, die »Andern zum Anstoße gereichen« konnten.[58] Dass Schlosser die Stücke bereits als Jenaer Student geschrieben hatte, konnte ihn nicht entlasten, schließlich waren sie auf die Bühne gekommen, als er bereits designierter Prediger war. Trotzdem wäre das in Hamburg wohl stillschweigend übergangen worden, wäre das Faktum nicht auch außerhalb der Stadt publik gemacht und mit Sticheleien gegen das Hamburger Geistliche Ministerium und dessen Senior Johan Melchior Goeze glossiert worden. Das wollte der sich nicht bieten lassen und ging mit beleidigenden Ausfällen gegen Schlosser an die Öffentlichkeit. In dem darauffolgenden Sturm der Entrüstung, im Hin und Her von Zeitungsartikeln, Invektiven und Verteidigungsschriften, tat sich vor allem Schlossers Studienfreund, der Hamburger Theologe und Gymnasialprofessor Johann Hinrich Vincent Nölting, durch reichlich niveaulose Einlassungen als Verteidiger hervor. Goeze setzte seine *Theologische Untersuchung über die Sittlichkeit der deutschen Schaubühne* dagegen, in der er das Theater mit starken Worten als »Tempel der Wollust« geißelte.

Im November ließ ein von ihm bestelltes Gutachten der Universität Göttingen die allgemeine Aufregung über den Fall noch einmal hochkochen. Zu diesem Zeitpunkt hatte Claudius in den *ACN* gerade mit der Korrespondenz über die *Minna von Barnhelm*-Aufführung begonnen, und so konnte er in der zweiten Folge die Gelegenheit für einen humoristischen Seitenhieb nutzen. Sein Beitrag ist keine differenzierte Stellungnahme, sondern Kabarett *avant la lettre*, allerdings, gemessen an der Gehässigkeit manch früherer Schriften gegen Goeze, eine eher harmlose Belustigung.

Niemand konnte im Ernst den würdigen und gelehrten Goeze mit Claudius' dümmlich-bigotter Tante gleichsetzen. Mit ihren abergläubischen Ahnungen und komischen Fremdwortverdrehungen (sie streicht Steffen, den angeblichen Verführer ihres Neffen, als »Universitäts-« statt als Universal-Erben aus ihrem Testament) gehört sie eher in die Ahnenreihe von Wilhelm Buschs Tantenkarikaturen oder Thomas Manns Frau Stöhr im *Zauberberg*. In diesen aufgeregten Tagen aber mussten (und sollten) die Leser die »alte

Jungfer« doch wohl unweigerlich auf den strengen Hauptpastor beziehen. Das eigentliche Motiv von dessen Polemik wird Claudius kaum wahrgenommen haben, so wenig wie die übrige Öffentlichkeit. Dass es Goeze letzten Endes, wie Ernst-Peter Wieckenberg freigelegt hat, um die Abwehr einer konkurrierenden Instanz zu Theologie und Kirche ging (er sah im Theater eine neue Form des Götzendienstes[59]), konnte im Getöse der Attacken auf die Schaubühne als unmoralische Anstalt untergehen. Doch auch wenn sich Claudius in dem aufgeheizten Klima dieser Tage die aggressiven Energien des Theaterstreits für einen Lacheffekt auf Kosten Goezes zunutze machte – er zielte nicht nur auf die Person des Hauptpastors. Ihm ging es überhaupt um die Abwehr einer feindlichen Haltung gegenüber dem Theater und den weltlichen Kunstvergnügungen, wie sie von Teilen der lutherischen Orthodoxie, in pietistischen Kreisen und besonders auch von Goeze vertreten wurde.

Mehr noch: Die Frage der Schaubühne und ihrer emotionalen Wirkung war für Claudius vor allem Anlass zu einer grundsätzlichen ethisch-anthropologischen Reflexion über das Verhältnis zwischen »Kopf« und »Herz«, Verstand und Gefühl. Eine gute Balance dieser beiden Kräfte, so belehrt in seiner Fiktion der fürsorgliche alte Vater seinen Sohn Fritz, sei der richtige Weg zu »Freude und Tugend«.

Was Claudius' eigener Vater über das Theater dachte, ob es überhaupt für einen holsteinischen Landprediger ein Thema war, dazu gibt es keine Zeugnisse. Die Reaktion eines anderen Vaters aber war Stadtgespräch: In seiner Verteidigungsschrift für seinen Studienfreund Schlosser hatte Nölting, auch er ein Pastorensohn, berichtet, dass seine gerührten Erzählungen nach dem Besuch eines empfindsamen Trauerspiels seinen Vater so von der heilsamen moralischen Wirkung des Theaters überzeugt hätten, dass er ihm fortan den Schauspielbesuch gestattete.[60] Mag sein, dass diese Jugenderinnerung Claudius zu der besonderen Form seiner Theaterkritik anregte.

Die väterlichen Ermahnungen in seiner Rezension enthalten gut aufklärerisch-empfindsame Tugendlehre, wie er sie jetzt auch in anderen Artikeln der *ACN* entfaltet, so der »Abhandlung vom menschlichen Herzen, sehr kurios zu lesen«, die den Widerstreit von Gefühl und »Überlegung« im Menschen mit einem ganz auf seine anglophilen Hamburger Leser zugeschnittenen Vergleich illustriert: In der »Republique eines Menschen« verhalten sich diese Kräfte zueinander wie das »Haus der Lords« und das »Haus der Gemeinen«, Oberhaus und Unterhaus im englischen Parlament, und nur bei wenigen Menschen – den unschuldigen Naiven und den seltenen großen Selbstüberwindern – gibt es den harmonischen Ausgleich, den doch alle anstreben sollten. In Grundzügen ist hier das dualistische Menschenbild formuliert, an dem Claudius mit gewissen Akzentverschiebungen sein Leben lang festhalten sollte.[61]

Seine Rezension der *Minna von Barnhelm* bleibt aber nicht bei psychologisch-moralischen Überlegungen stehen. Der alte Vater rät: »Sei auf Deiner Hut, teurer Jüngling. Ich weiß jemand, der gerne Dein Verstand sein und als Dein Schutzgeist über Dein Herz wachen würde, wenn Du Dich ihm anvertrauen wolltest.« (752) Ein eigener Ton unprätentiöser Herzlichkeit und fast kindlicher Frömmigkeit ist hier zu hören. Ungewöhnlich ist dabei nicht der religiöse Charakter des Ratschlags – Theologisches hatte in den Zeitungen des Aufklärungsjahrhunderts ganz selbstverständlich Platz, freilich meist in Form gelehrter Abhandlungen und Rezensionen. Ungewöhnlich und im Zeitungskontext überraschend ist Claudius' verhaltener und zugleich inniger Hinweis auf einen persönlichen Gottesbezug, der durch die antikisierende Verkleidung (»Schutzgeist«) hindurchscheint.

»Der Mann, der Lessing heißt«, muss seine helle Freude gehabt haben an der originellen Reaktion auf sein Stück, entsprach sie doch seiner Vorliebe für indirekte und spielerische Formen der Kontroverse, die manche Zeitgenossen, darunter den attackierten Goeze, nicht wenig irritierte. Vielleicht war es die besondere Mischung aus Ernst und Lust am Spiel, die die beiden sonst so verschiedenen Männer im Lauf der kommenden Jahre mit zunehmender Sympathie füreinander erfüllen sollte, allen Temperaments- und Anschauungsunterschieden zum Trotz. Am Ende wird Claudius schreiben: «Ich will nicht sagen, dass er mein Freund gewesen sei; aber ich war der seine.« (360) Das ist sein Beitrag zu einer postumen Ehrenrettung Lessings, als in den achtziger Jahren nach dessen Tod ein Streit um seine Rechtgläubigkeit entbrannte.

In der Hamburger Gesellschaft der ausgehenden 1760er Jahre haben wohl nicht viele gesehen, was in dem kleinen Zeitungsschreiber steckte. Lessings Freundin Eva König erinnerte sich zwar kurze Zeit später noch an den »launigen Menschen, der bei Leisching war«, doch sein Name war ihr da schon entfallen.[62] Gesellschaftlich bewegte sich der junge Claudius im gebildeten Hamburg eher am Rande. Anders der zehn Jahre ältere Kompagnon Lessings, Johann Joachim Christoph Bode. »Wenn unter den feinen Köpfen etwas ausgemacht wird, so wird Bode mit dazu gezählt«, heißt es in einem zeitgenössischen Bericht.[63] Seine »fröhliche gesellschaftliche Laune und stets fertiger Witz«[64] machten den ehemaligen Regimentsmusiker aus dem Braunschweigischen, einen Selfmademan von geradezu manischer Umtriebigkeit, zu einem beliebten Mitglied dieses Kreises. Aus einfachsten ländlichen Verhältnissen stammend, hatte er sich in nächtelangem Selbststudium zu einem geachteten Übersetzer aus dem Französischen und Englischen ausgebildet, der, angeregt durch Lessing, einer der wichtigsten Vermittler zeitgenössischer englischer Literatur in Deutschland werden sollte. Anfang der 1760er Jahre übernahm er für zwei Jahre die Redaktion des *Hamburgischen Unpartheyischen Correspondenten*, gründete dann seine eigene Druckerei, die er durch Heirat mit der Tochter des größten Hamburger Verlagsbuchhändlers, Carl Bohn, finanziell konsolidierte.

Mit Bode könnte Claudius unter anderem im Addreß-Comtoir, wo der Buchhändler seine Anzeigen platzierte, in Kontakt gekommen sein, er suchte die Verbindung aber auch über die Musik. Allerdings musste er feststellen, dass er Bode mit seinem Klavierspiel nicht beeindrucken konnte – »er hat zu viele Spieler gehört und versteht die *artem Musicam* selbst zu gut«. (Br. I, 58) Das gute Einvernehmen mit dem »dicken Herrn« konnte das nicht beeinträchtigen. So taufte ihn Claudius – Bode selbst zog es vor, von seiner »fabelhaften Figur« zu sprechen. Er gehörte zu denen, die in Claudius nicht nur den Spaßvogel, sondern auch den Dichter erkannten.[65] Als Verleger des *Wandsbecker Bothen* sollte er in Claudius' Leben bald eine bedeutsame Rolle spielen.

Davor kam es zu einer anderen folgenreichen Begegnung. Im März 1770 machte Johann Gottfried Herder in Hamburg Station, eines der aufgehenden Lichter am Himmel der neuen deutschen Literatur. Er war auf dem Weg von Paris nach Kiel, wo er als Reisebegleiter den sechzehnjährigen Erbprinzen von Holstein-Gottorp, den Sohn des Fürstbischofs von Eutin, zur standesgemäßen Bildungstour von der Universität abholen sollte. Mit seinen fünfundzwanzig Jahren war der Königsberger Schüler Kants und Hamanns, der sich aus dem fernen Livland mit einigen ästhetischen Schriften strategisch wohlkalkuliert in die literarische Diskussion in Deutschland eingeschaltet hatte, bereits mehr als ein Geheimtipp. In Hamburg wollte er Lessing persönlich kennenlernen, mit dem er längst als Autor im öffentlichen Dialog stand. In den vierzehn vergnügten Tagen, in denen die beiden, wie Herder berichtet, »wacker herumgeschwärmt«[66] seien, lernte er natürlich auch Bode kennen – und einen Angehörigen seiner eigenen Generation, den vier Jahre älteren Matthias Claudius.

»Ein großer Teil unserer Lebensbegebenheiten hängt würklich vom Wurf von Zufällen ab«, hatte Herder 1769 im Tagebuch seiner großen Schiffsreise von Riga nach Frankreich notiert, auf der er seiner Ostseeheimat endgültig den Rücken kehrte. So ein glücklicher

Zufallswurf war für Claudius die Begegnung mit Herder. Eigentlich war er seit Wochen mit seinen Gedanken und Gefühlen ganz woanders: »Der leidige Amor hat sein Werk mit mir« – eine heimliche Liebe machte ihn zum sprachlosen Gesellschafter und unwilligen Briefschreiber. »Ich bringe überhaupt meine Zeit mit Horchen zu.« (Br. I, 64) Doch von diesem Besucher sprang der Funke sofort über. Mag sein, dass die mit Claudius' Verliebtheit einhergehende gesteigerte Empfindungsintensität die beste Vorbereitung war für die Begegnung mit dem enthusiastischen Prediger von »Herz, Wärme! Blut! Menschheit! Leben!«. Die Briefe, die er Herder nach dessen Abreise hinterherschickte, sind mit ihren Küssen und »Grazien« wie in den Tagen der »Tändeleyen« auf den zärtlichen Ton spielerischer Rokoko-Erotik gestimmt und werden im Bewusstsein des realen Abstands zum Gegenüber zugleich ironisch relativiert.[67] »Ihre Liebe ist mir wie die Liebe der Frauen«, bekennt Claudius nach Herders zweitem Hamburg-Besuch einige Monate später mit einem damals vielgebrauchten Zitat, das das biblische Urbild, die Freundschaft zwischen David und Jonathan, heraufbeschwört. Dieser Überschwang eines empfindsam vergeistigten Eros gehörte zum Stil der Literatenfreundschaften jener Jahre.

Herder brachte in Claudius offensichtlich auch die melancholische Seite zum Schwingen, die Rückseite seiner »Laune«. »Er ist ein Mann für mich«, gesteht Claudius Schönborn, »bei aller seiner blühenden Lebhaftigkeit auch zu Grübeleien aufgelegt.«[68] Auch Herder ist angetan. Dieser »Jüngling« sei »das größte Genie«, das er in Hamburg gefunden habe. Gelänge es ihm, den »in Bückeburg placiren zu können«, schreibt er später, »was hätte ich da für einen Freund von sonderbarem Geist und von einem Herzen, was wie Steinkohlen glüht – still, stark und dampficht«.[69] Er wird ihn einen der »reinsten Menschen, den ich fast gekannt habe«, nennen und Phantasien eines gemeinsamen Lebens ausspinnen. Die Emphase geht sicherlich auch auf das Konto der bekannten spontanen Entflammbarkeit Herders, das Bild trifft aber gut die eigentümliche Mischung aus Schalk, In-sich-gekehrt-Sein und stiller Intensität, die das Geheimnis der Ausstrahlung des jungen Claudius gewesen sein muss, die auch von anderen bezeugt wird. Etwas von dieser bezwingenden Wirkung klingt auch in Herders begeisterten Berichten an seine Darmstädter Freundin Caroline Flachsland an. So morgenfrisch ungetrübt wird das Verhältnis der beiden nicht bleiben. Eine höchst komplexe Freundschaft entwickelt sich in der Folge. Sie wird nach enthusiastischen Anfängen schmerzlich abkühlen und auf ein nur mühsam überbrücktes Zerwürfnis über abweichende philosophisch-theologische Anschauungen hinauslaufen, eine Geschichte letztlich vergeblicher Bemühungen um tragfähige Gemeinsamkeit. Jörg-Ulrich Fechner, der ihre Stadien nachgezeichnet hat, kommt zu dem Ergebnis, dass »Herder vorrangig für den Menschen Claudius einsteht und erst – in weitem Abstand dahinter – auch für dessen literarisches Schaffen«.[70] Anfangs steht für Herder allerdings auch der vielversprechende Dichter im Vordergrund – »er singt, viel beßer als ich«, gesteht er seiner Freundin.[71] Bei ihm will er »das Beste« gefunden haben, was er an neuerer Literatur kennt, »ohne Gelehrsamkeit u. fast ohne Inhalt, aber für gewiße Silbersaiten des Herzens, die so selten so gerührt werden«.[72] Man weiß, dass Herder mit Bode über seinen Plan, die »Nationallieder« der Deutschen zu sammeln, gesprochen hat. Wie viel mehr könnte dies ein Thema der Gespräche mit dem jungen Poeten von der Zeitung gewesen sein! Acht Jahre später nimmt er dessen »Abendlied« (»Der Mond ist aufgegangen«) als einziges zeitgenössisches deutsches Beispiel in seine Sammlung *Stimmen der Völker in Liedern* auf.

Und er stiftet eine weitere, für Claudius höchst folgenreiche Bekanntschaft. Mit niemandem sonst in Hamburg spricht er nach eigenem Bekunden über seinen Freund und Mentor Johann Georg Hamann.[73] Dieser originale Kopf, der als Französisch-Übersetzer bei der preußischen Zollverwaltung in Königsberg sein karges Auskommen findet, hat in seinen Anfängen selbst für die Zeitung geschrieben, doch steht er gänzlich quer zum publizistischen Betrieb, ja er verweigert sich diesem Betrieb und seinen Wortführern in aller Öffentlichkeit. Seine provozierenden Gelegenheitsschriften, ihr anspielungsreicher, schwer zu entziffernder Stil, ihr prophetisch mahnender kritischer Gestus irritieren das schöngeistige und gelehrte Publikum. In der jungen Generation aber findet dieser »Magus in Norden«, wie ihn seine Verehrer nennen, immer mehr verschworene Leser, auch in Holstein und Kopenhagen. Vermutlich war es Gerstenberg, der Claudius' Aufmerksamkeit zuerst auf Hamann gelenkt hatte – »Sie können denken, wie ich gehorcht habe«, wird der Rittmeister denn auch sofort über die Gespräche mit Herder von seinem Freund informiert, der, auf seine unnachahmlich drollige Manier gleichsam verbal auf der Stelle tretend, hinzufügt: »auch habe ich gehorcht, wenn er sonst etwas sprach.« (Br. I, 64)

Denn Claudius war nicht einfach nur Leser Hamanns, er ließ sich auf ihn auch als Schreibender ein. Zwei Monate vor dem Treffen mit Herder erscheint in den *Addreß-Comtoir-Nachrichten* eine kleine Abhandlung über Genie und Enthusiasmus (»Ein defekter *locus communis*«), in der der inflationäre Gebrauch des als Distinktionsmerkmal in Mode gekommenen Geniebegriffs kritisiert wird: »eine jede Nation erklärt ein[en] Teil ihrer Schriftsteller dafür« (nämlich für Genies), »unterdes hie und da ein Idiot in seinem Kämmerlein denkt, daß diese Genielisten noch manchen Notaten unterworfen sein möchten.« (759) Es war Hamann, der Sokrates 1760 zu Beginn seiner *Aesthetica in nuce* den paradoxen Ehrentitel »der weise Idiot Griechenlands« verliehen hatte.[74] Idiot – die Leser der *ACN* werden die ursprüngliche Bedeutung des Wortes (nach griechisch »eigen«, »Privatmann«, »Laie«) gekannt haben, doch fragt sich, wer von ihnen die literarische Anspielung überhaupt erkennen konnte. Der innere Vorbehalt, den Claudius hier äußert, wird aber auch so deutlich: eine *reservatio mentali*s gegenüber herrschenden Annahmen und Denkmoden, die auf gleichgesinnte Leser zielt. Die Umrisse von Claudius' künftiger Autorenrolle zeichnen sich hier bereits ab.

Auf Schlittschuhen habe sein junger Verehrer seinerzeit über die vereiste Ostsee zu Hamann nach Kurland laufen wollen, eröffnet Herder dem Königsberger Freund, als er ihm zwei Jahre später Claudius als einen Alkibiades ans Herz legt.[75] Alkibiades, dieser »Spießgeselle« (Hans Magnus Enzensberger) aus dem Kreis um Sokrates, ist ein weiteres klassisches Urbild inniger Freundschaft. Die von Herder eingefädelte Beziehung zu Hamann, die später auch die Familien einschließen wird, hat Spuren hinterlassen in Claudius' Werk wie umgekehrt auch in den Schriften und Briefen Hamanns. Im Persönlichen hält sie, auch wenn die beiden sich nie begegnet sind, bis zum Tode des Magus, allem Ärger über Claudius' Nachlässigkeit, seine ungeschickte und chaotische Art, Aufträge zu erledigen oder vielmehr nicht zu erledigen (»Confusionsrath« tauft ihn Hamann), seine Saumseligkeit als Briefschreiber und allen philosophisch-theologischen Meinungsunterschieden zum Trotz.

Es ist anzunehmen, dass Claudius Herder in Hamburg auch die Handvoll seiner bis dahin verfassten Gedichte zeigte. Zu den Versen, auf die Herders Diktum von den »Silbersaiten des Herzens« zutrifft, gehört das »Wiegenlied bei Mondschein zu singen« aus der Neujahrsnummer der *ACN* von 1770. Dort stand es zwischen den Hamburger Wechselkursen und der Rubrik »Vermischte Nachrichten«, die einen jahrzehntealten Wissenschaftlerbrief über die bis dato größte gemessene Kälte in Sibirien abdruckten – eine Platzierung, die sich als subtiler Kommentar zum Thema Aktualität lesen lässt. Während die notierte Laufzeit der Börsenkurse von »Kurze Sicht« bis »2 Monate dato« reicht, wurde der Brief mit der Nachricht von der »Kälte am Fluß Lena in Siberien, in einem Briefe von Professor Ammon an Hr. Hans Sloane vom 20. Januar, 1739«, wie der Redakteur anmerkt, »schon vor 30 Jahr geschrieben, vielleicht haben ihn aber manche in den 30 Jahren noch nie gelesen, und manche schon wieder vergessen«. Dazwischen also Verse, deren Zeitperspektive sich in der Gegenwart einer archetypischen Verbundenheit von Mutter und Kind unter und mit dem Mond verliert. »Ein Wiegenlied bei Mondschein zu singen« ist das schönste unter Claudius' wenigen Gedichtbeiträgen zu den *ACN*, fern von jeder Tagesaktualität und ohne didaktische Absichten. Ein inniger, völlig neuer lyrischer Ton ist hier zu hören. Schon der Erstdruck zeigt Claudius' Meisterschaft; für seine spätere Werkausgabe hat er das Lied mit wenigen Strichen vollendet. Hier die ersten fünf von zwölf Strophen:

So schlafe nun du Kleine!
    Was weinest du?
Sanft ist im Mondenscheine,
    Und süß die Ruh.

Auch kommt der Schlaf geschwinder,
    Und sonder Müh;
Der Mond freut sich der Kinder,
    Und liebet sie.

Er liebt zwar auch die Knaben,
    Doch Mädchen mehr,
Gießt freundlich schöne Gaben,
    Von oben her

Auf sie aus, wenn sie saugen,
    Recht wunderbar;
Schenkt ihnen blaue Augen
    Und blondes Haar.

Alt ist er wie ein Rabe,
  Sieht manches Land;
Mein Vater hat als Knabe
  Ihn schon gekannt.

Das Genre gefällt Claudius so sehr, dass er daran denkt, eine kleine Anthologie mit Wiegenliedern drucken zu lassen, zu der ihm Gerstenberg sein Wiegenlied »Schlaf, aber schlafe nicht zu lange« überlassen soll. Aus dem Plan ist nichts geworden, aber er zeigt, dass Claudius sich die Aufbesserung seiner Finanzen, um die es ihm dabei erklärtermaßen auch geht, von der schönen Literatur verspricht. Wiegenlieder sind ein Genre der Empfindsamkeit, das nicht nur der Junggeselle Claudius pflegt. Eine kindliche Sehnsucht nach Geborgenheit lässt sich darin ebenso spiegeln wie der Wunsch, sich als Erwachsener selbst in die von mütterlicher Fürsorge getragene Generationenkette einzufügen, der Wunsch nach einem Leben jenseits von Börsenkursen, Verordnungen oder Preisaufgaben der europäischen Akademien der Wissenschaften. An eine Realisierung kann der junge Poet noch nicht denken. Noch sind Liebe, Ehe, Vaterschaft für ihn Gegenstand der Imagination in freien Stunden. In einer solchen Stunde macht er die obligate Wallfahrt der Empfindsamen zu Meta Klopstocks Grab in Ottensen und lässt an Ort und Stelle die von Klopstock vorgegebenen Gefühle aufsteigen: »Der Gedanke ans Begraben einer geliebten Frau ist mir seit langer Zeit süßer gewesen als der an die erste Nacht. Bei einem so komischen Gefühl hatte das Grab gute Sache *og jede* [richtig: *jeg*] *maerkede snart ein lille smule af den Folense, den Enkemand havde denne Gang* [und ich spürte etwas von den Gefühlen, die dieser Witwer damals hatte], ein Sommerlüftchen vom Sturme des Barden.« (Br. I, 50) Der unvermittelte Wechsel ins Dänische, das ihm genau wie dem Rittmeister Gerstenberg keine Mühe machte, soll seinen Kopenhagener Adressaten auf ein anderes Gefühl, den Zweiklang der Freundschaft, einstimmen.

⠂⠄⠠ *Entlassung* ⠠⠄⠂

Wir wissen nicht, was den Verleger Leisching so aufbrachte, dass
er seinem Redakteur Claudius irgendwann im Sommer 1770 eine
Abmahnung erteilte. Der jedenfalls hat seinen Stolz und wirft die
Brocken hin. »Ich und das liebe gute *Adreßcomtoir* scheiden uns
auf Michaelis«, meldet er Schönborn und verhehlt dem Freund
auch nicht den Verdacht, sein Arbeitgeber habe seine abrupte
Reaktion auf die »Reprimande« bereits einkalkuliert. (Br. I, 66) In
der Familienüberlieferung ist, anekdotisch ungenau und nicht zu
datieren, von unentschuldigtem Fernbleiben vom Arbeitsplatz
die Rede,[76] vielleicht war das nur ein Beispiel unter vielen für die
Unzuverlässigkeit dieses Redakteurs. Faulheit, nicht erst für die
Biographen des 19. Jahrhunderts ein unverzeihlicher Makel, ist
Claudius immer wieder nachgesagt worden. Vielleicht passten dem
Verleger, der vor allem die Kaufmannschaft erreichen wollte, aber
auch die anspielungsreiche Schreibweise, die Rittergeschichten
und Allegorien, Claudius' Eigensinn und überhaupt der Stil der
Moralischen Wochenschriften, der sich allmählich überlebt hatte,
nicht mehr. Fest steht, dass Leisching, möglicherweise aufgrund
von Leserbeschwerden, Überlegungen anstellte, wie das Format,
wie man heute sagen würde, und damit die Akzeptanz seiner Zeitungen, insbesondere der *ACN*, zu verbessern sei. Zwei Jahre später
verlässt auch Chefredakteur Dumpf das Unternehmen und geht als
Pagenhofmeister nach Gotha.

In der Ausgabe vom 1. Oktober verabschiedet sich Claudius
mit einem Brief seines Kaufmanns Gustav Pfahl, der Maske, mit
der er mehr als zwei Jahre zuvor seinen Einstand gegeben hatte.
Nach der angenehmen Balleröffnung nun also der »Henkertanz«,
ein mit Bedacht gewähltes bitteres Bild. Der heimliche Adressat
ist diesmal der Verleger selbst.[77] Der Brief spielt hintersinnig auf
Diskussionen über die Bedürfnisse der Leser an, die die Arbeit an-

scheinend begleiteten. Leisching verkörperte als einer der Ersten in Deutschland einen Verlegertyp, der, so Claudius, am liebsten alle »Klassen Leser auf einmal zu befriedigen« und die Auflage durch »Herablassen an den größten Teil der Leser« (Br. I, 52) zu steigern suchte. Dagegen setzt Claudius eine verdeckte Kritik am zeitgenössischen Veröffentlichungswesen und seiner Orientierung am Unterhaltungsbedürfnis des Publikums: »Aber wovon soll ich Sie denn unterhalten, lieber Herr Gevatter? Vom Türkenkriege? Nicht vom Kriege; ich habe darin recht dummes Haar, es steigt gleich bergan, sobald als ich nur vom Krieg höre [...] Von Amorn? von Amorn muss man nicht Briefe schreiben, er haßt die Schwätzer, der kleine holde Götterknabe der! [...] also von Genie und Geschmack? Ei was gehen Sie und mich Genie und Geschmack an? Also von nichts? Ja doch, von nichts, meinetwegen, das ist so grade das Fach, darin ich am stärksten bin; und wenn ich's auch nicht selbst wäre, so habe ich doch über die Materie so viel von andern gehört, und kenne so viele größere und kleinere Werke, mit und ohne Register, wo ich mich Rats erholen könnte, daß mir ein Brief darüber gar nicht schwer werden sollte.« (775 f.)

Nichts – der nicht auszuschöpfende Begriff verweist auf die Vergeblichkeit menschlicher Bemühungen, aber auch auf die sehr reale Existenzbedrohung des jetzt Arbeitslosen. Er sei »itzt nichts und habe itzt nichts«, wird er Freund Schönborn klagen und ihn zugleich bitten, ihm bei der Tilgung seiner Schulden zu helfen. (Br. I, 69 f.)

Von nichts kann man gelegentlich schreiben, aber nicht leben, und so ist es ein Glück, dass Claudius nicht lange auf ein neues Stellenangebot warten muss. »Auf Neujahr legt Bode eine Zeitung in Wandsbeck an und ich werde sie schreiben helfen«, teilt er Gerstenberg im Oktober 1770 mit. (Br. I, 69)

3.
WANDSBEK I

Blick auf Hamburg vom Wandsbecker Gehölz

Wandsbek,[78] ein »adeliges Gut« unter dänischer Herrschaft
mit einem dazugehörigen Dorf von ungefähr hundert Häu-
sern an der Straße nach Lübeck, eine knappe Fußstunde von
Hamburg entfernt, hatte dort keinen besonders guten Ruf. Hier
war aufgrund von königlichen Privilegien vieles möglich gewesen,
was in Hamburg unter Strafandrohung stand: freier Verkauf von
Diebesgut, die »Nester der Nymphen« des leichten Gewerbes und
die Skandalberichterstattung des nicht der reichsstädtischen Zensur unterliegenden *Wandsbeckischen Mercurius*. Dessen Angriffe
auf den Senat und der satirisch glossierte Stadtklatsch waren den
Hamburger Honoratioren ein Dorn im Auge, während die Kolumne
»Aus Capadocien« (der Spottname für Hamburg) vor allem in den
unteren Schichten mit großem Vergnügen an Zeitungsbuden und
in Kneipen vorgelesen wurde.

Wandsbek gehörte dem königlich-dänischen Schatzmeister Baron Heinrich Carl von Schimmelmann (1724–1782), einem Unterneh-
mer großen Stils. Als preußischer Heereslieferant hatte der Aufstei-
ger aus dem Bürgertum während des Siebenjährigen Kriegs durch
zweifelhafte Transaktionen – Geschäfte mit der systematischen
Münzverschlechterung Friedrichs II., Verschiebung und Verkauf
beschlagnahmter Bestände von Meißner Porzellan zu exorbitanten
Preisen – ein riesiges Vermögen gemacht und war schließlich von
Bernstorff mit der Sanierung der dänischen Staatsfinanzen beauf-
tragt worden, was sich sowohl für den Staat als auch für Schimmelmann als höchst vorteilhaft erweisen sollte. In den erblichen
Adelsstand erhoben und zum Wirtschafts- und Finanzminister ernannt, empfahl er, die königlichen Plantagen in Dänisch-Westindien
zur Aufbesserung der Staatskasse zu privatisieren, und kaufte dann
die größten mitsamt der Zuckerraffinerie in Kopenhagen und einer
Gewehrfabrik auf Seeland gleich selbst. Heutzutage wären bei einer

derartigen Verquickung von privaten und staatlichen Interessen »Prozesse und parlamentarische Untersuchungen fällig«, wie Christian Degn in seiner Monographie über den Schimmelmann'schen Wirtschaftskreislauf konstatiert. Der »atlantische Dreieckshandel« wurde zur Hauptquelle von Schimmelmanns Reichtum: Transport von afrikanischen Sklaven aus Guinea auf die Zuckerrohrfelder der dänischen Karibikinseln, von dort Verschiffung des Rohzuckers nach Kopenhagen und Hamburg, Verarbeitung in den dortigen Zuckersiedereien, schließlich Export von Flinten, Schnaps und Baumwolltuch nach Afrika und in die Kolonien.

Die alten Familien des holsteinischen Adels sahen den zupackenden, wenig feinsinnigen Parvenü zunächst mit Unbehagen, zumal er auch noch zielstrebig daranging, sich ihnen durch eine geschickte Heiratspolitik für seine Kinder zu verbinden. Hamburg hatte dem Kriegsgewinnler das Bürgerrecht verweigert, weil man hinter seinem Antrag einen raffinierten Plan des preußischen Königs witterte, dem hanseatischen Wirtschaftsleben zu schaden. Zu dem aristokratischen Lebensstil, mit dem Schimmelmann sein Werk krönen wollte, passten auch die holsteinischen Güter Ahrensburg und Wandsbek, die er mitsamt den dazugehörigen Dörfern und Wirtschaftsbetrieben 1759 und 1762 erwarb. Die Wandsbeker Kattun- und Ledermanufakturen und Mühlen waren Investitionsobjekte, von denen auch die Dorfbewohner profitieren sollten. Im Lauf der Jahre wächst die Industrie, sodass Claudius später einmal beklagen wird, dass der kleine Bach des Ortes ganz mit Fabriken und Mühlen überbaut worden und kaum noch zu sehen sei.[79]

Der Ort sollte aber nicht nur wirtschaftlich gefördert, er sollte auch verschönert werden. Schimmelmann ließ das alte Schloss der Grafen Rantzau abreißen und im modernen klassizistischen Stil nach Plänen seines aus Sachsen mitgebrachten Architekten Carl Gottlob Horn neu bauen, es gilt als frühester klassizistischer Schlossbau Nordwestdeutschlands nach dänischem Muster.[80] Nur der berühmte Turm, in dem im 16. Jahrhundert der Astronom Tycho Brahe auf der Flucht von Dänemark nach Prag eine Zeitlang seine Sternwarte hatte, blieb stehen (heute ist beides verschwunden). Im »Wandsbecker Gehölz« richtete Schimmelmann einen Landschaftsgarten ein, der zu einem beliebten Ausflugsziel der Hamburger wurde und 1782 sogar Eingang in die *Theorie der Gartenkunst*, das Standardwerk von Christian Cay Lorenz Hirschfeld, fand.

In seinem Gedicht *Wandsbeck, eine Art von Romanze von Asmus pro tempore Bote daselbst. Mit einer Zuschrift an den KAISER VON JAPAN* wird Claudius 1773 den Sehenswürdigkeiten – Kirche, Schlossturm und Park – ein literarisches Denkmal im Bänkelsängerton setzen:

»Gesetzt du wärst, dich zu erfreun / Und ob des Leibes Stärke, / In Hamburg (Fleisch und Fisch und Wein / Sind hier sehr gut, das merke!) / Und hättest Wandsbeck Lust zu sehn / Und bist nicht etwa Reiter; / So mußt du aus dem Tore gehn, / Und so allmählich weiter. / [...] / Und bald durch Öffnungen, mit List / Im Walde ausgehauen, / Die große Stadt zu sehen ist, / Voll Männer und voll Frauen«. (39 f., 42)

Schimmelmann ließ das örtliche Skandalblättchen zunächst gewähren, entschloss sich nach wiederholten Beschwerden des Hamburger Senats dann aber doch, wenigstens die Anstößigkeiten verbieten zu lassen. Als der *Wandsbeckische Mercurius* daraufhin einging, sorgte der Gutsherr unverzüglich dafür, dass sein Ort endlich eine respektable Zeitung bekam.

⊷ *Der* Wandsbecker Bothe ⊷

Als Verleger und Herausgeber des neuen Projekts wurde mit Hilfe von Ortspastor Hahn Johann Joachim Christoph Bode gewonnen. Ob Bode die eigene Druckerei für die Zeitung, zu der ihn Schimmelmann verpflichtete, tatsächlich am Ort einrichtete, ist unklar.[81] Das Zeitungsprivileg galt für Wandsbek, hierher musste auch der von Bode verpflichtete Redakteur ziehen, doch Verlagsadresse für die Zeitungskorrespondenz blieb Bodes Betrieb in Hamburg, der zeitweise bis zu elf Gesellen beschäftigte. Dort könnte auch die Zeitung gedruckt worden sein. Dafür sprechen praktische Gründe: Die ausländischen Zeitungen und Korrespondentenbriefe kamen per Schiff, Post oder Kurier in Hamburg an und könnten aus Aktualitätsgründen besser gleich an Ort und Stelle verarbeitet worden sein. Mindestens viermal in der Woche wäre Claudius dann nach Hamburg gewandert. Vermutlich wurde am Morgen des Erscheinungstages gesetzt – ein Setzer benötigte dazu zwischen vier und fünf Stunden[82] – und gedruckt, was noch einmal anderthalb bis zwei Stunden dauerte. Damit konnte die Zeitung bis gegen Mittag zur Post gehen und »in der Tramburgischen und übrigen Zeitungsbuden in Hamburg« verkauft werden. Sogar eine Notiz wie die über den Tod des Wandsbeker Pastors Gotthilf Emanuel Hahn um vier Uhr am Morgen des 21. August 1772 konnte unter diesen Bedingungen noch am selben Tag im *Bothen* erscheinen. Die Stadttore wurden in der Morgendämmerung geöffnet. Je nach Sonnenstand verschoben sich mit den Toröffnungs- und -schließungszeiten auch die Herstellungszeiten des Blatts um einige Stunden.[83] So könnte Claudius die Nachricht in diesem Fall also gegen fünf Uhr, dem damals üblichen Arbeitsbeginn, in die Druckerei am Holzdamm gebracht haben.

Bode hatte Claudius zunächst hauptsächlich für den politischen Teil (drei der insgesamt vier zweispaltig umbrochenen Seiten) engagiert, den er mit ihm zusammen »schreiben« wollte, er selbst als »Verleger und Nebengänger« und Claudius als »Hauptverfasser«.[84] Mit der Rolle eines Nachrichten- oder »Avisenschreibers« wollte sich dieser aber nicht begnügen. Ihn interessierte auch der Gelehrte Artikel, von dem Bode zunächst meinte, den werde »Gott bescheeren«. Diese Rubrik bot den größeren Gestaltungsspielraum, war auch für die Meinungsbildung des Publikums wichtiger als der politische Teil, der in der Regel Nachrichten aus zweiter Hand enthielt, sortiert nur nach der Herkunft der Quellen und ohne Rücksicht auf inhaltliche Prioritäten oder die Chronologie der Ereignisse. Meinungsbeiträge in Form von Leitartikeln oder längeren Kommentaren gab es damals nicht.

Die Zeit drängte. Bode und sein Redakteur bemühten sich beide um Beiträge für den kulturellen Teil, »denn«, so Claudius, »ohne Vorrat von allerlei Art kann auch unser einer nicht ruhig sein«. (Br. I, 72) Bode schrieb nach Braunschweig, um Lessing, seit kurzem Bibliothekar in Wolfenbüttel, und die als Literaturkritiker und gute Federn ausgewiesenen Professoren am dortigen Collegium Carolinum, Johann Arnold Ebert und Carl Christian Gärtner, zur Mitarbeit zu gewinnen, und bemühte sich, Gerstenberg als Rezensenten von der *Neuen Zeitung* in Hamburg abzuwerben. Claudius fragte bei Herder und Schönborn um Mitarbeit an, Pastor Hahn half bei der Beschaffung theologischer Rezensionen.

Claudius hatte eigene Vorstellungen. Für ihn bot die neue Zeitung die einmalige Chance, ein individuelles Profil zu entwickeln. »Ich wollte gerne, daß der gelehrte Artikel zwar nicht gerade besser wäre als in vielen andern Zeitungen, aber etwas eignes muß er haben und nicht so wie die andern sein, geben Sie mir Ihre Gedanken über die Einrichtung doch auch mit zum besten, ich sammle itzo Stimmen deswegen«, schrieb er Gerstenberg. (Br. I, 69) Was Claudius vorschwebte, konnte, wie er wusste, nicht im luftleeren Raum entstehen, er war dafür auf andere angewiesen. Deshalb die Bitte an Herder: »Helfen Sie mir, den Wechselbalg zur Welt bringen oder schwängern Sie mich.« (Br. I, 71)

Alles fügte sich, als der Titel der Zeitung gefunden war: *Der Wandsbecker Bothe.* Kein fiktiver »Weltbürger« oder »Biedermann« wie in den Moralischen Wochenschriften, kein fliegender Götterbote wie sein Vorgänger, der *Mercurius*, sondern ein realer Funktionsträger aus dem Post- und Nachrichtenwesen wie der *Reichs Post-Reuter*, wenn auch Fußgänger. Damit konnte Claudius weiterentwickeln, was er schon in den *Addreß-Comtoir-Nachrichten* erprobt hatte: eine leserbezogene erzählende Form mit einem fiktiven Verfasser als Bezugsfigur. Einen Gesamtautor konnte es bei einer Zeitung mit ihrem fremdbestimmten Material natürlich nicht geben, hier wirkten viele mit (Br. I, 71: »Kein Mensch kann ja nicht alle Rezensions machen, und wer darf anderer Leute Arbeit ändern?«). Wohl aber einen Repräsentanten des Redakteurs. Der Bote ist der Erzähler, der alles überbringt und gelegentlich etwas dazu anmerkt. Mit dem Namen »Asmus«, den er nach einiger Zeit erhält, gewinnt er weiter Kontur. Bis heute weiß man nicht, wie Claudius auf den Namen gekommen ist. Im Lauf der Jahre gesellen sich Begleitpersonen hinzu, ein gelehrter Vetter, der Freund Andres, mit dem Asmus zur Schule gegangen ist, oder der Herr Ahrens, ihr gemeinsamer Lehrer, ein staubtrockener Pedant, in dem man Claudius' eigenen Lehrer in Plön als Modell sehen wollte. Wichtiger als solche nicht zu verifizierenden biographischen Übereinstimmungen ist die Funktion dieses Schulmeisters. Er ist der Vertreter überholter rationalistischer Normvorstellungen, etwa in der Poetik. Insbesondere der urwüchsige, naive Andres mit seiner spontanen Hilfsbereitschaft und gemütvollen Naturliebe hat es dem Boten angetan: »Er konnte in seiner Einfalt so 'ne ganze Stunde einen hellen Stern ansehen und sich so herzlich darüber freuen, und darum mocht ich Ihn lieber leiden als Hrn. Ahrens.« (54) Nach und nach entsteht auf diese Weise eine kleine Parallelwelt zu der realen Wandsbeker Umgebung, so wie diese umgekehrt immer wieder den Stoff für die fiktive Welt des *Bothen* liefert.

Der Bote, ein bodenständiger Mann, spricht ein Idiom, das die Nachlässigkeiten der vertrauten gesprochenen Sprache imitiert. Zielgruppe des Blatts aber sind nicht die unteren Stände, sondern

Der Wandsbecker Bothe.

No. 1.

Ao. 1771.

Dienstags, den 1sten Januar.

Ich bin ein Bothe und nichts mehr,
Was man mir gibt das bring ich her,
Gelehrte und polit'sche Mähr;
Von Aly Bay und seinem Heer,
Vom Tartar Chan der wie ein Bär
Die Menschen frißt am schwarzen Meer,
(Der ist kein angenehmer Herr)
Von Persien wo mit seinem Speer
Der Prinz Heraclius wüthet sehr.
Vom rothen Gold, vom Sternenheer,
Von Unschuld, Tugend, die noch mehr
Als Gold und Sterne sind, —
(Virgil läßt auch offt Verse leer)
Von dem verschwiegnen Freymäurer
Vieleicht wohl auch, doch heimlicher,
Von Fried Tractaten, Krieg und Wehr,
Von Couriers die von ohngefähr
Gewiß nicht reiten hin und her,
Vom Heeringsfang von Freud und Gram
Von Bender das der Russe nahm,
Vom Lotto das aus Welschland kam
Und nicht Quaternen mit sich nahm,
Vom Podogra von Horn und Ham,
Vom Zuckerrohr in Surinam
Vom großen Mogul und Madam,

Von Zank, Erfindungen und Lehr,
Von klein Verdienst und grosser Ehr,
Von groß Verdienst und kleiner Ehr,
Und tausend solche Sachen mehr
Die sich begeben ohngefähr
Und alle anzufügren schwer:
Aus allen Enden fern und nah,
Aus Asia und Africa,
Europia und America,
Und andern Ländern hie und da,
Doch nicht aus Cappadocia.
Die nackte Wahrheit lieb ich sehr,
Doch gibt man mir noch etwas mehr,
Wenn's nur noch eine Sage wär,
Und wenn's ein Spott zur Beßrung wär,
Und wenn's ein sanftes Liedgen wär,
Und wenn es sonst so etwas war,
Je nun— da bring ichs auch mit her,
Dafür bezahlet mich mein Herr.
Als ich von Hause gieng sprach er:
Geh hin! und saget die und der,
Seht doch! wo kommt der Bothe her?
So wünsche höflich dem und der
Ein frölich Neujahr und noch mehr,
Und sprich, ich komm von Wandsbeck her,

Die erste Seite des Wandsbecker Bothen

ein Publikum, das die Anspielungen und gezielten sprachlichen Regelverstöße auch erkennen und genießen kann. Die neue Zeitung, die den Hamburger Zeitungen Konkurrenz machen will (dass ihr das nicht gelingt, steht auf einem anderen Blatt), ist keine der »volkstümlichen« Dorfzeitungen zur Aufklärung und Belehrung der Landbevölkerung, wie sie ein knappes Jahrzehnt später in Deutschland aus dem Boden sprießen und wie Claudius selbst sie in Darmstadt redigieren wird. Bis in unsere Tage aber hat sich in der Claudius-Literatur hartnäckig die Vorstellung vom Volksblatt gehalten. Doch war weder der »naiv launigte Ton« in den Beiträgen des Boten Sprache des Volkes (das wäre damals Plattdeutsch gewesen, die Umgangssprache auch von Claudius), noch war der Satzbau dazu angetan, von ungebildeten Lesern erfasst zu werden. Der Stil des Boten ist als »kunstvoll-kunstlos« bezeichnet worden.[85] Er soll – gemäß der antiken Rhetoriktradition, die zwischen hohen, mittleren und niedrigen Stilebenen unterschied – den Boten mit seinem *stylus humilis*, dem »niederen Stil«, auch als Menschen kennzeichnen: als bescheiden, natürlich und anspruchslos, als Dörfler und Angehörigen des Standes der »gemeinen Leute«. Die Leser aber, die das goutieren können, sind, mit einem Gedichttitel von Claudius, »empfindsame und belesene Personen«.

Kunstlos soll auch die graphische Gestaltung der Titelvignette sein. Während Bode lieber einen ordentlich gezeichneten Titel ohne Schnickschnack hätte, wünscht Claudius sich von Kupferstecher Preisler in Kopenhagen, »daß er uns doch einen schönen wohlschmeckenden nachlässigen Karton zeichne im Geschmack des Barocks oder Rembrandts oder in seinem eigenen«. (Br. I, 75) Seine Motivvorschläge stammen aus dem Fundus der zu dieser Zeit schon altertümlich anmutenden Emblematik: eine Eule, Emblem der Weisheit, daneben »ein kleiner genius mit einem aufgeblasenen Dudelsack«, vielleicht die Poesie, darunter vier Frösche, auf deren Gequake die Eule herabschaut. (Auf dem Titelblatt der Werkausgabe wird der Weisheitsvogel später auf dem Hut des Wandsbeker Boten sitzen »wie die Eule auf dem Helm der Minerva«,[86] die Claudius an anderer Stelle in Anlehnung an Hamann mit dem sokratischen Genius in Verbindung bringt.[87]) In den barocken Emblembüchern symbolisieren die Frösche die durch die Wahrheit zum Schweigen gebrachte Lüge. Claudius gibt eine weitere Begründung: »Ich denke, die Wandsbecker Zeitung solle nicht ermangeln, gleich den egyptischen Fröschen allenthalben ihr Wesen zu haben.« Was heißt das? Im biblischen Buch Exodus sind Frösche eine der zehn Landplagen; sie dringen in jedes Haus ein und suchen den Pharao heim, der das Volk Gottes nicht aus Ägypten ziehen lassen will. Nicht gerade ein schmeichelhaftes Signalement für eine Zeitung. Doch aus biblischer Perspektive könnte diese ambivalente »Hieroglyphe« zu verstehen geben, dass die Gazetten und Zeitungsschreiber, so lästig sie fallen, *nolens volens* einen höheren Auftrag erfüllen.

⁕ *Politische Seiten* ⁕

Mit einem versteckten Hinweis auf eine Dimension jenseits des Tagesgeschehens eröffnet Claudius am 1. Januar 1771 den ersten Jahrgang. In dem damals üblichen Neujahrsgedicht stellt der Bote sich und sein Programm vor:

> Ich bin ein Bothe und nichts mehr,
> Was man mir gibt das bring ich her,
> *Gelehrte* und *polit'sche* Mähr

Konnten die Leser den Ton des Lutherlieds mithören, das sie vielleicht gerade in den Weihnachtsgottesdiensten gesungen hatten? »Vom Himmel hoch, da komm ich her, ich bring euch gute neue Mär.« Claudius' Bote kommt »von Wandsbeck her« und mit ganz irdischen Neuigkeiten, aber die von ihm gewählte Strophe erinnert gleich zu Anfang unaufdringlich daran, dass es noch andere als Zeitungsnachrichten gibt.

Es folgt im Bänkelsängerton eine Aufzählung der obligaten, gerade aktuellen Zeitungsthemen, die der Bote in Anspielung auf das bekannte Motto der kaiserlichen Reichspostzeitung (»relata refero«) abliefert:»Was man mir gibt, das bring ich her« – internationale Politik, Handelsnachrichten, Personalien und Festivitäten deutscher und europäischer Fürstenhöfe, die fortgesetzten Kriegszüge der Zarin Katharina II. gegen die Türken in Mitteleuropa und im Mittelmeerraum, den Sultan in Konstantinopel (»Vom großen Mogul und Madam«), Nachrichten von Haudegen aus fernen Ländern wie dem ägyptischen Statthalter Ali Bey, einer Schachfigur im Kampf der Russen gegen das Osmanische Reich. Deutlich ist die damals allgemeine Tendenz, die entfernte große Welt auf Kosten des Lokalen, in dem die Steine des Anstoßes liegen, zu bevorzugen.»Aus allen Enden fern und nah, / Aus Asia und Africa, Europia und America, / Und andern Ländern hie und da / Doch nicht aus Cappadocia« – eine Anspielung auf das verpönte Vorgängerblatt. Stattdessen werden unterhaltende Formen versprochen:»ein Spott zur Beßrung«, »ein sanftes Liedgen« und dazwischen unvermittelt die »Botschaft der Tugend«:

Vom roten Gold, vom Sternenheer,
Von Unschuld, Tugend, die noch mehr
Als Gold und Sterne sind, –
(Virgil läßt auch oft Verse leer)

Die Absolventen der Lateinschulen wussten, welche Verse der römische Dichter Vergil durch einen vielsagenden Gedankenstrich ersetzt hatte und wo: im vierten Teil seiner *Aeneis*, in der Episode der heimlichen Hochzeit von Dido und Aeneas in der Höhle, in der sich beide zufällig gefunden haben. Einige Jahre später ist Claudius auf diese Leerstelle noch einmal zurückgekommen, so sehr hat es ihm der epische Kniff, vor dem eigentlichen Geschehen den Vorhang zu ziehen, angetan. In dem kleinen Text »Von meinem Freund Virgilius« führt er in seiner Werkausgabe Vergils Verhüllung der Liebesfreuden in der Höhle als Musterbeispiel sittsamer »Schamhaftigkeit« an, für die empfindsame Aufklärung der Inbegriff der Tugendhaftigkeit. Im Kontext der Zeitung signalisiert die Vergil-Anspielung eine programmatische Gegenposition zum Sensationsjournalismus à la *Wandsbeckischer Mercurius*. Im Interesse von Unschuld und Tugend, heißt das, könnte es manchmal besser sein, zu schweigen: »'n Gedankenstrich am rechten Orte hat sein Verdienst.« (45)

Schon bei Vergil wird die Spannung zwischen Verschweigen und Aufdecken thematisiert. Die Begegnung der Liebenden in der Höhle bleibt nicht geheim. Fama, das personifizierte Gerücht, ein Monstrum, »auf die Lüge erpicht so zäh wie als Botin der Wahrheit«, verbreitet in Windeseile die Kunde von Didos Verfehlung. Mit verheerenden Folgen. Ob Claudius nun an diesen weiteren Kontext gedacht hat oder nicht – vor seinem Hintergrund spitzt sich die scheinbar nur wie im Vorübergehen angetippte Medienreflexion mit der Frage nach den Grenzen der Öffentlichkeit noch einmal zu. Die Berufung auf das Schweigen des Vergil zeigt, dass der Bote sich nicht als purer Nachrichtenkolporteur versteht. Er bringt, was ihm mitgegeben wurde, behält sich aber wie der große Dichter vor, nicht alles zu sagen und gerade auf dieses Faktum hinzuweisen. Das entsprach den Gepflogenheiten der damaligen Presse, deren Publikum die fehlende Transparenz bei Themen wie Außen- und Kabinettspolitik gewohnt war. Man hatte gelernt, zwischen den Zeilen zu lesen, die Journalisten hatten Mittel entwickelt, Einschränkungen durch Zensur oder obrigkeitliche Geheimhaltung zu umgehen und kenntlich zu machen, dass auf die Zensur Rücksicht genommen wurde oder die Quellen nicht verlässlich waren. Durch Hinweise auf die Unvollständigkeit des Berichteten und genaue Herkunftsangaben der sich widersprechenden Nachrichten dokumentierten die Zeitungen ihre Unparteilichkeit und hielten zugleich die Leser an, sich selbst eine Meinung zu bilden.[88]

So auch beim Thema Pressefreiheit, das im *Wandsbecker Bothen* am Beispiel der freieren Verhältnisse in anderen Ländern zur Sprache kommt. »Die Blätter predigen unterdessen dafür, die Preßfreiheit sei eine der wesentlichsten Freiheiten der Nation«, heißt es mit Bezug auf die Auseinandersetzungen von Parlament und Regierung in London. Wieweit Claudius sich in seiner Wandsbeker Zeit mit der aufklärerischen Öffentlichkeitsforderung identifizierte, ist schwer zu sagen. Anders als Bode wurde er später nicht zum leidenschaftlichen Verfechter der »Preßfreiheit«. Seine Handschrift ist im politischen Teil vor allem in der einfallsreichen Umschiffung der gegebenen Bedingungen zu vermuten, in der Kunst der Andeutung, der humorvollen Distanzierung, des beredten Schweigens. Immer wieder führt der *Wandsbecker Bothe* die Unsicherheit der Faktenlage vor Augen: »Es ist aber alles nicht wahr.« Oder: »Man hat aber nicht nöthig das geringste davon zu glauben.« Von einer unglaubwürdigen Meldung heißt es etwa (am 23. Oktober 1772), sie habe »das wahre Ansehn einer Schiffernachricht«. Ähnliche Hinweise finden sich auch in anderen Zeitungen, sie sind zeittypisch, einiges könnte auch von dem witzigen Bode oder aus Korrespondentenberichten und anderen verarbeiteten Quellen stammen. In manchen Formulierungen aber meint man, Claudius' humoristischen Ton zu hören: so etwa, wenn er die Nachricht vom Ausgang einer entscheidenden Schlacht zwischen Russen und Türken »für ein leidiges Gerücht« erklärt und fortfährt: »Wem aber mit Gerüchten gedient ist, den kann man auch noch mit einigen andern aufwarten.« Auch der komische Wechsel in die 1. Person Singular weist auf den Boten als Verfasser hin: »Unsere Zeitungen, die immer voll Neuigkeiten, reifen und unreifen sind und seyn müssen, damit das Publikum etwas habe daran zu nagen, erzählen auch viel von einem Theilungstractat zwischen den Höfen von Wien, Petersburg und Berlin, doch diesen Posttag will ichs noch nicht abschreiben.«

In der Rolle des Boten bekundet der Zeitungsmacher Claudius ironische Distanz zum journalistischen Geschäft. Gelegentlich verleitet die Abfolge von Meldungen der Sorte, »welche den folgenden Posttag wiederrufen zu werden pflegen«, den genervten Zeitungsschreiber zu schönen, das dauernde Hin und Her ironisch abbildenden Reihensätzen. Sie sind typisch für Claudius' tautologischen Stil: »Die Herren Banks und Solander die schon lange haben absegeln sollen und schon abgesegelt sind und noch nicht abgesegelt sind werden doch noch absegeln sagt man.« (WB 1772/2) Das geht über die nüchterne Nachrichtensprache hinaus. Hier, spürt man, ist ein Liebhaber des ironischen Sprachspiels am Werk, der die Form als kommentierendes Mittel einsetzt. Inhaltlich wird einiges vorausgesetzt: dass der damals hochberühmte Weltreisende Sir Joseph Banks und sein Freund, der schwedische Botaniker Dr. Daniel Solander, welche Captain Cook auf seiner ersten Weltumsegelung begleitet hatten, die Abreise zur zweiten Forschungsreise auf die Südhalbkugel wegen Differenzen über die Ausstattung von Cooks Schiff, der Resolution, immer wieder verzögerten. Sie mussten schließlich zurücktreten, worauf zwei Deutsche, ein unbekannter, in London lebender Professor und sein Sohn, Reinhold und Georg Forster aus Nassenhuben bei Danzig, einsprangen. Die deutschen Zeitgenossen werden das allerdings erst einige Jahre danach aus der *Reise um die Welt* des jüngeren Forster erfahren, die 1778/80 erscheint.

Gut ein Jahr nach dem Eröffnungsgedicht meldet der *Wandsbecker Bothe* ein Ereignis, das die europäischen Zeitungen noch monatelang beschäftigen wird. Etwas Ungeheuerliches ist geschehen: »Niederelbe 21. 1. Ein Courier von Copenhagen hat heute die

Nachricht mitgebracht, daß der Graf Struensee und Brandt und verschiedene andre in Arrest sind. Die ganze Stadt ist illuminiert gewesen, und der König ist mit dem Prinz Friederich durch die Stadt gefahren. –«

Diese beiden Sätze sind im *Bothen* schon der ganze Text der Meldung vom Sturz des mächtigsten Mannes im Staat Dänemark. Johann Friedrich Struensee, Leibarzt des Königs, ehemals Stadtphysikus von Altona, ist mit dem Versuch, in eigener Machtvollkommenheit eine aufgeklärte, weit über seine Zeit hinausweisende Reformpolitik durchzusetzen, am Widerstand der dänischen Hofkamarilla gescheitert.

Claudius' Zeitung ist mit der Nachricht am 22. Januar 1772, einem Mittwoch, so aktuell wie die Hamburger Kollegen. Doch während der *Correspondent* vom selben Tag eingehende Informationen über Details der Verhaftungen bringt, von denen auch die Königin Caroline Mathilde betroffen ist, und sogar eine Ahnung vom Putschcharakter des Ganzen vermittelt, ist die Meldung des Boten seltsam lakonisch. Über die Gründe kann man nur spekulieren. Mangel an Information dürfte ausscheiden – mit Sicherheit wurde an der Hamburger Nachrichtenbörse über die Hintergründe geprochen. Claudius' Zeitung allerdings erschien nicht auf Hamburger Gebiet. Waren die Einzelheiten einer Nachricht, die den Monarchen betraf, in einer Zeitung, die im Herrschaftsbereich des dänischen Schatzmeisters erschien, etwa zu brisant, auch wenn es seit der Einführung der Pressefreiheit durch Struensee 1770 in Dänemark keine Zensur mehr gab? Auffallend ist der Gedankenstrich am Ende, ein Stilmittel, das im politischen Teil der Zeitung sonst nicht zu finden ist. Die wenigsten Leser dürften sich an das Neujahrsgedicht des Boten und seine Berufung auf die leergelassenen Verse Vergils erinnert haben. Claudius aber (»ein Gedankenstrich am rechten Orte hat sein Verdienst«) weiß genau, welches Zeichen er setzt. Vor dem Hintergrund des Vergil'schen Schweigens in Liebesdingen erscheint es als wortloser Kommentar zu dem Geschehen in Kopenhagen, das neben der staatspolitischen auch eine skandalisierende menschliche Seite hatte: die Affäre des Leibarztes und der Königin, mit der seine Feinde die öffentliche Meinung gegen Struensee aufbrachten.[89] Claudius' Schweigen könnte also nicht nur politisch, sondern »moralisch« motiviert gewesen sein. Aber nicht diese mögliche Selbstzensur ist das Erstaunliche, sondern der geradezu literarische Gebrauch der Zeichensetzung in einem politisch-journalistischen Kontext.

·•· *Gelehrte Sachen* ·•·

Als naiven Außenseiter, der sich kleinmacht und doch ein Urteil hat, führt Claudius seinen Boten am 1. Januar 1771 auch im Gelehrten Artikel ein:»Gelehrte Sachen. Aber ich habe keine.« Die Rezensenten haben ihn im Stich gelassen, der Bote muss selbst zur Feder greifen. »Ich weiß zwar nichts vom Bücherschreiben, auch nicht wie sie recensirt werden müssen, aber wenn man täglich dergleichen Sachen trägt, so fällt einem doch endlich etwas darunter auf dem Wege ein, wenn man auch noch so einfältig ist.« Es folgen Einfälle zu einem zentralen Kontroversthema der zeitgenössischen Ästhetik: »Steht das *Genie* unter den Sprüchen der Kunstrichter?« Aus der Perspektive der Einfalt wird der gelehrte und literarische Betrieb mit seinen Akteuren als Jahrmarkt der Eitelkeiten entlarvt: die Zeitungsschreiber und Rezensenten, die nur nach den »Regeln der Kunst« fragen, statt ihr Herz von der Wirklichkeit berühren zu lassen, das neugierige Publikum. Es kommt dem Boten »als eine Schöne vor die unterhalten seyn will, Mückenwolken von Verfas. und Recens. um sie her, die alle um ihr Lächeln buhlen und durch gelehrte und bürgerliche Wendungen sich einander einen freundlichen Blick zu veranstalten oder wegzuschnappen suchen grade wie wir Bothen es mit den Briefkunden machen.«

Doch es gibt Ausnahmen: »*Schriftsteller* und *Kunstrichter*, die offenbar die sympathische Atmosphäre eines wohltätigen Genii um sich haben«. Auf keinen Geringeren als Johann Georg Hamann und den Geniebegriff seiner *Sokratischen Denkwürdigkeiten* – Genius als inspirierender göttlicher Geist, nicht als autonomes selbstherrliches Originalgenie – laufen die medienkritischen Anmerkungen des Boten hinaus. Der »Magus in Norden«, der sich als christlicher »Prediger in der Wüsten« gegen den Götzendienst des schönen Geschmacks verstand, ist der erste zeitgenössische Autor, auf den im Kulturteil der neuen Zeitung angespielt wird. Literaturpolitisch geschickt gibt Claudius damit die Richtung seines Blattes vor. Er lässt sich von Hamanns theologisch motiviertem Vorbehalt gegen die Publizistik des Zeitalters in der eigenen journalistischen Haltung bestärken. Er wird in seiner Zeitung nicht nur Schriften des Magus besprechen, sondern diesen auch in anderen Artikeln betont als Referenz und Maßstab ins Spiel bringen, sei es doch »nütze, daß er nicht vergessen werde, wiewohl er doch nicht viel verstanden wird«. (23) Auch Claudius wird später Verständnisschwierigkeiten zugeben. Punktuell aber hat er Hamanns Absichten genauer erfasst als viele seiner tonangebenden Zeitgenossen.

Schon wenige Wochen nach diesem Auftakt mokiert sich der witzige Göttinger Mathematiker und Verfasser satirischer Epigramme, Abraham Gotthelf Kästner, über die vorgebliche Einfalt des Boten. Kästners Sinngedicht, das über das Inszenierte und Gestellte der Botenfigur stichelt, gibt die zeitgenössische Mehrheitsmeinung wieder, für die Einfalt ein Synonym für Dummheit ist:

Wie dumm kann sich der schlaue Bothe stellen?
Dies Urtheil soll dein Leser fällen.
Doch weißt du was dein Leser spricht?
Wie schlau dünkt sich der dumme Bothe nicht! (790)

Anders, als Claudius selbst vermutete, muss die säuerliche Reaktion des Göttinger Professors nicht unbedingt nur von einer kritischen Bemerkung über seine Epigramme in einer der ersten Ausgaben des *Wandsbecker Bothen* provoziert worden sein, wenngleich Kästner durch sie möglicherweise erst auf die neue Zeitung aufmerksam wurde. »Kästners Epigramme sind gewiß nicht alle schön. Viele haben einen ängstlich gesuchten Witz«, hieß es in jener Rezension, die ganz ohne den Botenton auskommt und möglicherweise gar nicht von Claudius stammt.[90] Doch auch ohne diesen für ihn ärgerlichen Anlass dürfte dem zwei Jahrzehnte älteren Aufklärer Claudius' »launigter Ton«, seine Werschätzung der Naivität insgesamt, albern und aufgesetzt vorgekommen sein. Hier macht sich ein Generationsunterschied bemerkbar, der sich übrigens bald auch in Nicolais ähnlich verständnisloser Reaktion auf die Volkstümlichkeit signalisierenden sprachlichen Manierismen des Boten zeigen sollte. Der Wandsbecker Bote ist kein Stürmer und Dränger, doch dass die neue Schreibmode der in dieser Generation so beliebten Apostrophe und Auslassungen vom Wandsbecker Boten kreiert wurde, war den Zeitgenossen durchaus bewusst.[91]

Claudius' Antwort auf Kästners Epigramm überbietet die Vorlage mit übermütigen, musikalisch inspirierten sprachspielerischen Permutationen. In der Schlussstrophe streifen sie die Grenze zum Nonsens, insgesamt aber liefern sie, sieht man genauer hin, einen hintersinnig-sinnvollen Kommentar zu dem von Kästner angeschlagenen Thema.

»Da man sagt«, heißt es in der Einleitung zu diesen Variationen, »daß das Sinngedicht in G[öttingen] bey allen Abendmusicken abgesungen wird, und ein Feld von 4 Zeilen für einen kühnen Componisten zu klein ist, so wollen wir einige Variations hinzufügen. Die Variations fangen doch itzo wieder an sehr Mode zu werden.«

Tasto Solo *

1. Var. Pizzicato
Wie schlau kann sich der schlaue K** stellen?
Dies Urtheil soll dein Leser fällen.
Doch weißt du was dein Leser spricht?
Sonst ist er schlau und stellt sich nicht.

Var. Allegro con Brio
Wie schlau kann sich der dumme Bothe stellen?
Dies Urtheil kann kein schlauer fällen.
Und wenn es doch ein schlauer spricht;
So spricht ers, doch mit kaltem Blute nicht.

Var. Moderato
Wie schlau und dumm kann sich der eine stellen?
Dies Urtheil soll der andre fällen.
Doch weißt du was der andre spricht?
Nein, schlau und dumm ist einer nicht.

4. Var. Grave
Wie schlau kann sich der dumme Bothe stellen?
Dies Urtheil wird der dumme Leser fällen,
Doch weißt du was der Bothe spricht?
Der schlaue Leser fällt es nicht.

5. Var. Fugato
Sich Bothe kann dum doch wie schlaue stellen
Soll dies dein Urtheil Leser fällen
Dein doch du was weißt Leser spricht
Denkt dumme der wie sich schlau Bothe nicht. (790 f.)

Statt auf Kästners Unterstellung einfach mit einem Gegen-Epigramm zu antworten, lässt Claudius dessen Attacke ins Leere laufen und treibt die ins Spiel gebrachte Kunstform verschmitzt ins Sprachchaos. Mit diesem humoristischen Verwirrspiel entzieht er sich, ohne zu kapitulieren, dem Konkurrenzkampf der witzigen Köpfe.

Aus der Norm fallen, die Erwartungen der Leser überraschend konterkarieren – nach diesem Prinzip verfährt Claudius' Bote auch sonst immer wieder. Man verkennt das Prinzip, wenn man hierin nur Witzigkeit und Unterhaltungsabsicht vermutet. Claudius lässt sein Herz sprechen, und das nimmt nicht nur das Neueste aus Politik und Kultur wahr, sondern auch das Unspektakuläre und Alltägliche, das immer schon Dagewesene und Wiederkehrende, das gänzlich Unjournalistische. In der Zeitung ist gerade dies das Unerwartete. Berühmt ist die Meldung: »Wandsbeck, den 25. April. Gestern hat hier die Nachtigal zum ersten Mal wieder geschlagen.«[92] Nach Aktualitätskriterien eine Nichtnachricht. Sie bleibt – naturgemäß – im politischen Teil die Ausnahme.

In der schöngeistigen Rubrik findet man dagegen immer wieder kurze Naturbetrachtungen zu Tages- und Jahreszeiten, dem Abendstern, dem Mond in der Nacht zum Karfreitag, dem Sommerregen und dem wunderschönen »Laubgewand der Natur« im Juni.[93] Keine »gelehrten Sachen«, sondern Prosadichtungen, die als Vorläufer des späteren Feuilletons gelten können. Der Bote, der dies alles sommers und winters, bei Tag und bei Nacht auf seinen Gängen sieht, wird dabei an »den Schöpfer aller Dinge« erinnert, und »alle Neujahrsmorgen« setzt er sich auf einen Stein am Wegesrand, scharrt mit seinem Stab vor sich hin und denkt – nicht an seine Leser, sondern daran, »daß ich in dem vergangnen Jahr die Sonne so oft hab aufgehn sehen, und den Mond, daß ich so viele Blumen und Regenbogen gesehn, und so oft aus der Luft Odem geschöpft und aus dem Bach getrunken habe, und denn mag ich nicht aufsehn, und nehm mit beiden Händen meine Mütz ab und kuck h'nein«[94] – eine Gebärde, hinter der sich ein scheuer, leicht zu übersehender Hinweis auf ein stilles Gebet im Geiste der Anweisung der Bergpredigt verbirgt, außerhalb des Kämmerleins nicht ostentativ zu beten.[95]

»Natur« – mit diesem Losungswort bekundet Claudius im *Wandsbecker Bothen* seine Sympathie für die neue Auffassung von Dichtung zu Anfang der 1770er Jahre. Natur als Ort gesteigerter Lebensfreude und Lockerung des Regelzwangs. Bei ihm bleibt sie eingebunden in den Zusammenhang der ganzen Schöpfung. Am 27. Mai 1774 bringt der *Bothe* ein Frühlingsgedicht, das Claudius drei Wochen vorher auf Wunsch der Gräfin Auguste Louise von Stolberg während eines Besuchs bei Klopstock verfasst hat, wo er das »Gustchen« aus Kopenhagen wiedersah – die Einundzwanzigjährige lebt inzwischen als Konventualin im Kloster Uetersen, einem Damenstift für die adligen Töchter des Landes. Mit unauffälligen Anklängen an die Sprache Klopstocks und das biblische Hohelied der Liebe wird die Morgenröte des ersten Schöpfungstages beschworen und der Frühling als geliebter Freund begrüßt. Noch bleibt der im anmutigen Bildungszitat beschworene dionysische Taumel energische Absichtserklärung – das trennt ihn von der überströmenden Begeisterung und den Schauern des Naturgefühls der literarischen Avantgarde.

Der Frühling. Am ersten Maimorgen
Der Gr. A. L. –g.

Heute will ich fröhlich, fröhlich sein,
    Keine Weis und keine Sitte hören;
Will mich wälzen, und für Freude schrein,
    Und der König soll mir das nicht wehren;
Denn *er* kommt mit seiner Freuden Schar
    Heute aus der Morgenröte Hallen,

Einen Blumenkranz um Brust und Haar
   Und auf seiner Schulter Nachtigallen;
Und sein Antlitz ist ihm rot und weiß,
   Und er träuft von Tau und Duft und Segen –
Ha! Mein Thyrsus sei ein Knospenreis,
   Und so tauml ich meinem Freund entgegen.

Auch solche Beiträge sind es, die dem *Wandsbecker Bothen* neben seinen originellen Prosabetrachtungen und Rezensionen die Aufmerksamkeit der jungen Literaten in Deutschland sichern. Gedichte aus dem *Bothen* werden im Göttinger, später in Voß' Hamburger *Musenalmanach* nachgedruckt, umgekehrt steuern die Dichterstudenten des Göttinger Hainbunds zu Claudius' Zeitung Verse bei: Johann Heinrich Voß, Ludwig Christoph Heinrich Hölty, Johann Martin Miller, die Brüder Stolberg, Carl Friedrich Cramer. Auch zu den Mitarbeitern der *Frankfurter Gelehrten Anzeigen* bestehen Verbindungen. Der junge Goethe liefert, aufgefordert von Schönborn, der ihm auf der Durchreise nach Algier vom *Wandsbecker Bothen* erzählt hat, einige im Elsass gesammelte Volkslieder und eigene Verse, darunter ein freches Gedicht mit der Pointe: »Schlagt ihn todt, den Hund! Es ist ein Recensent.« (WB 1774/9) Die darin ausgedrückte Distanz zum kritischen Metier entspricht einer weitverbreiteten Stimmung der Geniegeneration. Als Claudius kurz darauf Goethes *Werther* rezensiert, wird die Grenze zwischen ihm und dieser ungefähr ein Jahrzehnt jüngeren Generation sichtbar: Sein Bote eröffnet mit handfestem Menschenverstand und doch mitfühlend und differenzierter als manche späteren den Chor der Kritiker, die wie Nicolai Goethe so verärgerten. »Der arme Werther! er hat sonst so feine Einfälle und Gedanken. Wenn er doch eine Reise nach Pareis oder Peking getan hätte! So aber wollt' er nicht weg von Feuer und Bratspieß, und wendet sich so lange dran herum, bis er kaputt ist.« (44) Das Spottgedicht, mit dem sich Goethe wenig später an

Nicolais Parodie »Freuden des jungen Werthers« rächen will, lehnt Claudius für seine Zeitung ab – er teilt die ethischen Vorbehalte der Aufklärer gegen den Selbstmord und die Verherrlichung von Gefühl und Leidenschaft.

Zur Steigerung der Auflage führt das alles nicht. Bereits am Ende des ersten Jahres fürchtet Claudius, dass der *Wandsbecker Bothe* es »nicht lange mehr aushält. Bode wäre auch nicht gescheut, wenn er ihn zu seinem Schaden noch lange fortsetzte.« (Br. I, 83) Der aber hält noch drei Jahre durch.

··· *Rebecca* ···

In Wandsbek sucht Claudius eine Wohnung und findet das Glück seines Lebens. Anna Rebecca, die zweite Tochter des Zimmermanns Joachim Friedrich Behn, ist erst sechzehn, als der dreißigjährige Zeitungsschreiber im Dezember 1770 ins Haus der Behns kommt, um den dort verwahrten Schlüssel für das zur Miete stehende Nachbarhaus zu holen, und nur das junge Mädchen antrifft (der Vater ist tagsüber auf der Baustelle). Es muss Liebe auf den ersten Blick gewesen sein. Für Claudius ist es nach einigen vergeblichen Anläufen das Ende einer längeren Suche. Ein gutes Jahr später wird geheiratet.

Über keine Phase in seinem Leben gibt es so viele Anekdoten wie über die erste Zeit mit Rebecca. Claudius hat die meisten wohl selbst in Umlauf gebracht, eigentümlich pointenlose Geschichten, bei geselligen Anlässen wohl immer wieder zum Besten gegeben und von anderen weiter ausgeschmückt: wie Rebecca bei der ersten Begegnung resolut die Schublade mit dem Schlüssel für Claudius' Wohnung aufbricht (mit der Axt, versteht sich, im Haus des Zimmermanns), wie Claudius frühmorgens Rebecca nach Hamburg begleitet, wohin sie Milch austrägt. Mit diesen Erzählungen entwarf

Claudius ein Bild, das Teil eines über das Werk hinaus wirkenden poetischen Selbst- und Lebensentwurfs wurde und an dem auch Freunde und Besucher mitschrieben.

Als »ungekünsteltes, rohes Bauermädchen im wörtlichen Verstande« (Br. I, 80) stellte er seine Rebecca vor. Der sozialen Wirklichkeit entsprach das nicht ganz.[96] Vater Behn gehörte zur kleinbürgerlichen Schicht der unselbständigen Handwerker. Er besaß zwar Haus und Garten, doch Landwirtschaft wurde von den Frauen der Familie nur als Nebenerwerb betrieben, zusammen mit einer kleinen Gastwirtschaft »für honette Bürgerfamilien«.[97] Claudius fand aber genügend reale Züge, auf die er seinen Wunsch nach einem Leben auf dem Land projizieren konnte, ein einfaches Leben fern von gesellschaftlichen Zwängen, wie es schon die klassische römische Dichtung eines Horaz gepriesen hatte. Unter den Zeitgenossen stand Rousseau bei diesem Idealbild Pate. Auf ihn berief sich auch eine neue Auffassung vom Verhältnis der Geschlechter. Die unverbildete Rebecca, die nur die Elementarerziehung der »untersten Schichten« erhalten hatte (so formulierte es ihr Sohn Fritz), kam dem sich wandelnden Frauenbild der jungen Generation entgegen, die auf Herzensbildung Wert legte und das selbständige »gelehrte Frauenzimmer« verabscheute – Herders Briefe an seine Braut sprechen in dieser Hinsicht eine deutliche Sprache.

Die Verbindung mit der Tochter eines Handwerkers galt damals freilich für einen Kaufmann oder Gelehrten noch immer als »Misheurath«, aus der »selten glückliche Ehen entspringen können«.[98] Von dieser, noch der alten ständischen Ehekonzeption verpflichteten Regel setzte sich Claudius mit seiner Brautwahl ab. Er unterlief die Standesgrenzen und bekundete damit, wie wenig Wert er auf Status und feine Gesellschaft legte.

Unkonventionell ging es am 15. März 1772 auch bei der Hochzeit zu, einer Haustrauung ohne kirchliches Aufgebot und ohne »Hochzeitsschmauß in seinem Hause«.[99] Man kann sich vorstellen, mit welch diebischem Vergnügen Claudius später von seinem Überraschungscoup erzählt hat. Die Freunde, die er, ohne den wahren Anlass zu nennen, an diesem Sonntag nach Wandsbek einlud, hatten keine Ahnung von dem, was sie erwartete. Es waren, so Claudius an Herder, sein alter Freund Schönborn, der sich gerade bei der Gräfin Bernstorff in Hamburg aufhielt, Klopstock, Martin Ehlers, Rektor des Altonaer Gymnasiums Christianeum, und Bode, »der dicke Herr in Hamburg, dem seine Frau vorgestern einen kleinen Herrn geboren hat, der vielleicht einmal, wenn unsere Enkel Zeitungen lesen und schreiben, ein dicker Herr sein wird, und noch 2 oder 3 andre Herrn, die nicht dick und nicht dünne waren und auch seitdem nicht geworden sind.« (Br. I, 83) Womit auch mögliche Kritik an der offenbar eher frugalen Bewirtung selbstironisch antizipiert wird.

Bei den anderen Herren handelte es sich vermutlich um die Ärzte Jakob Mumssen und Carl Johann Heise (bis ins Alter Hausarzt und Freund der Familie Claudius). Auch der ebenfalls geladene Wandsbeker »Pastor loci«, Gotthilf Emanuel Hahn, ein Freund dieses Kreises, wurde offenbar zunächst über den wahren Zweck der Zusammenkunft im Dunkeln gelassen. Schließlich erschien Zimmermeister Behn, der jetzt werktags auf dem Schimmelmann'schen Schlossneubau zu tun hatte, mit seiner Tochter. Die Anwesenden »erstaunen, das Mädchen in anderen Kleidern zu sehen«, heißt es in einem späteren Bericht.[100] Dass Claudius auf Freiersfüßen ging, wussten die Freunde – »mir glühen oft die Fußsohlen für Liebe«, hatte er selbst bekannt. (Br. I, 80) Doch erst als er den »Königsbrief«, die für eine Haustrauung erforderliche Heiratserlaubnis aus Kopenhagen, hervorzog und den Pfarrer um die Amtshandlung bat, konnten sich die Anwesenden einen Reim auf seine »gleichsam scherzweise« geführten Reden von »copuliert werden« machen.

Was ist von dieser so beiläufig wie hinterrücks eingefädelten Hochzeitsfeier zu halten? War, wie vermutet wurde, Eile geboten, weil ein Kind unterwegs war?[101] Uns erscheint der Gedanke heute fast selbstverständlich, doch spricht einiges gegen die Annahme einer vorzeitigen Schwangerschaft. Zwar kam schon am 30. September ein Junge zur Welt, der nach wenigen Stunden starb. Das allein berechtigt aber noch nicht zu Zweifeln an Claudius' Angabe in der Familienbibel, dass das Kind, das bei der Nottaufe den Namen Matthias erhielt, eine Frühgeburt war. Ein Sechs- oder Siebenmonatskind war nach dem damaligen Stand der Medizin nicht lebensfähig. Und wie man heute weiß, war sexuelle Enthaltsamkeit vor der Ehe seit den 1770er Jahren im empfindsamen Bürgertum ein für beide Geschlechter propagierter Wert.[102] Wenn Claudius im *Wandsbecker Bothen* »Unschuld« und »Tugend« pries, dann schloss das die männliche Keuschheit ein, die zum neuen Ideal der empfindsamen Liebesehe gehörte.

Eine plausible Erklärung für die Vermeidung von Aufgebot und Trauung in der Kirche könnte Claudius' Abneigung gegen alles Offizielle und Öffentliche sein. »Die *pro forma's* kann er nun nicht leiden«, charakterisierte ihn einmal ein Besucher mit Worten, die von ihm selbst stammen könnten.[103] Formalitäten wusste er zu unterlaufen, und sei es mit Schabernack. Wenn er bei diesem wichtigen Lebensschritt im privaten Kreis bleiben wollte, musste, da das frühere Wandsbeker Heiratsprivileg nicht mehr bestand, eine königliche Konzession aus Kopenhagen besorgt werden. Das aber dürfte, auch bei guten Beziehungen in die dänische Hauptstadt, kaum weniger Zeit gekostet haben als ein kirchliches Aufgebot.

Die Verbindung von Rebecca und Matthias Claudius erschien den Zeitgenossen bald als »Muster einer glücklichen Ehe« (Voß). Dieses »Naturpaar« (Johann Friedrich Reichardt) verkörperte den Traum von einem alternativen Lebensstil, der wohl auch den Reiz der gelebten Ausnahme hatte. »Er ist sehr vergnügt in seinem Dorfe, wenn er nur weniger Noth litte«, und: »heyrathen hätt' er noch nicht sollen«, kommentierte Johann Heinrich Voß. Das heißt: Nach gängigen Vorstellungen reichte Claudius' Verdienst als Redakteur des *Wandsbecker Bothen* für die Gründung einer Familie nicht aus, muss also unter dem Durchschnittsverdienst eines Hamburger Journalisten gelegen haben. Claudius war dennoch »vergnügt«, was damals noch »zufrieden« bedeuten konnte. Aus der Schilderung des Wandsbeker Idylls, die Voß seiner Braut Ernestine Boie in Flensburg im Juni 1774, wenige Monate nach der Geburt von Claudius' ältester Tochter Caroline, gab, spricht beides: Lebensfreude und Zufriedenheit. »Wir gingen in dem kleinen Holze spazieren, wo es wirklich überaus angenehm ist [...] Claudius ward von der Nachtigall gerührt und erzählte mir seine Geschichte mit seiner Frau. [...] Seine Frau ist wirklich sehr artig, und sie lieben sich beyde aufs äußerste. [...] Wechselsweise wiegen sie ihre Tochter, oder tragen sie auf dem Arme herum. Ich habe mich gewundert, wie schön der Bothe Wiegenlieder singen kann. [...] Hernach gingen wir in seinen kleinen Garten, und lagerten uns alle vier im Grase. Seine Frau hatte ihr Kopfzeug abgenommen, und sah ganz wohl aus, mit den langen hellbraunen Haaren, die blos zusammengebunden über ihrer Schulter hingen.«[104]

Bei aller Stilisierung lassen die zeitgenössischen Berichte doch etwas von Erscheinung und Naturell Rebeccas ahnen. Sie muss eine bemerkenswert schöne, lebenskluge und liebenswürdige junge Frau gewesen sein, die sich später an der Seite ihres Mannes in den geselligen Kreisen in Hamburg und Holstein mit ihren relativ gelockerten Standesgrenzen sicher bewegen konnte. »In der feinsten bürgerlichen Gesellschaft, und in der edelsten adlichen, war sie bald ganz unbefangen, und überall schien sie eben so gut dahin zu gehören wie die andern, in dem Kreise Erzogenen.«[105] Wilhelm von Humboldt, der Wandsbek 1796 besuchte, bescheinigte ihr »etwas überaus Edles, Sanftes und Feines in ihrer Bildung«, hielt sie sogar für die »höhere Natur« im Vergleich zu ihrem Mann, den er als »eine völlige Null« abqualifizierte, wie man aus einer Mitteilung Friedrich Schillers weiß.

Was Rebecca im Lauf ihrer Ehe an kulturellen Kompetenzen erwarb, verdankte sie ihrem »Matz«. Er brachte ihr das Cellospielen bei, damit sie gemeinsam musizieren konnten, ging mit ihr ins Konzert und ins Theater, wobei die kleinen Kinder mitgenommen wurden, ermunterte sie zum Briefeschreiben, sodass sie für ihn einspringen konnte, wenn er, etwa wegen Verstimmungen mit dem Adressaten, keine Lust dazu hatte. Viel Zeit für geistige Beschäftigungen ließen ihr die wachsende Kinderschar und die Arbeit in Haus und Garten allerdings nicht, auch wenn ihr schon bald eine Magd zur Hand ging. Nur selten ist in den Briefen von ihrer Lektüre die Rede. Rebecca gehörte wohl kaum zu den regelmäßigen Teilnehmerinnen der Klopstock-Büsch'schen Lesegesellschaft in Hamburg, gelesen aber hat sie (gelegentlich) doch, etwa Johann Martin Millers tränenseligen Bestseller *Siegwart, eine Klostergeschichte*. (Br. I, 206) Einmal (1781) schenkte ihr Claudius zu Weihnachten Thomas a Kempis' *Nachfolge Christi*, einen spirituellen Klassiker, womit er aber, wie vermutet wurde, im Grunde sich selbst einen Wunsch erfüllte, jedenfalls wird überliefert, dass er das Buch immer bei sich trug.[106] Er hatte es sich ohnehin zum Prinzip gemacht, Rebecca den Lesestoff gewissermaßen vorzukauen. Er müsse ihn »erst in meinen Kropf hinunter haben, und dann kriegt sie es aus meinem Schnabel«.[107]

Bei dieser Liebe, die die Zeitgenossen ungemein rührte, stand im Vordergrund eine innige, verhaltene Zärtlichkeit. Sie spricht aus der Handvoll Briefe, die Claudius später von unterwegs an sein »lieb Weibel«, seine »Bebelmus« schrieb: »die Du mir teurer bist als Gold und Edelgestein. Ich wollte, ich säße erst auf dem Wagen und der Wagen wäre erst in Hamm! Lebe wohl, lebe noch einmal, lebe noch tausendmal wohl, ich habe dich von ganzer Seele lieb.« – »Nun, gute Nacht und denke an mich und – ich bin Dir von Herzen zugetan und gute Besserung oder völlige Freiheit von Zahnschmerzen und nimm mir den kleinen Buben in acht.« (Br. II, 19 f.)

Die Ehe war für Claudius ein Gottesgeschenk, gestiftet zur Freude: »Der Vater im Himmel hat den Menschen gewiss nicht zum weinen geschaffen – er schuf sie ja ein Männlein und ein Fräulein.« Zwölf Tage nach der Hochzeit erschien im *Wandsbecker Bothen* (WB 1772/50) eine Betrachtung über diesen Spruch aus der biblischen Schöpfungsgeschichte, voller Staunen über »diesen ganzen Handel«, das seltsame Phänomen der ehelichen Liebe. Nur die Freunde kannten den privaten Hintergrund der kleinen Glosse. Vom optimistischen Glücksversprechen der empfindsamen Literatur wie von der Absolutheit romantischer Liebe unterscheidet sie sich durch ein barock anmutendes Bewusstsein der Vergänglichkeit und Todverfallenheit der irdischen Existenz. Gott habe uns die Liebe als Trost geschenkt, schreibt der Bote. »Ihn jammerte des Menschen, der im Schweiß seines Angesichts sein Brodt essen und mit viel Mühe und Wiederwärtigkeiten im Thal der Verwesungen ringen muß.« Durch »das sonderbare und unbegreifliche bey der Liebe« würden dem Menschen aber »Vorempfindungen eines bessern Lebens« geschenkt: »Da steht man und zittert und verstummt und das Herz fängt einem an zu schlagen und die Wange zu glühen, und man weiß nicht wie und warum. Und grade da wo die Philosophie scheitert und die Vernunft sich hinter den Ohren kratzen muß, wo man ein Sausen hört aber nicht weiß woher es kommt und wohin es fähret, grade da vermuthe ich Gottes Finger.«

Je mehr sich Claudius im Lauf der Jahre mit der von ihm geschaffenen Figur des Boten Asmus identifizierte und identifizieren ließ, desto mehr hielten die Zeitgenossen das präsentierte Bild und den mündlich überlieferten privaten Hintergrund für identisch. »Das ist Sokrates, meine Freunde, ganz Sokrates, wenn man das jetzt noch seyn kann«, ruft der Münsteraner Klopstock-Freund Matthias Sprickmann, der das Idealbild gegen alle Realität des außerordentlich belesenen Claudius mit der Behauptung vervollständigt, dieser lese »beynah nichts als die Bibel und Sokrates, oder vielmehr was gute Leute von ihm sagen«.[108]

Auch die Illustrationen des Berliner Kupferstechers Daniel Chodowiecki für die Werkausgabe suggerieren, obwohl nur nach allgemeinen Hinweisen von Claudius entworfen, die Möglichkeit eines Einblicks in das Leben des Boten. »Asmus und Rebecca« wurden zu wahren Ikonen der Empfindsamkeit und Wandsbek bald ein Kultort. »Die Hamburger wahlfarthen wohl schon stark nach Sankt Wandsbeck«, spottete der Hainbund-Dichter Hölty 1775.[109]

Im Zentrum des gemeinsamen Lebens von Matthias und Rebecca Claudius stand die Sorge für die wachsende Familie. Noch elf Kinder kamen von 1774 bis 1794 zur Welt, zu Claudius' Leidwesen zunächst »nur« Mädchen, wie er sagte. Ein Satz, der die junge Stiftsdame Auguste Stolberg empört: »Ich hätte ihn wohl schlagen mögen.«[110] Anderen gegenüber bescheidet sich der Vater: »Man muss vorlieb nehmen, sonst ists aber eine herrliche Art Mädchen, die meine Frau gebiert.« (Br. I, 170) Erst 1783 wurde als siebtes Kind der ersehnte Sohn Johannes geboren und dann, nach einem weiteren Mädchen, noch einmal vier Jungen. Zwei Kinder sollten vor den Eltern sterben, man weiß von mindestens einer Totgeburt. Von den ständigen Schwangerschaften sei Rebecca zuletzt ganz »matt und mürbe« geworden, konstatiert Claudius. (Br. I, 415) Und auch wenn der Vater, wie schon Luther den Vätern geraten hatte, in den ersten Jahren beim Füttern und Windeln half, die Kinder überall »im Kreuzgürtel« mitnahm und sie später aufs Töpfchen setzte – die Hauptlast der täglichen Arbeit in Haus und Garten, die Versorgung von Mann und Kindern lag bei Rebecca.[111] Der Ehemann hatte die Verfügungsgewalt, er war »Curator« [Vormund] seiner Frau, auch in Haushaltsangelegenheiten sowie der Säuglingspflege.[112] Das ging so weit, dass Claudius während der Stillzeit über Rebeccas Diät wachte und sie »fast verhungern« ließ, wie er seiner Tochter Anna Jahrzehnte später reumütig bekannte, nicht ohne der jungen Mutter nun vernünftigere Ratschläge ans Wochenbett zu schicken. (Br. II, 171)

Die Hausvaterrolle, mit seinen Worten: die »pater familias Achse«, war eine der stabilisierenden Konstanten in Claudius' Leben und zugleich Teil des der Öffentlichkeit präsentierten Bildes. Die Beziehung zu Rebecca und den Kindern gab ihm Halt in einer Welt, deren dunkle Seiten ihm von Jugend an bewusst waren. Im häuslichen Alltag erschien ihm, dem liebevoll teilnehmenden Beobachter, ein mütterlicher Aspekt der Wirklichkeit, ein Versprechen von Geborgenheit. Ein Vierzeiler aus dieser Zeit hält das wie in einer Momentaufnahme fest und rückt den flüchtigen Augenblick mit einem herzlichen Segenswunsch in ein Koordinatensystem der Verlässlichkeit und Dauer:

Als er sein Weib und 's Kind an ihrer Brust schlafend fand

Das heiß ich rechte Augenweide.
's Herz weidet sich zugleich.
Der alles segnet, segn' euch beide!
Euch liebes Schlafgesindel, euch!

4.
THEOLOGENSTREIT

Julius Gustav Alberti, 1761 (l.) und Johan Melchior Goeze, 1756 (r.)

In Wandsbek hatte Claudius den archimedischen Punkt gefunden, von dem aus er in die Debatten des Tages in Hamburg eingreifen konnte. Nach wie vor gehörten theologische Fragen zu den zentralen Interessengebieten der gebildeten Öffentlichkeit, die sich bekanntlich überhaupt erst im Streit über diese Themen formiert hatte. Erst allmählich ging in den Zeitungen die Zahl der Rezensionen theologischer Schriften zurück. Noch Anfang der 1770er Jahre wurden im *Correspondenten* und in der *Neuen Zeitung* annähernd gleich viele theologische und literarische Themen behandelt, ungefähr 20 Prozent des gesamten Themenspektrums der Buchkritiken.[113] Die Zahl der theologischen Rezensionen im *Bothen* entsprach mit 19 Prozent ungefähr dieser Verteilung, wobei das Gros unverkennbar mit der »Neologie« sympathisierte. Diese neueste Richtung der Aufklärungstheologie vertrat eine vernünftige und zugleich gefühlsbetonte, tugendhafte Religiosität, welche die Menschen in ihrem Lebenszusammenhang erreichen wollte, hielt aber im Gegensatz zum englischen Deismus am Primat der göttlichen Offenbarung fest und suchte diese mit der Vernunft zu versöhnen. Ihre wichtigsten Vertreter – unter ihnen Johann Friedrich Wilhelm Jerusalem, Johann Salomo Semler und Johann August Eberhard – wurden im *Wandsbecker Bothen* besprochen, aber auch (mit kritischen Anmerkungen) Neuerscheinungen des Wächters der lutherischen Orthodoxie in Hamburg, Johan Melchior Goeze. Das Blatt setzte sich für Anliegen der Neologen, wie die Verbesserung des Religionsunterrichts und den Kampf gegen Intoleranz und Fanatismus, ein und gab mit gelegentlichen Besprechungen katholischer Schriften oder positiven Nachrichten aus der Judenheit selbst ein praktisches Beispiel der Toleranz gegenüber anderen Konfessionen und Religionen.

Aus der Gesamtheit der anonymen Rezensionen auf Claudius' eigene Theologie dieser Jahre zu schließen ist nicht möglich. Der Redakteur hütete sich, in »anderer Leute Arbeit« einzugreifen; es können also durchaus Beiträge dabei gewesen sein, deren Ansichten er nicht teilte. Der generelle Tenor der Besprechungen zeigt aber, was in dem gebildeten, von der Empfindsamkeit geprägten Aufklärungsmilieu des Hamburger Bürgertums, in dem sich Claudius damals bewegte, gedacht und gesprochen wurde. Wie er sich dazu stellte, lässt sich an den Beiträgen ablesen, die er ab 1775 in seine Werkausgabe aufnahm. Nicht immer ist in den späteren, oft leicht bearbeiteten Fassungen außerhalb des Zeitungskontexts noch zu erkennen, wie stark sich Claudius' Position in Glaubensfragen in der Reaktion auf konkrete Ereignisse und das Tagesgespräch der Stadt schärfen konnte. Er schreibt aus gegebenem Anlass.

Ein solcher Anlass war 1772 die erbitterte Auseinandersetzung zwischen dem Hauptpastor von St. Katharinen, Johan Melchior Goeze, und seinem Amtsbruder Julius Gustav Alberti über Albertis *Anleitung zum Gespräch über die Religion, in kurzen Sätzen, zur Unterweisung der Jugend*. Seit Anfang des Jahres wurde die Hamburger Öffentlichkeit durch diese neue Runde im Dauerstreit der beiden Theologen in Atem gehalten. Goeze hatte bereits in einer Reihe von scharfen Predigten die Schrift Albertis, eine Art alternativer Katechismus, als hochgefährlich attackiert, wichtige Artikel der lutherischen Lehre, so sein Vorwurf, würden darin ausgelassen oder sträflich verkürzt. Da erschien am Freitag, dem 7. Februar 1772, ein Ratsdiener in Bodes Druckerei und beschlagnahmte die gesamte Auflage einer weiteren Predigt, diesmal *Über die Wichtigkeit und Notwendigkeit der Lehre vom Satan*, die Goeze zum kommenden Sonntag vorbereitet hatte und wie üblich vorab zur Verteilung an die Kirchenbesucher im Auszug drucken ließ. Der Rat der Stadt, dem der Text zugespielt worden war, befürchtete eine erneute Störung der öffentlichen Ordnung – man hatte in Hamburg schon Erfahrung damit, wie wirkungsvoll der Hauptpastor mit seinen Kanzelreden das Kirchenvolk gegen die Anhänger der Neologie aufbringen konnte. Nach der »schimpfliche[n] Confiscation«[114] des

Textes weigerte sich Goeze allerdings überhaupt, an jenem Sonntag auf die Kanzel zu steigen.

Das alles konnte Claudius in Bodes Druckerei aus nächster Nähe verfolgen. Wie schon in früheren Fällen riefen die »Neckereien«, wie er den fortgesetzten Meinungskrieg der beiden Pastoren nannte (Br. I, 80), wieder eine Flut von polemischen Schriften hervor. Auch Claudius beteiligt sich mit einer satirischen Flugschrift, die er anonym bei Bode drucken lässt: *Eine Disputation zwischen dem Herrn W-. und X-. und einem Fremden über H. Pastor Alberti »Anleitung zum Gespräch über die Religion« und über H. Pastor Goeze »Text am 5ten Sonntage nach Epiphanias« Unter Vorsitz des Herrn. Lars Hochedeln. Dem hochlöblichen Collegio der Herren Sechsziger zugeeignet. Mit einem saubern Kupfer, kostet 4 Schillinge. 1772, im Hornung.*[115] Für den Fall, dass die hochlöblichen Leser es nicht merken sollten, eröffnet er die Zueignung mit dem ausdrücklichen Hinweis: »Diese Schrift ist, wie Sie sehen, sehr zum Lachen eingerichtet«. (60) Ausdrücklich distanziert er sich von den »elenden Spöttereien«, die, »diesen Zank betreffend«, bereits zu lesen gewesen seien. Er habe sich »einen Luftstreich erlaubt«, schreibt er an Herder (Br. I, 81), eine passende Bezeichnung für seine in der deutschen Aufklärungsliteratur auch sonst beliebte humoristische Spielart der Satire, die nicht verletzen soll und somit nichts von der aggressiven Energie eines Swift oder Lichtenberg hat. Der gravitätische Titel und das »saubere Kupfer«, ein von Claudius eigenhändig geritztes, kindlich unbeholfenes Konterfei des Herrn Lars, angeblich von Raphael entworfen und von Rembrandt gestochen, persiflieren Gepflogenheiten akademischer Veröffentlichungen. Es geht Claudius freilich um mehr als Gelehrtensatire. Wenn er die Schrift dem Kollegium der Sechsziger widmet, dem Gremium also, das nach der Hamburger Verfassung zusammen mit dem Rat die oberste Gewalt in Kirchensachen bildete (das »Geistliche Ministerium«, der Konvent der Hamburger Pastoren, war darin beratend vertreten), dann zielt er auch auf die kirchenpolitische Rolle ab, die dieses Kollegium bei der Wahrung des Stadtfriedens spielte. Mit ihrem Votum für das an Goeze ergangene Predigtverbot des Rats hatten die Sechziger Unfrieden und Unruhe abgewehrt [116] und damit indirekt Alberti unterstützt. Auch Claudius gibt mit seiner Widmung ein verdecktes Votum für den vermeintlichen »Erzketzer« ab, sowohl im Klartext als auch im Subtext der Satire. Bei allem Bemühen um Respekt für beide Seiten, der zu dem in Religionskontroversen geforderten Stil gehört, ist unverkennbar, dass er mit Albertis Anliegen eines kindgemäßen Religionsunterrichts ohne »knechtische Furcht« (67) sympathisiert. Er käme ohne die von Goeze für unabdingbar gehaltene Lehre vom Satan aus. Satirische Spitzen gegen die Fixierung des Hauptpastors auf diese Lehre und vor allem seine Empörungsrhetorik verstecken sich in den komisch verballhornten lateinischen Zitaten, mit denen sich der Präsident Lars schmückt, ohne zu merken, was er da verschlüsselt behauptet: Hamburg, das lutherische Zion, sei ein Bordell, »voll des Teufels«.[117]

Die fiktiven Kontrahenten W. und X. – je ein Anhänger Goezes und Albertis – stehen auch für das Publikum, auf dessen Unterstützung die Theologen zur Durchsetzung ihrer jeweiligen Standpunkte angewiesen sind. In der Figur des Präsidenten Lars, eines gutmütigen, seiner angemaßten Rolle nicht gewachsenen Wichtigtuers, wird dieses Laienpublikum zur Zielscheibe der Satire. Mit seinem komischen Gemisch aus Platt- und Hochdeutsch und krausem Latein repräsentiert Lars die nur halb informierten Zuschauer und Zeitungsleser, die sich vom Wind der öffentlichen Meinung mal in diese, mal in jene Richtung wehen lassen. Damit legt Claudius den Finger auf einen problematischen Zug der Debattenkultur, der bis heute die Struktur der Öffentlichkeit bestimmt: Meinungen werden ungeprüft vom Hörensagen übernommen, sie verselbständigen sich als Stimmungen und entwickeln eine materielle Gewalt, die die realen Anlässe oft weit hinter sich lässt. Lars hat das umstrittene Buch nicht gelesen, »aber darüm kann ich doch wohl weissen [eine »schiefe Übersetzung« des plattdeutschen »weten« / wissen[118]] daß es ein gefährliches Buch sei«. Bei aller Borniertheit hat er aber mit der Aufforderung an einen zufällig daherkommenden Fremden einen guten Griff getan: »Buten-Minsch, raisonnire er doch ein bisgen mit hinein daß er die Leute aus einander bringe. Er wird doch so heel [ganz] dumm nicht seyn, daß er nicht ein bisgen mit her raisonniren kann, ich will ihm schon forthelfen.«

Was den alten Griechen ihre Barbaren, das waren dem Hamburger Bürgerstolz die als »Buten-Minschen« bezeichneten Zugereisten.[119] Ein solcher Fremder – er gehört weder zum geistlichen oder weltlichen Establishment noch zur Stadtöffentlichkeit – erhält bei Claudius die Rolle des Schlichters. Er plädiert auf Schluss der Debatte, mit dem Hinweis auf eine Wahrheit jenseits des Meinungsstreits: »Brechen Sie ab, meine Herren, *die* Art zu streiten schafft nichts Gutes. [...] Die Wahrheit ist die Tochter des friedlichen Himmels, sie flieht vorm Geräusch der Leidenschaften und vor Zank. Wer sie aber von ganzem Herzen liebhat, und sich selbst verläugnen kann, bey dem kehrt sie ein, den übereilt sie des Nachts im Schlaf und macht sein Gebein und sein Angesicht fröhlich. Es scheint als wenn die Wahrheit Ihnen beyden am Herzen läge, mir liegt sie auch am Herzen. Kommen Sie, wir wollen uns freundschaftlich vereinen, ob wir sie finden möchten.«

Dem Streit der Schriftgelehrten entzieht sich diese Wahrheit, sie muss erfahren werden, oder, wie Claudius einige Jahre später formuliert, »über das *Point saillant*, den Geist der Religion kann nicht gestritten werden, weil den nach der Schrift niemand kennt als der ihn empfähet und denn nicht mehr Zeit zu zweifeln und zu streiten ist«. (176)

In den Hinweisen des von außen kommenden Schlichters blitzt eine Alternative auf, auch zu dem in Albertis Katechismus empfoh-

lenen Religionsunterricht. Weder geht es um abstrakte Vernünftig-
keit noch um Reinheit der Lehre, es geht um die zu Herzen gehende
wirksame Vermittlung, die mit der kraftvollen und verständlichen
Sprache der Bibel an die Quelle führt. »Für Kinder, deren Herz
durch die Religion gebessert werden soll, ist freilich der simpelste
und kräftigste Ausdruck der beste. Wenn ich bei der Quelle stehe,
warum soll ich nicht aus der Quelle trinken, so bin ich doch sicher
vor dem Unrat am Eimer.« (67)

Dieser Unterricht hätte vermutlich anders ausgesehen als die
von Alberti empfohlene vernünftige Unterweisung der Jugend,
selbst wenn Claudius dessen Predigtstil gefiel und er wie so oft dem
Angegriffenen beisprang. Am 28. März 1772, einige Wochen nach
den jüngsten Hamburger Aufregungen, druckte der *Wandsbecker
Bothe* eine positive Besprechung von Albertis *Anleitung* aus den
Göttingischen Gelehrten Anzeigen nach, versehen mit einem loben-
den Vorspruch des Boten. Alberti spreche, »als ob er für mich sprä-
che«. Eine augenblicksgenaue journalistische Platzierung: Albertis
Parteigänger wussten von dessen schwerer Lungenkrankheit und
der dramatischen Verschlechterung seines Zustands; sein Freund,
der Wandsbeker Pastor Hahn, saß am Bett des Kranken. Drei Tage
später stand die Todesnachricht im *Wandsbecker Bothen.*

Vieles, was Claudius in diesen Jahren vertritt, ist aufklärerisches
Gemeingut und findet sich, wie etwa der Vorrang von Erfahrung
und Empfindung, der Frömmigkeit des Herzens vor der »Vernünf-
telei«, auch bei den Neologen. Dennoch ist er, bei aller Sympathie
für deren pädagogische Anliegen, kein Neologe, allerdings auch kein
Anhänger der vernünftigen Orthodoxie Goezes. Den Interpreten, die
ihn eindeutig einer der theologischen Richtungen seiner Zeit zuord-
nen wollten, hat das immer wieder Schwierigkeiten bereitet. Seinem
theologischen Denken wurde eine Einheitlichkeit unterstellt, die
seiner situationsgebundenen Reaktionsweise auf Begegnungen
und Impulse nicht gerecht wird. Er war kein Theologe und stand

der herrschenden Orthodoxie, zumal in jüngeren Jahren, durchaus reserviert gegenüber. Bezeichnend ist der Spruch in seinem gereimten Rückblick auf das Jahr 1773: »Theologie war leider krank / Durch Übersetzungen und Zank.« (71)

Seine Ablehnung pedantischer Gelehrsamkeit trifft neuere und orthodoxe Theologen gleichermaßen. Mit freundlicher Ironie distanziert sich der Bote etwa von einer lateinischen Paraphrase des Johannesevangeliums aus der Feder von Johann Salomo Semler, dem Begründer der historisch-kritischen Theologie. Sie sei »sehr gelehrt«, schreibt er, »und ich glaube, man muß wohl 20 Jahre studiren ehe man so eine schreiben kann«. (WB 1772/134) Kein Wort zum Inhalt, nur ein zustimmender Hinweis auf eine Rezension dieser Neuerscheinung in den kurz zuvor erschienenen *Frankfurter Gelehrten Anzeigen*. Der wie üblich namentlich nicht genannte Rezensent – es war Herder, der inzwischen als Konsistorialrat in Bückeburg amtierte – hatte Semlers Johannes-Paraphrase als exzellentes akademisches Buch gelobt, das weder in die Falle der orthodoxen »Systemenkunst« gehe noch der gerade bei diesem Evangelium seit den Zeiten der Gnostiker verbreiteten Gefahr der »Schwärmerei« erliege. Herder sah jedoch das Gold von Semlers Schriften unter den »ungeheuren Schlacken« der Weitschweifigkeit des Verfassers verborgen, und der »Gesandte Gottes«, zu dem die Neologen Jesus erklärten, erschien ihm denn doch »etwas zu dünne in Gestalt« geraten. Der Exeget Semler, der immer nur auf die Moral sehe, verfehle die »Fülle von Sinn« in diesem Evangelium.[120]

Hieran knüpft Claudius an. Vermutlich weiß er oder ahnt es doch, von wem die Rezension stammt. Am Beispiel des Boten zeigt er, wie eine andere Lektüre des Evangeliums aussehen könnte. Mit textkritischen oder dogmatischen Fragen hält er sich nicht auf, sondern führt mit seiner eigenen empfindsam-poetischen Paraphrase die Wirkung der Bibelsprache auf einen Leser vor, der sich auf das vom Evangelisten erzählte Geschehen persönlich einlässt.

Eine dichterische Lektüre ist das – Klopstocks das Unsichtbare beschwörende Poesie in der Sprach- und Lebenswelt eines einfachen Gemüts:»Ich habe von Jugend auf gerne in der Bibel gelesen, für mein Leben gern. Es stehen solche schöne Gleichnisse und Rätsel darin, und das Herz wird einem darnach so recht frisch und muthig. Am liebsten aber les ich im Sankt Johannes. In ihm ist so etwas ganz wunderbares – Dämmerung und Nacht, und durch sie hin der schnelle zückende Blitz – – 'n sanftes Abendgewölke, und hinter dem Gewölke der große helle Mond leibhaftig – so etwas schwermüthiges und Himmeljauchzendes – so etwas niedriges und hohes – heiliges und ahndungsvolles – daß mans nicht satt werden kann. Es ist mir immer beym lesen als ob ich den Johannes an der Brust seines Meisters nach dem letzten Abendmal im stillen Kreise der Jünger vor mir liegen sähe, als ob sein Geist unsichtbar um mich stünde, und mir bey gewissen Stellen um den Hals fiele und etwas ins Ohr sagen wolle.« (WB 1772/134) Natürlich sollen sich die Leser fragen, was das denn sei, und werden auf diese Weise hineingezogen in die vom Evangelisten beschriebene Abschiedsszene (Joh. 13 f.), in der Jesus den Jüngern sein Vermächtnis verkündet.

Claudius' Beitrag zum zeitgenössischen theologischen Gespräch bestand in der Verbindung von Herzensfrömmigkeit, persönlicher Anwendung und Poesie an der Schnittstelle von Theologie, Literatur und Lebenswelt. Gegen den Trend der akademischen Theologie seiner Zeit orientierte er sich – mit der ausdrücklichen dichterischen Naivität und Treuherzigkeit, die ihm die Botenfiktion erlaubte – an der Sprach- und Bildwelt der Bibel. Deren »herrliche Sagen und Geschichten«, wie sein Asmus das nennt, waren ihm lebendige, auf die eigene alltägliche Gegenwart bezogene Wirklichkeit. Von der Überlegenheit der biblischen »Fabeln und Erzählungen« (630) über bloße theologische Lehrsätze war er zeitlebens überzeugt.[121]

Aber so, wie er sich später von denen distanzierte, »die alles bekehren wollen und mit der Bibel in der Hand hinter jedem

hochfahrenden Geist und Taugenichts herlaufen« (263), suchte er
die theologische Begrifflichkeit und überhaupt die eingefahrene
religiöse Sprache nach Möglichkeit zu vermeiden – aus Gründen der
Wirkung, vor allem aber in der Überzeugung, dass diese zu erleben-
de Wahrheit begrifflich nicht zu fassen sei. In seinem »Wandsbeck«-
Gedicht begründet der Bote Asmus diese Zurückhaltung:

> Der Mann mit Mondstrahl im Gesicht
> Wird's suchen, und wird's finden,
> Doch jedem Narren muß man's nicht
> Gleich auf die Nase binden.

5

EIGENSINN UND GESELLIGKEIT

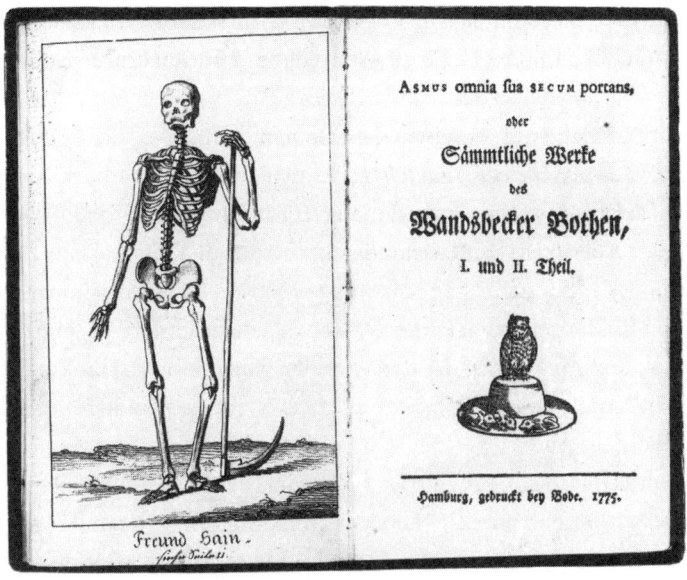

*Frontizpiz und Titelblatt von Teil I/II der Sämtlichen Werke
des Wandsbecker Boten (Erstausgabe)*

⤙ *Dichterbünde* ⤚

D urch seine Zeitung war Claudius jetzt eingebunden in das dichte Personalgeflecht der Autoren und Kritiker, Almanach- und Zeitschriftenherausgeber der literarischen Avantgarde der neuesten Literatur, das sich in den frühen 1770er Jahren herausbildete. Wer der Schreiber des *Wandsbecker Bothen* war, erfuhr das Publikum freilich erst, als seine Gedichte namentlich gekennzeichnet im *Göttinger Musenalmanach* erschienen. In einem Überblick über die zeitgenössische deutsche Literatur in Christoph Martin Wielands Kulturzeitschrift *Teutscher Merkur* wurde Claudius 1774 als »einer der geschäftigsten Lobredner« Klopstocks der von Hamann und Herder geführten Partei der Neuerer zugerechnet[122] – sehr zu Claudius' Ärger, hatte der doch bei aller Zustimmung seine Eigenständigkeit sowohl Klopstock als auch Herder gegenüber immer wieder betont.[123]

Im *Wandsbecker Bothen* weist Claudius das Etikett des »Lobredners« ironisch zurück.[124] Loben sei sein »Naturfehler«, und es sei »bloßer Zufall«, dass er gerade diese Anführer von Parteien gelobt habe. Mit dieser Unabhängigkeitserklärung wiederholt sich auf dem Gebiet der Literatur das schon aus dem Streit der Theologen bekannte Muster: Claudius macht mit, verteidigt seine Freunde und wahrt doch die Eigenständigkeit.

Den Vorwurf des Sektierertums lässt er auch in weltlichen Dingen nicht auf sich sitzen. Als Angriff auf das Zentrum seiner Eigenart aber muss er die Belehrung des *Merkurs* verstehen, dass er »sich selbst eigne Verdienste erwerben könnte, wenn er seine humoristische Anlage nicht zum Mystischen und Abentheuerlichen mißbrauchte«. Entsprechend sarkastisch fällt seine Antwort aus. Mit ausgesuchter Höflichkeit erklärt er sich unter Hinweis auf sein gänzlich anderes Verständnis von »Verdienst« außerstande, diesem wohlgemeinten Rat zu folgen. Ob seine literaturkritischen Gegenspieler den theologischen Hintergrund dieser Zurückweisung (das lutherisch-paulinische Gegensatzpaar von Verdienst und Gnade) verstanden haben? Er bitte »gehorsamst, daß ihm von Zeit zu Zeit über die Cultur seiner etwanigen Anlage und besonders über die Mystick, von Weimar aus [dem Verlagsort des *Merkurs*], Rath und Licht an Hand möge gegeben werden«. Hier taucht ein Konfliktmotiv auf, das in späteren Jahren in Claudius' Verhältnis zu seinen Zeitgenossen eine Rolle spielen wird.

Die innere Selbständigkeit gehörte zum Bild des Autors und Menschen Claudius, das jetzt bekannter wurde. Auch von seinen Besuchern wurde sie registriert. Dass er »nicht einmal in Klopstocks Gegenwart verliert«, schrieb der Dichter Johann Martin Miller anerkennend nach einem in Wandsbek verbrachten Nachmittag in Klopstocks Begleitung: »Ich halte es für den sichersten Probierstein eines großen Mannes, wenn er in Gesellschaft eines noch größern noch groß bleibt.«[125]

Außer Miller fanden noch andere Hainbündler über Klopstock den Weg nach Wandsbek, allen voran Johann Heinrich Voß, der zuerst am Gründonnerstag 1774 erschien und, weil Claudius und Rebecca in die Kirche wollten, von Claudius den Auftrag erhielt, »unterdeß sein Kind zu wiegen und etwas für den *Bothen* zu machen. Beides hab' ich erfüllt«, schreibt Voß.[126]

Die jungen Göttinger Dichter hatten in diesem Jahr noch einmal Auftrieb bekommen, als Klopstock seinen Beitritt zu ihrem Bund erklärte. Bei den Überlegungen zwischen Voß und Klopstock, wer noch in den jetzt zu erweiternden Dichterbund aufgenommen werden sollte, fiel auch Claudius' Name. Doch »wegen seiner zu großen Sorglosigkeit« hielt der Meister ihn für ungeeignet.[127] Er brauchte zuverlässigere, praktisch veranlagte Talente. Ohne es an die große Glocke zu hängen, dachte er dabei wohl auch an brauchbare Subskribentensammler für seine *Gelehrtenrepublik*.[128] Was Claudius beitragen konnte, mochte er aus Klopstocks Sicht bereits im *Bothen* geleistet haben. Die Gelehrtenrepublik, die dem Dichter vorschwebte, blieb freilich Gedankenspiel – für eine politische Organisation der Schriftsteller war die Zeit noch nicht reif.

1775 zeichnete sich dagegen eine informelle, lokal begrenzte, realisierbare Möglichkeit der Verbindung von Autoren ab, mit Wandsbek als Fokus eines der Literatur gewidmeten geselligen und zugleich freien Lebens. Ohne Klopstock, den größten lebenden Dichter, wie die Hainbündler schwärmten, wäre Voß, einer der aktivsten Bundesbrüder, aber nicht nach Hamburg gekommen (»Was kann seliger sein, als täglich den Umgang eines solchen Mannes zu genießen?«[129]). Erst mit Claudius konkretisierte sich dann der Plan eines nachbarschaftlichen Literatenlebens mit Voß und dem Lyriker Hölty, der nach dem Ende seines Göttinger Theologiestudiums ganz als Dichter leben wollte. »Und dann kommen Sie nach Wandsbeck« – nämlich wenn Heinrich Christian Boie Voß den *Göttinger Musenalmanach* abtreten würde – »und leben wie der Kaiser von Japan und dann dedicire ich Ihnen quartaliter eine Romanze«, hatte Claudius Voß im Oktober 1774 zu werben versucht. (Br. I, 107) Übersetzungsarbeiten und der dann tatsächlich von Boie übernommene Almanach, den Voß in eigener Regie herausbringen wollte, weil ihm der gut kalkulierende Göttinger Verleger Dieterich zu wenig zahlte, sollten das »Hirtenwesen in Wandsbeck« (Br. I, 122) finanzieren helfen. Die von Boie in Deutschland eingebürgerte neue Publikationsform, eine Art Jahrbuch der neuen Lyrik in winzigem Taschenbuchformat (Sedez), ergänzt durch ein Kalendarium, kam beim Publikum so gut an, dass Voß sich versprach, davon, wenn auch kümmerlich, leben und endlich Boies Schwester Ernestine heiraten zu können. Den Voß'schen Almanach zu sichern gelang aber erst nach einigen Anläufen, bei denen Claudius dem Freund tatkräftig zur Seite stand. Der ursprüngliche Plan, den Almanach in Wandsbek herauszugeben und zu drucken, von dem Claudius zunächst annahm, er ließe sich leicht realisieren (»weil die Almanachs im Dänischen privilegirt sind«, Br. I, 114), kam nicht zustande, weshalb Voß seinen 1776er-Almanach zunächst im Selbstverlag bei dem Lauenburger Drucker Berenberg herausbrachte. Claudius half im Herbst 1775 bei der Redaktion und stellte später die Verbindung zu Bodes Schwiegervater Bohn her, der den Almanach zu sehr guten Konditionen in seine Verlagsbuchhandlung aufnahm.[130]

Anfang 1775 mietete Claudius für Voß und Hölty schon einmal vorsorglich von dem Barbier und Lottokollekteur Wilm die Hälfte eines Doppelhauses in Wandsbek und erstellte zusammen mit Rebecca einen Kostenvoranschlag für die Junggesellenmenage der beiden Poeten. 380 Reichstaler jährlich, einschließlich Miete, waren den Göttingern aber zu viel. Im April 1775 zog Johann Martin Miller für ein paar Wochen bei Voß in Wandsbek ein, er war im Schlepptau des aus Karlsruhe zurückgereisten Klopstock nach Hamburg gekommen. Die beiden Grafen Stolberg ritten von Altona herüber, »die Nachtigallen singen zu hören«[131] und sich vor ihrer großen Reise in die Schweiz mit Goethe und ihrem Studienfreund Christian August Heinrich Curt von Haugwitz von den Bundesgenossen zu verabschieden. Einen kurzen Augenblick sah es so aus, als ließen sich mit dem gemeinsamen Wandsbeker Leben die Tage des Göttinger Hainbunds verewigen, aber das war doch nur, wie alle wussten, ein Ferientraum in dem Interim zwischen Studium und Beruf. Im Juli 1775 verbrachte Hölty, schon von seiner schweren Lungenkrankheit gezeichnet, zwei Wochen in Hamburg und Wandsbek. Auf ihn hatte sich Claudius auch wegen der Aussicht auf gemeinsames Musizieren (Hölty spielte Violine) gefreut. Höltys früher Tod 1776 vereitelte seinen bis zuletzt nicht aufgegebenen Plan, ganz hierher zu ziehen. Nur Voß blieb schließlich für einige Jahre in Wandsbek.

⚜ *Freimaurer* ⚜

Geselligkeit unter Freunden versprach auch die Freimaurerei. Im Sommer 1774 traten Claudius und seine Göttinger Dichterfreunde nacheinander in die Hamburger Freimaurerloge »Zu den drei Rosen« ein. Die Anregung dazu kam aus dem Klopstock-Kreis. Meister vom Stuhl (so benannt nach der nur dem Logenführer vorbehaltenen Sitzgelegenheit; die anderen Brüder mussten ursprünglich stehen) war einer von Claudius' Trauzeugen, der Arzt Jakob Mumssen, einer der liebenswürdigsten Verbündeten dieses Kreises, ein Mann vieler Vereine und Sozietäten. Die Freunde nannten ihn »Onkel Toby«, nach dem skurrilen ausgedienten Offizier in Laurence Sternes Roman *Tristram Shandy.* Wie dieser Tobias Shandy hatte der weichherzige und exzentrische Junggeselle Mumssen in der englischen Armee gedient, als Dolmetscher bei der britischen Hilfstruppe des Herzogs von Braunschweig während des Siebenjährigen Krieges, und konnte damit sein Medizinstudium und einen England-Aufenthalt finanzieren. Jetzt nahm er die Grafen Friedrich Leopold und Christian Stolberg sowie Johann Heinrich Voß in die Loge auf, die zu jener Zeit noch in einem Zimmer des Gasthofs »Stadt Copenhagen« vor dem Dammtor tagte.[132] Die rituelle Einweihung in die beiden ersten Grade (Lehrling und Geselle) wurde damals in Hamburg immer an einem Tag vorgenommen. Während die drei ehemaligen Göttinger erst im Jahr darauf in den Meistergrad aufrückten, wurde Claudius am 12. August 1774 sofort zum Meister befördert. Eher als seine schriftstellerischen Meriten dürften bei dem fast Vierunddreißigjährigen das Alter und der Status als Familienvater den Ausschlag dazu gegeben haben.

Lange schon hatten ihn die »verschwiegnen Freimäurer« (779) fasziniert. In der Zusammenarbeit mit Bode hatte er einiges über sie erfahren können, trotz strenger Geheimhaltungsregeln. Im *Wandsbecker Bothen* war immer wieder etwas über gemeinnützige Aktivitäten der Maurer zu lesen. Das betraf die Außenseite.

Doch auch aus dem Arkanbereich sickerte manches durch. Man hörte von seltsamen Nomenklaturen, Verräterschriften reizten die Neugier. In einem Artikel über eine Spendenaktion sächsischer und schlesischer Freimaurer zugunsten der hungernden Bevölkerung im Erzgebirge lässt Claudius seinen Boten seufzen: »Freymäurer? Logen? Meister vom Stuhl? – – – Nein, klug werd ich daraus nicht, und möchte doch so gerne klug daraus werden. Denn aus dem, was diese Leute von sich sagen, und besser noch, aus dem, was sie hier thun, müssen es gute Leute seyn.« (WB 1772/35) Die Logen versprachen die Aufhebung der Standes- und Konfessionsgrenzen in ihrem abgegrenzten Bezirk sowie die Einweihung in verborgene Weisheit, und sie empfahlen sich durch tätige Hilfe für Notleidende. Brüderlichkeit und Geheimnis – beides musste Claudius ansprechen.

Sein Bote zeigt sich allerdings skeptisch über die Möglichkeit, die versprochene Verbindung von Freundschaft und Wohltätigkeit zu realisieren. Schon oft habe er gedacht, »daß ich wohl einige Menschen zu meinen Vertrauten machen möchte, und habe in dem albernen Gedanken, einem jeden Menschen, der mir bisher aufgestoßen ist, ins Gesicht gesehen – – – – und noch habe ich kein halb Dutzend zusammen«.

Die Freimaurerei war ein Import aus England, der sich den traditionell guten Handelsbeziehungen zwischen London und Hamburg verdankte. Hamburger Kaufleute, die diese aus den Bruderschaften in den Bauhütten der mittelalterlichen Kathedralen entwickelte Gesellschaftsform in London kennengelernt hatten, gründeten 1737 in Hamburg die erste Loge auf deutschem Boden. In der Hochburg der lutherischen Orthodoxie war diese Aufklärungsgesellschaft wegen ihrer Toleranzpraxis aber zunächst suspekt. Man fürchtete, sie könnte das Einfallstor für »Indifferentisten, Deisten und Libertiner« werden,[133] womöglich die Fundamente der Stadtverfassung erschüttern. So erließ der Senat schon nach wenigen Monaten ein Verbot der Loge, das allerdings bald wieder aufgehoben wurde.

Als Bode 1761 in die Loge »Absalom« eintrat, war die Freimaurerszene in Deutschland bereits unübersichtlich geworden. Das englische System hatte durch eine schwer zu entwirrende Menge von Orden und Systemen mit weiteren Einweihungsmöglichkeiten, sogenannten Hochgraden, Konkurrenz bekommen, etwa durch das streng hierarchische System der »Strikten Observanz«.

1765 übernahm diese Strikte Observanz die in Hamburg arbeitenden Logen. Johann Joachim Christoph Bode, am Anfang seines Weges zu einem der profiliertesten norddeutschen Freimaurer der zweiten Jahrhunderthälfte, hatte daran maßgeblichen Anteil. Der Übergang zur Strikten Observanz stand hier allerdings unter einem unglücklichen Stern. Mehrere Jahre lang ruhten die Logenarbeiten, weil nach Differenzen über Finanzen die reell denkenden Hamburger Brüder der gesamten Ordensleitung das Vertrauen entzogen hatten. Das erklärt, warum Lessing während und nach seiner Hamburger Zeit mit seinem Wunsch, in Bodes Loge aufgenommen zu werden, kein Glück hatte. So peinlich das Bode war, die wahren Gründe für seine Zurückhaltung durfte er nicht nennen.[134] Nach dem Ende des sogenannten Silanums, ab 1773, tauchten dann auf den letzten Seiten des *Wandsbecker Bothen* immer wieder geheimnisvolle Buchstaben- und Zahlenkombinationen auf. Sie konnten erst im 20. Jahrhundert als Kryptogramme identifiziert werden, mit denen Bode seinen Brüdern die Termine der Logenzusammenkünfte bekannt gab.[135]

Claudius' Loge »Zu den drei Rosen« verdankte ihre Existenz der Inaktivität der Strikten Observanz. In die entstandene Lücke war Anfang der 1770er Jahre der ehemals preußische Offizier Georg Johann von Rosenberg mit einer eigenen Gründung gestoßen. Es gelang ihm, der Konkurrenz den großen Fisch Lessing wegzuschnappen. Lessing, für die junge Loge von hohem symbolischen Wert, wurde 1771 in Rosenbergs Wohnung »historisch«, also unter Verzicht auf eine reguläre Einweihung im Kreis aller Brüder, aufge

nommen. Die Riten und Symbole wurden ihm anhand von Arbeits-
tafeln erklärt. Eine solche rein kognitive Einführung konnte, da sie
am rituellen Sinn einer Logeninitiation vorbeiging, das Geheimnis
der Freimaurerei kaum völlig aufschließen. Lessing selbst war ent-
täuscht über das, was ihm bei seiner Aufnahme an Enthüllungen
geboten wurde. Anspruch und Wirklichkeit der Freimaurerei sind
Thema seiner späteren »Freimäurergespräche« *Ernst und Falk*, die
er auch Claudius zu lesen geben wollte.

Um sich vom Odium einer nicht anerkannten Winkelloge zu
befreien, hatte sich die Rosenloge dem System des preußischen
Militärchirurgen Johann Wilhelm von Zinnendorf (1731–1782)
angeschlossen, einem Ableger der von dem Naturforscher und
Theosophen Swedenborg beeinflussten schwedischen Tempelrit-
ter-Maurerei, die einen christlich-esoterischen Weg spiritueller
Weisheitssuche und Erleuchtung, die Theosophie (»Gottesweisheit«,
nicht zu verwechseln mit den Lehren der Theosophischen Gesellschaft des 19. Jahrhunderts), vertrat. Während in der rationalistisch-
deistischen Freimaurerei Gott als höchster Baumeister der Welt
mit der Vernunft gleichgesetzt wurde, war hier Christus die oberste
geistige Instanz und Ziel des Initiationsweges durch verschiedene
Grade. Das christosophische System hatte freilich einen blinden
Fleck: Juden wurden nicht zugelassen. Den ursprünglich in der
Rosenloge als Armenpfleger tätigen Bruder Abraham Israel Baruch
ließ man nach dem Anschluss an Zinnendorfs Große Landesloge
schlichtweg fallen. Zur Zeit von Claudius' Eintritt scheint das Thema nicht mehr virulent gewesen zu sein, keinesfalls aber entsprach
dieser Ausschluss seinem eigenen Toleranzverständnis. Juden be-
gegnete er mit Respekt, angefangen bei den jüdischen Nachbarn in
Wandsbek, die dort wie im dänischen Altona Niederlassungsfreiheit
genossen, bis zu Moses Mendelssohn, über den er später schreiben
sollte, er habe, »wie man sagt, ein *tendre* für ihn, um seiner großen
Väter und um meiner Religion willen«. (360)

Die Hauptattraktion der Logen lag für die meisten Mitglieder zweifellos im exklusiven Vereinsleben, das Möglichkeiten der Freizeitgestaltung bot, die sich ein Einzelner meist nicht leisten konnte.[136] Einige aber, und zu ihnen gehörte Matthias Claudius, sahen den Sinn der Freimaurerei über die Geselligkeit hinaus auch in der »wahre[n] Besserung des Lebens«[137] und den besonderen Erkenntnissen, die hier versprochen wurden. »Ich wollte, die Wahrheit zu sagen, daß ich wüsste, was Sie wissen«, gestand Claudius dem Ordensgründer Zinnendorf.[138]

Der Wunsch nach »höherem Wissen«[139] trieb damals nicht nur Freimaurer um. Die Mysterien der alten Griechen und Ägypter, die legendären hermetischen Weisheitslehrer, auf die sich auch Claudius bezog, waren längst Teil einer »Mythologie der Aufklärung«,[140] deren Traditionslinien bis in die Renaissance zurückreichten. Wenn Claudius sich 1774 in seiner Rezension von Herders *Ältester Urkunde des Menschengeschlechts*, der Auslegung der biblischen Urgeschichte vor dem Hintergrund der Schöpfungsmythen des alten Orients, als »eklektischer Mystiker« bekennt, der an den »heiligen Parabeln und Hieroglyphen des Altertums« immer »käuen und wiederkäuen« müsse (38), dann berief er sich auf die Eklektik, das philosophische Programm der frühen Aufklärung, das der in den Religionskriegen des 17. Jahrhunderts und unter dem Eindruck der Entdeckung fremder Erdteile und Kulturen gewachsenen Erkenntnis folgte, dass es kein Monopol auf die eine Wahrheit geben könne. Auch für Claudius ergab sich aus der Übereinstimmung in »den verschiedenen alten Religionsfragmenten«, dass »die Wahrheit zu aller Zeit in der Welt gewesen, so oder anders gekleidet«. (37 f.) Dass es ihm nicht um eine antiquarisch-gelehrte oder historisch-kritische Aneignung dieser Wahrheit ging, verrät die Bildrede vom »Wiederkäuen«: eine Anspielung auf die Praxis meditativer Wiederholung von Worten der Heiligen Schrift, die noch von Luther empfohlene altkirchliche Ruminatio. Vor diesem Hintergrund wird

Claudius' ironisch verhüllende Rede von den »heiligen Parabeln« des Altertums durchsichtig: Für ihn waren das zuallererst die biblischen Urkunden.

Auch die Freimaurer versprachen eine vertiefte Form der Wahrheitsaneignung, wenn sie im gemeinschaftlich vollzogenen Ritual einen Stufenweg der »Erkenntnis durch intuitive Erleuchtung«[141] anboten. Es wird vermutet, dass Claudius bei seiner Aufnahme wie seinerzeit Lessing auch nur »historisch«, das heißt in einer nicht »geöffneten« Loge, sofort durch alle Grade zum Meister befördert wurde – im Protokoll ist von einer »Beamtenloge« die Rede, dem engeren Kreis der Funktionsträger also. Bei der Initiation anderer Brüder wird er das Meisterritual und seine besondere Aura später aber oft genug miterlebt haben.

In seinem Mittelpunkt steht ein Claudius von Jugend an zutiefst vertrautes existenzielles Motiv: der Tod, hier vergegenwärtigt in einer Re-Inszenierung der Legende von Tod und Wiedergeburt des sagenhaften salomonischen Tempelbaumeisters Hiram. In diesem »Ritual einer Wiedererweckungszeremonie«[142] findet der Initiand zu seiner eigenen Wahrheit, indem er seine Sterblichkeit reflektiert. In feierlicher Prozession wird er in den fensterlosen Logenraum geleitet, wo ihm ein Teil seiner Kleidung derangiert (der Schurz abgerissen, eine Brust entblößt, ein Strumpf herabgezogen, ein Schuh heruntergetreten) wird. Mit verbundenen Augen kommt er dann in die »dunkle Kammer« und wird nach drei Hammerschlägen des Meisters auf die Stirn unvermutet und erschreckend niedergeworfen – in den symbolisch auf dem Boden oder einem Teppich aufgemalten Sarg. Nach der Wiederaufrichtung mit besonderen Griffen und Losungsworten und der Abnahme der Augenbinde findet er sich im lichthellen Raum im Kreis der Brüder wieder – ein überraschender und oft erschütternder Moment plötzlicher »Erleuchtung«[143] oder doch zumindest ein Symbol dafür. All das geschieht in tiefstem, eindrucksvollem Schweigen.

In diesem gemeinschaftlich vollzogenen lebensgeschichtlichen Ritual wurden Seiten angesprochen, die in der Bücherwelt der Gelehrten, aber auch in den protestantischen Predigtgottesdiensten der Zeit zu kurz kamen. Mit seinem ausgeprägten Sinn für Inszenierungen, bei denen Spielerisches und Moralisches zusammenwirkten, muss Claudius hier auf seine Kosten gekommen sein. Am liebsten waren ihm jedoch die spontanen häuslichen Alltagsfeste. Jeder Anlass zum Feiern war ihm recht, von den penibel verspielt gestalteten »Geburtstägen« bis zu Jahreszeitenfesten, die er »Grünzüngel«, »Knospenfest«, »Herbstling« taufte (»wird mit Bratäpfeln gefeiert«), oder »Eiszäpfel«, der nur bei Schnee möglich ist. (221 f.) An diesen »Erfindungen« lässt er seine Leser teilhaben, und auch den Freunden legt er das Feiern ans Herz, wie der Posten »außerordentliche und ordentl. Feste« in seiner Kostenaufstellung für den geplanten Hausstand von Voß und Hölty zeigt.

Zusammen mit Jakob Mumssen unternahm Claudius im Dezember 1775 jene geheimnisvolle Berlin-Reise, von der man heute annimmt, dass es in erster Linie eine Reise in Freimaurerangelegenheiten war. Seiner Frau schrieb er nur von Besuchen bei verschiedenen Männern des Kulturbetriebs, darunter der Verleger Friedrich Nicolai. Dass er sich bei diesem offenbar nicht sonderlich behaglich fühlte, konnte Rebecca der komischen, halb selbstbewussten, halb selbstherabsetzenden brieflichen Kurzfassung von diesem Ereignis entnehmen: »Er hatte zwei Gelehrte aus Leipzig und Wien bei sich, die nicht viel Gutes und Bestes von mir verraten sollen; denn ich stand da wie ein Maulaffe und drehte bald den Rücken, bald den Bauch vorwärts.« (Br. II, 8) Nicolai selbst gefiel der Besucher[144] – die herbe Kritik an dessen Jugendwerk lag lange zurück.

Über den eigentlichen Zweck der Reise wahrte Claudius striktes Stillschweigen. So viel aber lässt sich rekonstruieren: In Berlin trafen die Hamburger die Grafen Stolberg, die nach ihrer Schweizer Reise auf dem Rückweg nach Holstein waren; auch ihr Reisegefährte Haugwitz stieß nach einem Abstecher auf seine schlesischen Güter wieder zu ihnen.[145] Mumssen scheint Zinnendorf die von ihm geführten Brüder als Kandidaten für den inneren Kreis des Ordens vorgestellt zu haben. Die Brüder Stolberg, wahrscheinlich auch Claudius, dürften bei dieser Gelegenheit in höhere Grade eingeweiht worden sein. Zinnendorf verband damit die Hoffnung auf weitere Logengründungen, etwa in Kopenhagen, wohin Friedrich Leopold Stolberg als Oldenburgischer Gesandter gehen sollte. Da die Grafen sich schon ein Jahr später stillschweigend von der Freimaurerei zurückzogen, wurde nichts aus diesen Plänen.[146] Auch Zinnendorfs mutmaßlicher Plan einer Vereinigung seiner Großloge mit der Strikten Observanz, die Haugwitz betreiben sollte, zerschlug sich. Mehr Glück hatte im selben Jahr der aus Westfalen stammende dänische Rittmeister Franz August Heinrich von Sudthausen, einer der Mitbegründer der Hamburger Rosenloge, der im Auftrag seines Freundes Zinnendorf bei Gelegenheit einer Dienstreise zum Reichshofrat in Wien die Loge »Zu den gekrönten Häuptern« errichtete, die später Wolfgang Amadeus Mozarts Loge während der Arbeit an der *Zauberflöte* wurde.

Claudius' Reise zu diesem Zeitpunkt war kein Zufall. Seit kurzem stand fest, dass er nach Darmstadt gehen würde. Für den strategisch denkenden Zinnendorf eine willkommene Gelegenheit, das brachliegende Logenwesen in der hessischen Residenz mit Claudius' Hilfe zugunsten seiner Lehrart wiederzubeleben. Doch dessen Sondierungen sollten nicht zum gewünschten Ergebnis führen. Die Freimaurerei – ohnehin nur durch Brüder »von der andern Parthey« vertreten – werde »hier gar gemächlich getrieben«, schrieb Claudius an den Großmeister, sie »scheinen es nicht der Mühe wert zu halten«, fast wie in Paris, wo man das Ganze auch nur als »eine Art von Kränzgen oder Picknick« ansehe.[147]

·•· *ASMUS omnia sua SECUM portans* ·•·

Wie ein Manifest des Eigensinns und der Selbständigkeit klingt der Titel des Buches, das Claudius zur Ostermesse 1775 herausbrachte: *ASMUS omnia sua SECUM portans, oder Sämmtliche Werke des Wandsbecker Bothen, I. und II. Theil. Hamburg, gedruckt bey Bode.* Hinter der Titelfigur des alles Seinige bei sich Tragenden steckt mehr als der allbekannte Dorf- und Zeitungsbote. Sein Ahnherr ist eine legendäre Vorbildfigur in der Tradition antiker Genügsamkeitslehren: Bias von Priene, einer der sieben Weisen des Altertums, von dem es heißt, er habe bei der Flucht aus seinem eroberten Vaterland keinen Versuch unternommen, seinen Besitz zu retten, mit der Begründung: »Omnia mea mecum porto« [All meine Habe trage ich bei mir]. In einem Satz von Johann Arndt hat man eine christliche Entsprechung dazu entdeckt. Der Schatz, den »wir stets bei uns tragen«, sei »das Reich Gottes«, heißt es im dritten seiner *Vier Bücher vom Wahren Christentum* (1604–1610), „nicht ein auswendiges, sondern inwendiges Gut […], welches uns auch weder Welt noch Teufel nehmen kann«. Wenn Claudius darauf angespielt hat, wie Ute Mennecke-Haustein vermutet,[148] hätte er schon im Titel seines Buches einen Hinweis auf den eigentlichen Grund seiner Autorschaft versteckt.

Bereits 1771 dachte Claudius daran, seine »bonmots aus Adreß-blatt und Zeitung« herauszugeben. Die unsichere Geschäftslage der Zeitung bestärkte ihn in dem Plan. So beliebt das Blatt bei der jungen literarischen Avantgarde nicht zuletzt dank Herders Mundpropaganda war, so wenig erreichte es ein größeres Publikum. Selbst wenn an eine 4000er-Auflage wie beim *Hamburgischen Unpartheyischen Correspondenten* nicht zu denken war – 400 verkaufte Exemplare (Claudius' Angabe von 1772) waren eindeutig zu wenig. Auch die von Bode betriebene Umbenennung in *Der Deutsche, sonst Wandsbecker Bothe* ab 1773, die Claudius gar nicht recht war, brachte keine Steigerung der Verkaufszahlen.

Für sein geplantes Buch fand Claudius keinen »Herrn Buchhändler [...], der so dumm sein wollte, mir etwas dafür zu geben, oder noch besser, gleich dafür zu schicken«. (Br. I, 83) Dass man auch andere Wege gehen konnte, dafür hatte er Beispiele ganz in der Nähe. Gerade hatte Klopstock mit seiner *Gelehrtenrepublik* allen Autoren einen Selbstverlag und -vertrieb als Modell empfohlen. Druck und Papier waren dabei im Voraus zu finanzieren. Für Claudius hieß das Schulden machen. Freunde und Bekannte von Ulm bis Kopenhagen fungierten als Kollektoren, sammelten also Vorbestellungen. Er selbst kümmerte sich um Versand und Abrechnung und den späteren freien Vertrieb. Natürlich ließ er es sich nicht nehmen, in der Voranzeige die Gepflogenheiten des Subskriptionswesens aus Botensicht zu glossieren: »Da ich nicht absehn kann, zu was Nutzen die Namen der Herren Subskribenten vor so einem Buch wie meins vorgedruckt werden sollten, so werd ich sie hübsch in petto behalten, es sei denn daß jemand ausdrücklich anders begehrt.« (9) Überhaupt sei er »nicht dreist genug [...], die H. H. [Herren] Gelehrten mit Annehmung der Subskription zu inkomm'dieren, so ersuche ich alle Boten, wes Alters, Statur und Religion sie sein mögen und sonst jeden der Lust hat, Subskription anzunehmen«. Die Anzeige schließt mit der Beteuerung: »Ich bin unschuldig, wenn einer subskribiert und hernach nicht zufrieden ist.« Die Leser wüssten ja »aus dem *Göttinger Musenalmanach*, wo ich mir manchmal auch einen andern Namen gebe, und sonderlich aus dem *Wandsbecker Bothen*, was sie zu erwarten haben«. Anders als Klopstocks Subskribenten, die die Katze im Sack gekauft hatten. »Die Bestürzung war allgemein, die Achtung gegen den Mann aber so groß, daß kein Murren, kaum ein leises Murmeln entstand«, erinnert sich Goethe in *Dichtung und Wahrheit* an die Aufnahme von Klopstocks eigenartig spröder und skurriler literaturpolitischer Schrift. Ein solches »leises Murmeln« war auch die kleine Stichelei, die sich Claudius hier 1774 leistete.

Die Schattenseiten des unregulierten Reichsbuchhandels bekam auch er zu spüren. Wenige Wochen nach Erscheinen des *Asmus* kam ein Raubdruck des Danziger Verlegers Flörke auf den Markt, der um ein Viertel unter dem Preis der Originalausgabe verkauft wurde. Von einem *corriger la fortune*, das sich Claudius von seiner Ausgabe versprochen hatte (Br. I, 107), konnte da kaum noch die Rede sein. Hatte er für den freien Verkauf einen Reichstaler angesetzt, so sah er sich jetzt gezwungen, seinen *Asmus* zum halben Preis abzugeben.

Claudius deklariert sein »Büchel«, wie er es von nun an nennt, mit leichter Ironie als Werkausgabe »I. und II. Theil«. Die Komik der Diskrepanz zwischen dem gewichtigen Anspruch einer zwei-teiligen Gesamtausgabe und dem geringen Umfang von 16 Bogen in Oktav ist natürlich beabsichtigt. Die Dedikation setzt das Spiel mit den Konventionen des Publizierens fort und schiebt sie mit einem Schlag beiseite: Das Buch ist dem Tod gewidmet. »Freund Hain« (ein euphemistischer Name aus dem Volksmund, der durch Claudius erst richtig sprichwörtlich werden sollte, von ihm aller-dings anders als üblich mit a geschrieben), der Sensenmann »als Schutzheiliger und Hausgott vorn an der Haustüre des Buchs«, das ist der härteste Prüfstein des Geschriebenen, den ein Autor sich wählen kann. »Einiges im Büchel soll Ihnen, hoff ich, nicht ganz mißfallen; das meiste ist Einfassung und kleines Spielewerk: machen Sie 'mit was Sie wollen.« (11)

Programmatisch steckt die mit »Asmus« unterschriebene Vor-rede die Linien von Claudius' Autorschaft ab. Mit dem Boten wahrt er seine Identität als Autor über die Zeitung hinaus. Ganz geht in dieser Rolle allerdings weder der Mensch noch der Schriftsteller Claudius auf. Nicht ganz Pseudonym, da er vor allem die fiktive Figur im Werk bezeichnet, gibt der Name »Asmus« ihm doch im Lauf der Zeit mehr und mehr den »Habitus eines gelebten Lebens« (Walter Benjamin) vor. »Als 2 verschiedene Herren« will Claudius nicht firmieren (Br. I, 112), führt aber als Verfasser sowohl den bürgerlichen wie den Rollennamen. »Das Ding hat seinen Haken«, betonte er schon 1774. Der besteht in der Ambivalenz: Die Rolle kommt sowohl Claudius' Bedürfnis nach Selbstbehauptung wie nach unprätentiöser Bescheidenheit entgegen. Aber auch »Claudius« wird zu einer Figur des Werkes, wenn der Bote sich in geschäftlichen Dingen von »Matthias Claudius *Homme de lettres*« vertreten und anschreiben lässt (»da ich als ›Asmus *pro tempore* Bothe in Wandsbeck‹ nicht im Staatscalender stehe«). Das könnte auch der namenlose gelehrte Vetter sein, der Asmus zur Seite steht, wenn Argumentation und Stil für die Botenfiktion zu kompliziert werden.

Die Asmus-Rolle mit ihrer treuherzigen Naivität ist Teil der Botschaft des Schriftstellers Claudius, ein Vorbild für seine Leser wie für ihn selbst. Dazu gehört die Abgrenzung von einer Position der Stärke, das Sichkleinmachen. In der Dedikation an den Tod klingt das so: »'s soll Leute geben, heißen starke Geister, die sich in ihrem Leben den Hain nichts anfechten lassen, und hinter seinem Rücken wohl gar über ihn und seine dünnen Beine spotten. Bin nicht starker Geist; 's läuft mir, die Wahrheit zu sagen, jedes Mal kalt übern Rücken, wenn ich Sie ansehe.« (11)

Der Selbstgewissheit der aufgeklärten *forts esprits* setzt Claudius die Erinnerung an die Grundgegebenheiten von Leben und Tod entgegen, Erfahrungen, die jedermann von klein auf zugänglich sind. Nur zwischen den Zeilen zu lesen, aber aus dem Kontext des ganzen Buches zu erschließen, ist die Glaubensgewissheit, die das Vertrauen in die tröstliche Seite des Todes begründet: »[…] wenn man ihn lange ansieht, wird er zuletzt ganz freundlich aussehen.« (12)

Von diesem Rückbezug aus nimmt Claudius, wie schon im *Wandsbecker Bothen*, immer wieder Stellung zu den Kontroversen und intellektuellen Debatten seiner Zeit- und Weggenossen. Schon in der Dedikation grüßt er augenzwinkernd zwei der großen Mitspieler im Literaturdiskurs: Lessing und Herder. In der Schrift *Wie die Alten den Tod gebildet* hatte Lessing dafür plädiert, im Rückgriff

auf die Antike den schaurigen Knochenmann der christlichen Volks-
tradition wie der in manchen Kirchen noch präsenten gemalten
Totentänze durch das klassische Bild des schönen Jünglings mit
der Fackel zu ersetzen – der Tod als Schlaf. Und noch während
Claudius (der den Totentanz in der Lübecker Marienkirche gekannt
haben muss) an seiner Werkausgabe arbeitete, hatte Herder, der
in gelehrten Sachen immer gern das letzte Wort behielt, in einem
hochgelehrten Gegenartikel Lessings Vorstellungen von der antiken
Ikonographie des Todes mit Fragezeichen versehen. Auch er distanzierte sich von den »greßlichen Bildern, in denen sich der große
Haufe den Tod denkt«.[149] Dem widerspricht Claudius und erreicht,
indem er die akademische Auseinandersetzung in die einfache
»Mundart« seines Boten transponiert und zugleich beiseiteschiebt,
auch diejenigen Leser, denen die antiquarische Erörterung nichts
sagt: »'s ist würklich ein gutes Bild vom Hain, ich bin aber doch
lieber beim Knochenmann geblieben.« (12)

Das schmale Bändchen mit den nur scheinbar wahllos zusam-
mengewürfelten, in Wahrheit aber kunstvoll-vieldeutig aufeinander
bezogenen Einzelstücken in Vers und Prosa ist eine der originellsten
und eigentümlichsten Werkausgaben der Literaturgeschichte. Claudius hat damit seine eigene Gattung begründet, die ganz singulär
blieb – trotz manche späterer Nachahmer, die sein Pseudonym
für eigene volksdidaktische Zwecke übernahmen. Noch ahnt er
nicht, dass er in den kommenden 37 Jahren sieben Folgebände
herausbringen wird.

Oft folgt die Auswahl der Beiträge aus der Zeitung fast privaten
Kriterien. Wer einen Platz in seinem Herzen hat, soll »auch einen
im Büchel haben«. (Br. I, 129 f.) Sein Buch ist das »Aushängeschild
seines Herzens«, so Jörg-Ulrich Fechners treffende Formel.[150] Mit
ihm hat Claudius endgültig das gefunden, was ihn literarisch unverwechselbar macht. Entschieden wendet er sich gegen alle Versuche
der Nachdrucker, mit Auswahlausgaben in seine Werkherrschaft

einzugreifen. »Es ist das einzige das ich verlege, und es muß so beisammen bleiben.« (182)

Das »Büchel« kam zur rechten Zeit. Was zunächst nur als Zubrot gedacht war, musste bald das Auskommen sichern helfen. Im Juni 1775 wurde dem Redakteur des *Wandsbecker Bothen* fristlos gekündigt. Bode, der gerade auf Reisen war, hatte die unangenehme Angelegenheit seiner Frau Metta Maria, geb. Bohn, überlassen. Ob die geschäftstüchtige Buchhändlerstochter, die den Verlag mit führte, bei der Kündigung die treibende Kraft war, ob sich Claudius mit Bode überworfen hatte, wie man in dem geselligen Hamburger Zirkel der Geschwister Elise und Johann Albert Hinrich Reimarus wissen wollte,[151] ob, wie damals auch spekuliert wurde, die unterschiedlichen freimaurerischen Richtungen zum Zerwürfnis der beiden Männer führten, so Bürger, der das Gerücht allerdings für unwahrscheinlich hält,[152] lässt sich nicht mehr feststellen. Angesichts der schlechten Auflagenentwicklung der Zeitung, womöglich auch eines gewissen Schlendrians ihres Redakteurs, war die Trennung ohnehin nur noch eine Frage der Zeit, zumal Bode von Versuchen wusste, Claudius abzuwerben.[153] Für den geschäftlichen Misserfolg ist Claudius aber nicht allein verantwortlich zu machen. Ohne ihn konnte das Blatt erst recht nicht reüssieren und stellte sein Erscheinen nach wenigen Monaten ein. Claudius war sehr daran gelegen, dass Kollegen und Publikum von seinem Ausscheiden erfuhren, und nutzte dazu unter anderem den neuen Voß'schen *Musenalmanach*, auch um zu verhindern, dass er mit der literarischen Parteinahme seines Nachfolgers für Wieland identifiziert wurde. Wie prominent Asmus/Claudius mittlerweile war, zeigt die kuriose Kette missverständlicher Meldungen und ernstgemeinter Nachrufe auf Asmus' Tod, die seine Kündigung in der Presse hervorrief – angefangen bei einer fingierten Nachricht mit der Überschrift »Todesfall« in der *Deutschen Chronik* des schwäbischen Journalisten Christian Friedrich Daniel Schubart, die von vielen Lesern, die keinen Unter-

Claudius-Medaillon von Jacques Dominique Rachette

schied zwischen dem Boten Asmus und seinem Verfasser machten, für bare Münze genommen wurde.[154]

Bei den sofort einsetzenden Bemühungen der Freunde, Claudius wieder in Arbeit und Brot zu setzen, ist besonders Herder aktiv. Claudius selbst verhält sich eigentümlich unschlüssig. Bis zuletzt schwankt er zwischen der Sehnsucht nach einem kontemplativen Leben auf dem Land (»dabei ich Zeit hätte, meinen Grillen nachzuhängen«), resignativer Demut (»es hat von jeher mit mir nicht fortwollen«) und demonstrativer Sorglosigkeit. Mit einigem Improvisationstalent setzt er das gewohnte häusliche und gesellige Leben fort: ein Ausflug mit Freimaurerfreunden nach Poppenbüttel, eine Einladung zum Gänsebraten, unter den Gästen Voß und der dänisch-französische Bildhauer Dominique Jacques Rachette (1744–1809), der spätere künstlerische Leiter der kaiserlichen Porzellanmanufaktur in St. Petersburg, jetzt noch am Schimmelmann'schen Schlossneubau in Wandsbek tätig. Zusammen mit Claudius' Schwiegervater hat er unter anderem das neue Badehaus im Schlosspark ausgestaltet, daneben vertreibt er Porträtmedaillons von Hamburger Künstlern und Gelehrten, unter ihnen Klopstock, Voß und Claudius. Die kleinen, weich modellierten Gipsreliefs sind so zerbrechlich, dass die wenigsten von ihnen erhalten geblieben sind; ein in der Familie gehütetes Claudius-Porträt wurde vor einigen Jahren von Jörg-Ulrich Fechner entdeckt.[155]

Claudius will am liebsten in Holstein bleiben, in der Nähe seiner alten Mutter in Reinfeld und wegen seiner Liebe zu »Hamburg und seinen *environs*«, wie er Miller gesteht. »Das wird Künste kosten, eh ich aus Wandsbeck kömme, denn wenn nicht ein Potentat mir ein ansehnlich Gebot thut, bleibe ich hier, [...] wo ich die Früchte meiner Werke freße«, schreibt er. »Leben Sie wohl und wißt, daß alles Quark ist, außer einem fröhlichen Herzen, das seiner bei aller Gelegenheit mächtig ist. addies.«[156] Ein guter Rat, vielleicht für den verliebten Miller, von dessen Herzensangelegenheiten in dem Brief die Rede ist, doch wohl auch eine Maxime, mit der Claudius die Ungewissheit der eigenen Lage überspielt.

Im Bekanntenkreis ist man irritiert. Der »Wandsbecker Roußeau Claudius Asmus« habe, obwohl er »dadurch höchst wahrscheinlich mit Frau und Kindern der kläglichsten Verlegenheit ausgesezt« sei, »doch auf das gute Anerbieten, das ihm von Seiten mancher Freunde und auch des Geheimraths Schimmelmann gemacht ist, gerade so geantwortet als Jeanne dem Herzoge von Orleans. Was doch die original Genies für unschikliche Dinge in dieser Cörperwelt sind.«[157] So die spitzzüngige Elise Reimarus, ohne zu sagen, auf welchen der zahlreich überlieferten Sätze der Jeanne d'Arc sie anspielt. Sie scheint aber in Claudius' Haltung etwas von der Unbeugsamkeit des seiner innersten Berufung Folgenden gespürt zu haben, eine närrische Unangepasstheit, die sich für die vernünftigen Mitglieder der zivilisierten Gesellschaft nicht schickt.

Herder gelang es schließlich, über seine verwandtschaftlichen Beziehungen nach Darmstadt eine Stelle zu besorgen. Seine Frau Caroline war die Schwägerin von Andreas Peter von Hesse, dem Amtsvorgänger des Premierministers Friedrich Carl von Moser, der Claudius im November 1775 den Posten eines »Oberlandcommissarius« in der gerade geschaffenen Reformkommission zur Sanierung der Landgrafschaft Hessen-Darmstadt anbot, im Rang eines Wirklichen Kammerrats und zu einem Jahresgehalt, das deutlich über dem lag, was er vor seiner Kündigung in Wandsbek verdiente.[158] Von den Claudius in Darmstadt zugesagten 800 Gulden (ca. 533 Reichstaler) wurde allerdings im ersten Jahr ein Viertel zur Unterstützung der von Moser gegründeten Invalidenkommission zur Versorgung der »abgelebten« Soldaten des Landes aus drei schlesischen Kriegen sofort einbehalten. Claudius blieben damit gut 400 Reichstaler, von denen anfangs wohl auch noch die Ausgaben für den nach der fürstlichen Kleiderordnung vorgeschriebenen Diensthabit zu bestreiten waren, das seidene Staatskleid mit Weste und Degen, das er später nur noch zu besonderen Gelegenheiten anlegte. »Recht gut« nennt er die Besoldung und muss sich dann bei Herder, der sie »vortrefflich« findet und das knappe und geradlinige Understatement seines Freundes moniert, rechtfertigen: »›Recht gut‹, das schreibe ich nicht mit einem kalten Schlaraffengesicht, sondern recht gut heißt mir, hol mich der Henker, recht gut.« (Br. I, 165) Dass er durchaus wusste, welchen Eindruck das Angebot machen konnte, beweist seine wiederholte Erwähnung der Summe in Briefen an Freunde. Mehr wird er erst ein Jahrzehnt später als Erster Revisor der Altonaer Species Bank verdienen. Noch lieber wäre er aber mit weniger Geld in der Heimat geblieben.

Ein einschneidender Ortswechsel steht Claudius jetzt bevor, ein Wechsel aus dem weltoffenen, kommunikativen Klima der großen Reichsstadt Hamburg und der zwanglosen, ländlichen Lebensweise in Wandsbek in die provinzielle Enge einer kleinen südwestdeutschen Residenzstadt, aus der Stellung des Journalisten, der nur einem gleichgesinnten Verleger verantwortlich ist, in das reglementierte Dasein eines Beamten in höfischen Diensten. Bei seiner Stellensuche hatte Herder betont, was für seinen Freund auf keinen Fall in Frage komme: »Nur nicht Gelehrsamkeit – Pracht – Betrug – und Plätze der Staatslüge«.[159] Ganz ließ sich dieser Wunsch nicht erfüllen.

6.
DARMSTADT

Das Rheintor in Darmstadt

V on einem »Lande der Dämmrung und des Schlendrians« sprach der Freiherr Friedrich Carl von Moser (1723–1798) mit sichtlicher Verachtung, wenn es um Hessen-Darmstadt ging.[160] Moser war 1772 von Landgraf Ludwig IX. auf Drängen der Landgräfin als Premierminister und Präsident aller Landeskollegien berufen worden, um den Staatsbankrott des Fürstentums abzuwenden; Generationen von bau- und jagdlustigen Landesherren hatten die Schuldenlast rücksichtslos immer weiter vergrößert. Nachdem es ihm verblüffend schnell gelungen war, die Staatsgläubiger mit einem rigorosen Schuldentilgungsplan zu beruhigen und damit die »Reichsexekution«, die gewaltsame Erzwingung der Rückzahlungen, zu umgehen, ging es Moser in einem zweiten Schritt um die Steigerung der Produktivität.[161] Sein Entwurf verrät die Handschrift des Physiokraten mit kameralistischen Grundsätzen. Erste Aufgabe der neugeschaffenen, nur ihm und dem Landgrafen unterstellten Kommission »zur Verbesserung des allgemeinen Nahrungstandes und des Policeywesens« war eine umfassende ökonomisch-statistische Bestandsaufnahme, mit der das Land nach den Grundsätzen moderner Kameralistik überhaupt beherrschbar würde. In dieser »Ober-Landes-Commission« war ein Platz für Claudius vorgesehen, nachdem sich andere, mehr auf seine Eigenheiten zugeschnittene Pläne für eine »seiner Talente würdige Stelle« nicht hatten realisieren lassen. »Er muß Freiheit, Ruhe und defensiven Unterhalt haben und die Arbeit von Ihm, Er aber nicht von der Arbeit abhangen«,[162] hatte Moser anfangs noch großmütig erklärt. Er schätzte Claudius als »Diogenem und Schelmen unsers Jahrhunderts mit dem Ton eines Zeugen der Wahrheit von ganz originaler Composition«.[163] Mit seiner christlichen Grundhaltung scheint sich der Schriftstellerkollege dem feingeistigen Staatsmann, der selbst als Autor hervorgetreten war, als ein Bruder im Geiste empfohlen zu haben.

Der aus dem Schwäbischen stammende Friedrich Carl von Moser, Sohn des bedeutenden Staatsrechtslehrers Johann Jakob Moser, genoss im ganzen Reich als Diplomat und Publizist einen ausgezeichneten Ruf. In seiner Jugend vom herrnhutischen Pietismus geprägt, verkehrte er als hessen-homburgischer Gesandter in der freien Reichsstadt Frankfurt in dem frommen Kreis der mit Goethes Mutter befreundeten Susanne von Klettenberg. Mit einem Schlag berühmt wurde er durch sein Buch *Der Herr und der Diener geschildert mit patriotischer Freiheit* (Frankfurt 1760), eine schneidende Analyse der ausbeuterischen Regierungsweise der mittleren und kleinen Fürsten des Alten Reichs und der Schwächen ihrer »Diener«, der Minister und Verwaltungsbeamten. Die »patriotische Freiheit« hatte er bei seinem Vater erlebt, dessen lutherisches Staatsdenken in der »Freiheit eines Christenmenschen« gründete. Die daraus resultierende innerlich unabhängige Haltung gegenüber den Regierenden hatte nichts von Insubordination, konnte aber im Zeitalter des Absolutismus in letzter Konsequenz zu einem bewussten »Staatsmärtyrertum« führen.[164] Das musste der Vater erleben, den Herzog Karl Eugen von Württemberg zu fünf Jahren Kerker auf der Festung Hohentwiel verurteilt hatte, nur wegen unliebsamer Eingaben. Auch sein Sohn war kein bequemer Staatsdiener. Ende der 1760er Jahre von Kaiser Joseph II. an den Reichshofrat in Wien berufen und in den Adelsstand erhoben, wurde er kaltgestellt, als sich herausstellte, dass er nicht wie erwartet habsburgische, sondern reichspatriotische Interessen vertrat.

⸱⸱ *Ein Rad in der Maschine* ⸱⸱

Einen Vorgeschmack der von ihm erwarteten Anpassungsleistung konnte Claudius durch den Briefaustausch mit Herder erhalten, der seiner Anstellung vorausging. Sein erstes Antwortschreiben auf Mosers Angebot verstieß offenbar so sehr gegen die Form, dass Herder, der es weiterleiten sollte, ihm den Schrieb verärgert zurückschickte, stand damit doch auch *sein* Ruf auf dem Spiel. Claudius' Antwort merkt man den Unwillen über die Zurechtweisung an: »Habt Ihr nicht selbst gesagt, ich sollte in meiner Manier schreiben? ich mag auch von keiner Distinction zwischen Schriftsteller und Menschen Proben ablegen, und meine Schriftstellerey ist R̲e̲a̲l̲i̲t̲ä̲t̲ bey mir oder sollt es wenigstens seyn, sonst hohl's der Teufel. Gleich gut alles, ich habe den misslungenen Brief zerrissen und mit Füßen getreten und einen andern geschrieben.«[165]

Was Claudius hier als Selbstverständnis ins Feld führt, spielt auf eine alte, von den Zeitgenossen aktuell diskutierte ästhetisch-moralische Streitfrage an. Mit der Berufung auf die Differenz zwischen Autor und Mensch hatten sich etwa die Anakreontiker gegen Vorwürfe der Sittenrichter verwahrt, die von den galanten Texten auf den Lebenswandel der Autoren schlossen. Claudius dagegen, ein Verfechter »ästhetische[r] Ehrlichkeit« (224), besteht auf der Übereinstimmung seiner im *Asmus* erprobten »Manier« mit seiner persönlichen Haltung und Lebensrealität. Das Ideal wahrhaftiger Kongruenz von gelebtem und geschriebenem Ich postulierte auch die religiöse Literatur.[166] Die Formulierung von der »Distinction von Schriftsteller und Menschen« ist freilich nicht Claudius' eigenes Gewächs, sondern greift eine vorangegangene, nicht mehr erhaltene Briefbemerkung seines Adressaten auf.[167] Um Claudius ein Bild von den Darmstädter Verhältnissen und seinem neuen Dienstherrn zu geben, scheint Herder aus seinem Briefwechsel mit dem gemeinsamen Freund Hamann zitiert und von dessen gutem Verhältnis zu Moser berichtet zu haben. Dieser hatte sich einst bei Hamann mit einem offenen Brief als »Layenbruder« eingeführt und ihm in diesem *Treuherzigen Schreiben* mit dem Titel eines wie die Weisen aus dem Morgenland dem Stern von Bethlehem folgenden »Magus in Norden« geschmeichelt. Einen anderen Darmstädter dagegen, Johann Heinrich Merck (1741–1791), Verwalter des fürstlichen Militär-etats im Rang eines Kriegsrats und zugleich ein vielseitig begabter Literat, konnte Hamann nicht ausstehen, vermutlich beeinflusst durch Herder,[168] der sich mit dem Darmstädter Freund überworfen hatte. Merck hatte Hamann im November 1773 in Königsberg besucht, auf der Rückfahrt von seiner Russland-Reise im Gefolge der »Großen Landgräfin« Caroline und ihrer drei noch zu vergebenden Töchter, eine von ihnen sollte dem Sohn der Zarin Katharina als Braut zugeführt werden. An das Gespräch mit dem weltläufigen Intellektuellen erinnerte sich Hamann später nur ungern: Merck habe ihn mehrmals »mit seiner verfluchten Distinction zwischen Menschen und Autor« erbost, schreibt Hamann 1774 an Herder,[169] auch die »religiosen Gesinnungen« des Agnostikers waren ihm zuwider. Was immer Herder Claudius davon berichtet haben mochte, die Überzeugung von der Einheit von Schriftsteller und Person teilte Claudius mit Hamann. Schon in dessen *Aesthetica in nuce* konnte er von der Zumutung, »den Schriftsteller ohne den Menschen denken [zu] sollen«, gelesen haben.[170]

Claudius' verbessertes Antwortschreiben an den Minister – ein »SalbaderWisch«, wie er fand – genügte der Etikette, war aber immer noch hart an der Grenze des Opportunen, wenn auch bei aller Treuherzigkeit nicht ohne Kalkül. Immer noch hoffte er auf »eine weniger glänzende und mehr ruhige Stelle« (Br. I, 39): »Wenn ich von meiner Neigung sprechen dürfte, so ist die für ein einsahmes Leben, für ein nützliches Würken im Stillen, für Feld und Wald und Bauervolk von jeher gestimmt gewesen; das darf ich auch noch sagen, daß ich es an gutem Willen, herzlicher Thätigkeit und Treue nicht werde fehlen lassen; ob ich aber Geschick genug habe ein Rad in der Maschine zu seyn, dadurch ein Fürst seine Vatermilde über sein gutes Landvolk ausbreiten will, das weiß ich nicht, weil ich noch keine Erfahrung davon gemacht habe, und ich nichts von mir annehmen mag, als was ich aus gehabter Erfahrung weiß.« (Br. I, 163)

Nach dem vorangegangenen Hin und Her ist Claudius bei seiner Ankunft im April 1776 zunächst beruhigt. Moser – ein »trefflicher, enthusiastischer Mann, der großen Handlungen fähig« – habe ihn »nicht gnädig, sondern freundschaftlich« mit einigen Flaschen Wein und »den gütigsten feinsten Komplimenten« empfangen, schreibt er an Herder (Br. I, 177), und an Voß am 17. April 1776, einen Tag nach dem Eintreffen: »Himmel und Erde sind hier schön. Aus meinem Fenster sehe ich den Moelibocus, einen großen Tannenwald im Vordergrund und weites Feld und am Ende rundum eine Kette von Bergen in einer Entfernung von 10–20 Stunden. Ich wohne in der neuen Vorstadt, recht gut und bequem.« Man vermutet dieses erste Darmstädter Logis im Flachsland'schen Hause.[171] Caroline Herder hat die Unterkunft vermittelt. Hier wohnt auch ihr Bruder, der Regierungssekretär Friedrich Siegmund Flachsland. Claudius weiß den zu Angstzuständen und Depressionen neigenden Mann, einen klassischen Hypochonder, immer wieder aufzuheitern, während Carolines Schwester Friederike Hesse sich Rebeccas annimmt, um ihr den Wechsel in die Fremde zu erleichtern. In unmittelbarer Nachbarschaft wohnt Johann Heinrich Merck. Auf diesen bei weitem interessantesten Mann in Darmstadt konnte Claudius trotz Herders Verteufelung gespannt sein, hatte der *Wandsbecker Bothe* doch die von Merck als Hauptverantwortlichem redigierten *Frankfurter Gelehrten Anzeigen* des legendären Jahrgangs 1772 aufmerksam verfolgt; Merck hatte den *Götz von Berlichingen* seines Freundes Goethe verlegt und schrieb jetzt für Wielands *Teutschen Merkur*.

Im Lauf des Sommers bezog Claudius mit seiner Familie, bei der Einrichtung uneigennützig unterstützt von Merck, ein Haus am westlichen Stadtausgang, in der Nähe der großen fürstlichen Exerzierhalle. Hier war die kostspielige Militärmarotte des Landesherrn weder zu übersehen noch zu überhören – nicht nur, dass Ludwig IX. sich nach preußischem Vorbild ein in seiner Residenz Pirmasens stationiertes Leib-Grenadier-Regiment hielt, das er gelegentlich auch in Darmstadt exerzieren ließ, er betätigte sich daneben geradezu manisch als Komponist von Militärmärschen. Claudius an Voß: »Wir wohnen in dem ersten Hause am Tor und sehen alles ein und ausgehen und hören alle 4–5 Stunden die Trommel, die hier gar meisterlich geschlagen, so wie auch meisterl. gepfiffen wird, davon mit mehrerm Doctor Burneys Reisen nachzulesen sind.« Kein Wort darüber, dass dieses Detail aus dem Reisebericht des englischen Musikgelehrten möglicherweise auch gestörte Nachtruhe bedeutet. Traurig findet Claudius etwas anderes: Es gibt »keinen Garten und keinen Garten und so hol der Henker den großen Saal und die Stube für uns und die Stube mit dem Nachttopf und die Küche und Keller und Waschhaus«. (Br. I, 199)

In der Landkommission ist Claudius einer von drei Beamten, die sich, unterstützt durch zwei Sekretäre, in diesem Anfangsstadium hauptsächlich mit der Aufnahme des Ist-Zustands der Landesökonomie befassen sollen, um festzustellen, »wo es fehlt und wie zu verbeßern« – so Claudius an seinen Freimaurerfreund Georg Ludwig Bokelmann.[172] Das heißt Tabellen anlegen und Berichte der Invalidenkommission abzeichnen, die auch zu Claudius' Aufgabengebiet gehört. Sein unmittelbarer Vorgesetzter ist Carl Valentin Eymes, ein literarisch dilettierender Jurist, den Moser »zur Feder in der ganzen Maschine« bestimmt hatte. Schon bald schreibt Claudius von »Irrung zwischen mir und dem Direktor«. (Br. I, 191) Weiter will er sich zu diesem »Quark« nicht äußern, aber es ist deutlich, dass er sich nicht zum Rädchen in einer höfisch-bürokratischen »Maschine« eignet. Dringend hatte ihn Herder gebeten, er solle »nicht wie ein Genie zu Werk gehen«. (Br. I, 213) Doch schon seine äußere Erscheinung ist für die vom Geist der Subalternität durchdrungene höfische Welt ein Affront. »Die Leute lieben hier Frisur und Puder so sehr wie in Hamburg und Lübeck, ich lasse aber doch nur alle Sonntage einstreuen.« (Br. I, 199) Bis in den körperlichen Habitus manifestiert sich Claudius' Widerstand gegen gesellschaftliche Zumutungen. Er gehe »ohne Stock und Degen und Puder mit dem bloßen Cadogan [dem zum Knoten gebundenen Haar] zum Präsidenten und der kanns doch nicht übel nehmen«, notierte Merck, dem so ein »trefflicher sehr selbständiger Mensch« schon deshalb gefiel, weil man sich jetzt in der kleinen Residenz endlich einmal über einen anderen das Maul zerriss: »Ich gehe unter des Menschen Anomalie mit der Meinigen wie unter einer herrl[ichen] Dachtraufe.«[173]

Claudius' Vorgesetzten Eymes charakterisierte Merck als einen »aufgeblasenen, zweideutigen Direktor«. Zwar verfolgte er eigene Interessen mit dieser Beschreibung – sie stammt aus der Zeit nach dem Sturz Mosers, in den auch Eymes Anfang der 1780er Jahre hineingerissen wurde, doch wird sie bestätigt durch das Psychogramm, das der aus dem Darmstädtischen stammende Göttinger Physikprofessor Georg Christoph Lichtenberg von seinem Studienfreund abgab: »Er ist in der Seele ein guter Kerl, den seine Eltern, als eintziges Kind, verdorben haben. Er hatte seit jeher zu hohe Begriffe von sich. Die Eltern haben die Schuld. Wäre sein Stoltz immer mit seinem Verdienste in gehörigem Gleichgewicht gehalten worden, so hätte er immer ein nützlicher Mann werden können. Aber das *esse magis quam videri* [mehr sein als scheinen] war nie seine Sache.«[174]

Weil dies das glatte Gegenteil des von Claudius zeitlebens oft bis zur Skurrilität praktizierten eigensinnigen Unscheinbarkeitsprinzips war, mussten die beiden gegensätzlichen Charaktere aneinandergeraten. Merck über Claudius: »Er, dessen Nacken sich nicht gern für irgend jemand beugte, beugte sich auch also noch weniger vor der Würde seines Chefs und ward daher von ihm bald bei dem Praesidenten als ein untauglicher Faulenzer angeschwärzt.«[175] Bei seinen Freunden machte das schon bald die Runde – zwei Monate nach Claudius' Dienstantritt erfuhr Hamann durch Herder von den Klagen über Claudius' »ganze Erbsünde, Läßigkeit und Faulheit«.[176] Claudius selbst sah das anders: »Gegen mich hat der

Herr Landkammerrat Eimes von Anfang an so gehandelt, als wenn ich ein Narr oder er einer wäre, und wenn man dazu mit Frau und Kindern hergekommen ist, so wäre man doch wohl einigermaßen berechtigt, etwas unwillig zu tun.«(Br. I, 212) Hat er, wie man heute sagen würde, die ›innere Kündigung‹ gewählt, oder »kränkte man ihn«, so die Version Mercks, indem »man ihm nicht das geringste zuteilte, unter dem Vorwande, daß er zu gar nichts tauglich sei«? Beides muss sich nicht ausschließen. Claudius selbst hat aus Stolz, Anstand, vielleicht auch Vorsicht fast nichts über die Zustände in seiner Behörde und sein Befinden verlauten lassen, außer in wohl auch bildlich zu verstehenden Andeutungen über das ihm nicht zuträgliche Darmstädter Klima, die »dünne Luft«, in der er nicht atmen könne.

⚬ Die Land-Zeitung ⚬

Es sind die Anfänge des modernen Staates auf der Grundlage von Datenerfassung, Statistik und Bürokratie, mit denen Claudius in der Landkommission konfrontiert wird. Zu Mosers Projekt gehört auch die *Hessen-Darmstädtische privilegirte Land-Zeitung,* die unter Claudius' Redaktion vom 1. Januar 1777 an zweimal wöchentlich mit jeweils vier Seiten Quartformat im Verlag der Invaliden- und Soldaten-Waisenanstalt erscheint und von Invaliden ausgetragen wird. Laut landesherrlicher Verfügung soll die Zeitung »Unser so sehr zerstreutes Land mit sich selbst bekannter machen« und der Bevölkerung Mosers Reformpolitik vermitteln. Keine Reform ohne Öffentlichkeitsarbeit, das galt schon im 18. Jahrhundert.

Claudius erfüllt den Auftrag, setzt aber zugleich eigene Akzente. Es gelingt ihm, innerhalb der Grenzen kleinstaatlicher Politik, so gut, diesem offiziösen Organ der Volksaufklärung ein eigenes Gesicht zu geben, dass sein Modell nach seinem frühen Weggang erfolgreich weitergeführt werden kann.[177] Er passt sich dem darmstädtischen Horizont an. Die von Moser gewünschten »auswärtigen politischen Neuigkeiten«,[178] mit denen das Blatt jeweils aufmacht, werden nach hessischen Gesichtspunkten ausgewählt. Russische Politik interessiert wegen der dynastischen Verbindungen zwischen Petersburg und dem Haus Hessen-Darmstadt, auch zum amerikanischen Unabhängigkeitskrieg gibt es eine hessische Nuance. Über mehrere Nummern wird das Schicksal der Brigade-Kompanie aus Landeskindern, die Landgraf Friedrich II. von Hessen-Kassel den Briten im amerikanischen Unabhängigkeitskrieg als Hilfstruppen gestellt hatte, erörtert: Wurde die Truppe im Kampf gegen die »Americaner« fast aufgerieben, oder haben die Soldaten den Befehl ihrer Offiziere verweigert und kapituliert? »Aber so was glaubt man von Hessen nicht«, kommentiert schlitzohrig der Zeitungsschreiber.

Mit einer Auflage von ca. 500 Exemplaren richtete sich das Blatt an alle Leserschichten des Landes. Hauptzielgruppe aber war die ländliche Bevölkerung. Ihrem geringen Informationsstand kamen ausgesprochen geschickte Sacherläuterungen und eine ansprechende Darstellung der geplanten Neuerungen der Landreform entgegen. Wichtigstes Thema war die Steigerung der Agrarerträge. Hier konnte Claudius auf das zurückgreifen, was seine Lehrer Darjes und Schlettwein in Jena propagiert hatten. Eine verbesserte Dreifelderwirtschaft mit Fruchtfolge anstelle der bisherigen periodischen Brache war durchzusetzen, dazu der Wechsel zu ganzjähriger Stallfütterung, um Dünger zu gewinnen, sowie der Anbau von Tabak und Krapp (als Färbemittel), beides würde, hieß es, auf den sandigen Böden des Landes gut gedeihen.

Pfarrer, Lehrer und andere Amtspersonen wurden aufgefordert, Nachrichten und Berichte einzureichen. Namentlich bekannt ist von diesen Mitarbeitern nur der Mineraloge Philipp Engel Klipstein, der schon für die *Frankfurter Gelehrten Anzeigen* geschrieben hatte und nun Beiträge zur Geschichte des Salzwerks in Salzhausen im

Amt Nidda lieferte. Eine ganze Reihe von Informationen und Kommentaren verpackte Claudius wohl auch selbst in fiktive Leserbriefe.

Wieder gibt es eine volkstümliche Identifikationsfigur: den alten, lahmen Invaliden »Görgel –, sonst auch A[smu]s genannt, Plenipotentiar der sämtlichen Invaliden«. Er eröffnet den ersten Jahrgang der *Land-Zeitung* mit einem gereimten Neujahrswunsch, in dem er sich den Bauern als einen der Ihren vorstellt und freimütig für sie Partei ergreift gegen alle, die »zerren dran und melken / Wie an dem lieben Vieh«.

> Und ist doch nicht zu defendiren
> Und gar ein böser Brauch.
> Die Bauern gehn ja nicht auf vieren,
> Es sind doch Menschen auch;

In Hofkreisen müssen diese kritischen Töne, wenn sie denn überhaupt zur Kenntnis genommen wurden, unerhört geklungen haben, ebenso wie die Tatsache, dass der Neujahrswunsch in Umkehrung der feudalen Ständeordnung zuerst die Bauern und dann die Fürsten anspricht, und zwar solche, »die nach Gerechtigkeit / und Menschlichkeit und Wohlthun dürsten«. Erst danach kommen Landesvater und Untertanen an die Reihe, ausdrücklich mit der Versicherung: »Wir sind ja Brüder gar.« Den erklärten Grundsätzen des Freiherrn von Moser entsprach das freilich durchaus: »daß der Herrscher unser Bruder ist«[179] war ein Kernsatz seiner Publizistik, und das »Nicht-Plagen« der Bauern wird auch in seiner Proklamation der Landkommission den Beamten als Grundbedingung der Menschenliebe eingeschärft.

Ohne die Reformpolitik der Landkommission zu desavouieren, erinnert Claudius, wo immer er kann, an die davon betroffenen Menschen und betont damit die von Moser proklamierte Zielsetzung der Unternehmung, die für ihn von Anfang an im Vordergrund stand. Es gehe nicht nur darum, hatte er seinem Freimaurerfreund Bokelmann geschrieben, »mit der Zeit die Einkünfte der Fürsten zu verbeßern«, das freilich auch, sondern »fürerst u. hauptsächlich die Unterthanen zu fördern und zu helfen in allen Leibesnöhten«.[180] Wenn Görgel im Januar seinem Herrn die »armen Leute« vorhält, die unter dem harten Winter leiden, dann geht das an die Adresse der Regierenden, auch Mosers. »Mein Herr hat gottlob einen warmen Rock und eine warme Stube, da merkt Er's nicht so, aber wenn man nichts in und um den Leib hat und denn kein Holz im Ofen ist, da friert's einen gewaltig.« Der nicht enden wollende Schnee führt zu Betrachtungen über das sonderbare Wesen des Menschen, der dem Klima ausgesetzt ist, »er sey Fürst oder Knecht, Bauer oder Edelmann«. Die damit verbundene Erinnerung an die Grenzen des Machbaren, weil überhaupt »wir Menschen doch eigentlich nicht viel können«, steht eigentümlich quer zur Dynamik einer Anstalt, die auf effiziente Verbesserungsmaßnahmen aus ist. Doch wird nach Claudius' Überzeugung die Notwendigkeit zum individuellen ethischen Handeln dadurch nicht aufgehoben: »Nun Gott befohlen, lieber Herr, und wenn Er 'n Stück Holz übrig hat, geb Er 's hin, und denk Er, daß die armen Leute keine weiße Bären noch Wallfische sind.« (122)

Der Gedanke der Würde wie der Bedürftigkeit und Begrenztheit aller Menschen schließt den Souverän ein. Zu den Hochzeitsfeierlichkeiten des Erbprinzen mit Louise von Hessen-Kassel plant der alte Graukopf Görgel eine Ansprache an die Invaliden: »Kameraden, auch die besten Fürsten sind Menschen, und darum muß man bei aller Gelegenheit für sie beten.« Als größten Gleichmacher führt er den Tod an, und »am Ende besteht nichts, als wenn man Gott fürchtet und recht tut!«. In diesem Bewusstsein verbindet der Redner seinen Glückwunsch in entwaffnender Naivität mit dem indirekten Appell an den zukünftigen Herrscher: »Und wenn er einst, wir erleben's nicht, wir liegen denn alle schon im Grabe, aber wenn er einst die Regierung seines Landes übernimmt, so erfülle Gott unsre Hoffnung, und gebe, daß er ein guter Regent werde, damit er in Himmel zu uns komme.« (123)

Bis zur Kriegserklärung von Georg Büchners *Hessischem Landboten* an die Paläste ist es noch weit. Aber in dem Jahrzehnt vor der Französischen Revolution und dem Ende des Ancien Régime, dem in Deutschland der Untergang des reformunfähigen Alten Reiches folgen wird, gehören solche Äußerungen zum Wetterleuchten der kommenden Veränderungen, genau wie Mosers hohes Pathos bei der Beschreibung der Missstände in seiner Proklamation der Landkommission: »Das gewöhnliche Schicksal des Deutschen Untertanen ist, daß ihm vom Sonnen Aufgang bis Sonnen Untergang Eine Stimme zuruft: Gieb! Gieb! Woher ers nehmen, wie ers erwerben sollte, wird seinem Menschenverstand, ob ers mit Gemächlichkeit oder mit Seufzen gebe? seinem Kummer und Thränen überlassen; ob er seines Lebens froh werde, ob er seinen Fürsten segne oder ihm den Tod wünsche? darüber setzt sich die Cameral-Philosophie unserer Tage großmüthig hinaus. Genug, wann er gibt, Beweiß genug, daß ers hat –«[181]

⤙ *Künstlerfreunde* ⤚

»So sehr am rechten Ort als in Wandsbeck bin ich hier nicht; so gute Luft für meine Brust und so gute Freunde für mein Herz habe ich hier auch nicht«, klagte Claudius bald. (Br. I, 198) Auch das Verhältnis zu Merck scheint eher etwas für den Kopf gewesen zu sein. Claudius imponierten dessen erstaunliche »Kenntnisse und connexions« in der »gelehrten und zivilen Welt« (Br. I, 203), er war dankbar für seine Hilfsbereitschaft, die ihm das Einleben erleichterte. Merck lud ihn in das von ihm gepachtete Landhaus mit Obstgarten und Wiese ein, er ließ ihn an literarischen Neuigkeiten und eigenen

Texten partizipieren und nahm als geschickter Silhouettenschneider »eigenhändig« die »Schattenbilder« von Claudius und Rebecca. Claudius findet, »daß sie nicht übel geraten sind«,[182] ein Exemplar schickt er im Juni 1776 auch an Gleim, »weil Sie es so befehlen, gegen alles andre Malen und Conterfeien meiner eignen werten Person habe ich so etwas, das mir im Wege steht« (Br. I, 185), erklärt er in seinem Begleitbrief, um damit den Kanonikus, der im Begriff war, in seinem Haus in Halberstadt einen »Freundschaftstempel« mit den Porträts seiner berühmtesten Korrespondenten anzulegen, von vornherein davon abzuhalten, auch von ihm ein ordentliches Gemälde zu verlangen.

Die von Claudius hier bekundete Verweigerungshaltung ist tief verankert – bescheiden, aber nicht ohne Ambivalenz. Im Umgang mit Merck scheint sie der Grund für bald auftretende Irritationen gewesen zu sein. Wirklich nahe kamen die beiden so verschiedenen Männer einander nicht, weder Claudius – »Mit ganzem Herzen kann ich ihn nicht lieben« (Br. I, 203 f.) – noch Merck, der keinen Zugang zu diesem seltsamen Vogel aus Norddeutschland fand. Er scheint es sich anders gewünscht zu haben. »Mit Cl. u. mir wird wol nicht in seinem Leben was gescheutes daraus. Er beträgt sich ganz u. gar wie ein Mensch aus einer anderen Welt, u. das zwar mit jedermann. Der Teufel hole die ganze Poesie, die die Menschen von andern abzieht, u. sie inwendig mit der betteltapezerey ihrer eigenen Würde und Hoheit ausmeublirt. Wir sind doch nur in so fern etwas, als wir was für andere sind.«[183]

Gerade weil Wert und Würde für Merck von der Wahrnehmung der anderen abhingen,[184] sein Selbstbewusstsein sich also im gesell- schaftlichen Vergleich bewährte, erfasste er mit sicherem Gespür die ihm konträre weltabgewandte Seite, die es neben Claudius' viel- gerühmter »Laune« und Geselligkeit auch gab. Tatsächlich hätte dieser sich, wenn das nicht ein Affront gegen Herder gewesen wäre, am liebsten aufs Land zurückgezogen, um »ganz für mich zu sein«.

(Br. I, 181) Auch wenn er keinen Wert auf bürgerliches oder gelehrtes Repräsentieren legte (weil es ihm »mehr auf Stichhalten als aufs Schönaussehen« ankam, wie er einmal an Wieland schrieb) – gänzlich unabhängig vom Urteil anderer war auch er keineswegs. Wenn er gegen Ende seines Lebens schreiben konnte, das »Unheil in der Welt« komme möglicherweise auch daher, »daß man sich mehr um andre als um sich selbst bekümmert hat«, und zu dem Schluss kam: »Am Ende ist und bleibt auch der Mensch selbst die Haupt-Sache für sich« (Br. I, 409), dann spricht daraus ein hochentwickeltes Bewusstsein für die inneren und äußeren Abhängigkeiten und Zwänge auf dem Weg zu einer innerlich unabhängigen Haltung der Welt und sich selbst gegenüber.

Ein Lichtblick war im nahen Mannheim Friedrich Müller (1749–1825), der pfälzische Maler an der kurfürstlichen Kunstakademie. Mit »Maler Müller«, der auch ein begabter Sturm-und-Drang-Dichter war (er arbeitete an einem »Faust«-Projekt), traf sich Claudius in Mannheim zum Theaterbesuch. Die beiden verband die Liebe zur Poesie, ihre spielerische Ader und die Gleichgültigkeit in Fragen der Etikette. Er wisse, schrieb Müller, »daß Claudius bey Menschen wohler ist – als aller titlen der Welt von oben bis hinunter etzetra«.[185] Müller ging mit ihm in die Oper und schwärmte ihm von Heidelberg vor – zu Rebeccas Leidwesen schafften sie den Ausflug zu dem berühmten großen Fass dort dann aber doch nicht mehr, weil die kleine Christiane kurz vor der Abreise »am Zähnen sehr krank« (Br. I, 217) war. Abwechslung und das Gefühl, in der Fremde nicht von allem abgeschnitten zu sein, brachten Besuche von Durchreisenden. Lessing, auf dem Weg nach Mannheim zu Verhandlungen über die Direktion des Nationaltheaters, bat Claudius und Rebecca zu sich in den Gasthof und machte auf der Rückreise am 22. Januar 1777 noch einmal halt, um zusammen mit den Darmstädtern seinen achtundvierzigsten Geburtstag zu feiern. Dass Claudius bei dieser Gelegenheit einen Puter schlachtete, wissen wir von Maler Müller, der nicht dabei war, aber Claudius' launigen Bericht über den offenbar nicht besonders fetten Schmaus noch Jahrzehnte danach zu »allgemeiner Aufheiterung« zum Besten gab.[186] Durch Darmstadt kam auch der genialische Bürgerschreck Christoph Kaufmann aus Winterthur, ein Protegé des Zürcher Predigers und Physiognomen Johann Caspar Lavater; sein Aufzug »mit Knotenstock, wehendem Haar und ›bis zum Nabel offenen Hemd‹«[187] war Rousseau'sche Zivilisationskritik, ins Kostüm übersetzt. Der »Gottesspürhund«, wie ihn Maler Müller taufte, war auf dem Weg zum Philanthropin in Dessau, Johann Bernhard Basedows Reforminternat. Kaufmann, der nie etwas Veröffentlichungsreifes schrieb, hinterließ eine Spur in der Literaturgeschichte, als er dem jungen hessischen Stückeschreiber Friedrich Maximilian Klinger empfahl, sein Drama *Wirrwarr* in *Sturm und Drang* umzubenennen; das Wort wurde zum Epochenbegriff. Ein »excellenter Kerl«, befand Claudius – lapidarer als die begeisterten Zeitgenossen von Herder bis Goethe, aber nicht minder anerkennend. (Br. I, 204)

⁕ Kündigung ⁕

Ende Februar 1777 erhält Claudius ein Schreiben Mosers, das ihm Arbeitsunlust, mangelndes Interesse an der Landkommission und verleumderisches Ausplaudern von Interna vorwirft und ihn vor die Alternative Abgang oder Unterwerfung stellt. Zu schlechteren Konditionen als bisher: Die Stelle in der Landkommission müsse neu besetzt werden, Claudius könne aber bis Jahresende bei einem reduzierten Gehalt von 600 Gulden die Zeitung fortführen und die Arbeit an der geplanten »Land-Chronik« übernehmen.[188]

Das will Claudius nicht akzeptieren und wählt die Kündigung. Zunächst aber weist er den Vorwurf der üblen Nachrede zurück. Monatelang habe er über die unerträgliche Situation in der Land-

kommission kein Wort verlauten lassen, sondern »nur starr hinge-
sehen« und sich erst spät gegenüber einigen wenigen Vertrauten
Luft gemacht, darunter bei dem »guten Herrn v. Schrautenbach«
als einzigem Externen. Zu Ludwig Carl von Weitolshausen, genannt Schrautenbach, dem sechzehn Jahre Älteren, der ein Gut
in der Wetterau und ein Stadthaus in Darmstadt besaß und in der
gebildeten Gesellschaft des Städtchens verkehrte, muss Claudius,
wie diese Bemerkung zeigt, ein besonderes Vertrauensverhältnis
entwickelt haben. Der Freund Mercks war in seiner Jugend ein
Schüler und engster Mitarbeiter des Grafen Zinzendorf gewesen,
später ging der »erste philosophisch denkende Herrnhuter«, wie
ihn Lavater nannte, allerdings auf Distanz zur Brüdergemeine. Ihn
kann Claudius unbedenklich erwähnen, denn auch Moser muss
diesen weitherzigen und kultivierten Frommen geschätzt haben.
Bei ihm, so signalisiert er dem Präsidenten, sei das Anvertraute
gut aufgehoben. Doch auch wenn er bestreitet, den Charakter des
Direktors öffentlich verunglimpft zu haben, lässt Claudius keinen
Zweifel daran, dass es hier sehr wohl um Charakterfragen geht. Als
Hauptkritikpunkt führt er Eymes' empörend herzloses Verhalten in
einer privaten Prozesssache als Gläubiger eines hochverschuldeten
Rüsselsheimer Kaufmanns an.[189] Feinsinnig spielt er damit auf eine
Stelle in Mosers Brief an, die dem »Menschenfreund« Claudius noch
einmal »Zweck und Gegenstand« der Arbeit der Landkommission,
nämlich »wahre reine Menschenliebe«, einschärfen sollte. Darauf
Claudius: Wenn jemand, der so handle wie Eymes, »ein menschen-
freundlicher, edler Mann heißen« könne, lege er keinen Wert auf
diese Bezeichnung. Das geht auch gegen Moser, der sich in dem
Prozess entschieden auf Eymes' Seite gestellt hatte.[190]

Und dann fällt der vielzitierte Satz, mit dem Claudius seine Ablehnung des Moser'schen Angebots begründet: »Ich bin hergekommen, nicht ehrlich und schön zu schreiben, sondern ehrlich und
schön zu handeln.« Dass das, solange Moser an seinem Favoriten

Eymes festhält, für Claudius in der Landkommission auch weiterhin nicht möglich ist, muss der Präsident wissen. Ehrlich und schön zu handeln war dem Untergebenen hier ja schon lange verwehrt. Und selbst wenn er die Verschlechterung seines Status akzeptiert hätte – konnte er denn in der *Land-Zeitung*, die die Reform-Tätigkeit der Landkommission »verkaufen« sollte, überhaupt ehrlich schreiben?

Ein pures »Schwindelunternehmen« war die Landkommission gleichwohl nicht, trotz aller Schönfärbereien. Mit diesem Vorwurf schoss die Kritik der Feinde Mosers am Darmstädter Hof, als deren Wortführer Merck auftreten sollte, übers Ziel hinaus. Doch das Projekt, den Untertanen, so Mosers grandiose Worte, den »Himmel blauer« zu machen, musste scheitern. Wie Struensee in Dänemark geriet Moser in die Falle der Intellektuellen im Absolutismus, die in kürzester Zeit ohne Rücksicht auf Machtstrukturen und die Beharrungskräfte des Volkes Aufklärung von oben durchsetzen wollten. Wie sein Vater wurde er ein Opfer fürstlicher Willkür. Sein Vermögen wurde kassiert, seine Pensionsansprüche abgewiesen, er selbst des Landes verwiesen. Erst von Ludwigs IX. Nachfolger, dem späteren Großherzog von Hessen und bei Rhein von Napoleons Gnaden, Ludewig X., wurde er rehabilitiert.

1777 war davon noch nicht die Rede. Aber dass die Darmstädter Hofbeamtenwelt nicht die seine war, musste Claudius in dem knappen Jahr seines Aufenthalts schmerzlich erfahren. Maler Müller wollte das schon am ersten Tag ihrer Bekanntschaft gesehen haben. Jetzt gab der pfälzische Stürmer und Dränger in seiner orthographisch nonchalanten Schreibweise dem Kollegen den Segen für den Weg in die Freiheit. Ein Stationenweg heraus aus der Gesellschaft: »In gottes Nahmen wems an Hoff nicht gefällt der zieh in die Stadt, wems in der Stadt nicht gefällt aufs dorff, auch von da bis zum Felsbruder ist noch Sprung wers fühlt daß er da Ruhe finde, wags auch […] warum sollten Sie sich das Herz abkümren […].«[191]

In einem zwei Jahre später, nach seinem Sturz, verfassten Re-

Daniel Chodowiecki: »Freund Hain am Krankenbett«

chenschaftsbericht stellte Moser seinem Mitarbeiter Claudius ein
zwiespältiges Zeugnis aus. Erkennbar verfolgte es den Zweck der
Selbstrechtfertigung. Der Mann, dessen »herzliche und populäre
Schreibart« ihn für die Darmstädter Aufgabe, »wo so wenig auf Be-
fehl, so viel auf Überzeugung ankommt«, empfohlen habe, »mochte
Nichts tun, als Vögel singen hören, Clavier spielen und spazieren
gehen, konnte die hiesige Luft nicht vertragen, fiel in eine tödliche
Krankheit und ging von selbst zu seinen Seekrebsen zurück«.[192]

Claudius' Erschütterung ist stärker, als er zugibt. Am Tag der
Kündigung hat er, wie Merck berichtet, abends Gäste, darunter
Hofrat Johann Georg Schlosser aus Emmendingen, Goethes Schwa-
ger und Nachfolger Mercks bei den *Frankfurter Gelehrten Anzeigen*.
Man bleibt bis spät in die Nacht, Claudius wirkt »ungemein heiter«,

lässt sich nichts anmerken. Doch als seine Gäste gegangen sind, legt er sich mit hohem Fieber ins Bett. Eine Brustfellentzündung, die massive körperliche Reaktion auf einen seelischen Schock. Merck vermutet, dass »der Zwang und der Unmut über erlittenes Unrecht« die Krankheit auslösten.[193] In dieser Krise kommt der Tod Claudius so nah wie nie zuvor. Dass er »mehrere Tage ohne Hofnung war«, hält die Familienbibel fest, sein Gedicht »Nach der Krankheit 1777« spricht vom inneren Ertrag der Begegnung mit dem Tod. Wie in dem Totentanz-Dialog »Der Tod und das Mädchen« von 1774 hat der Tod ein Doppelgesicht: Er kommt als Freund, der die Menschen »sanft zur Ruh« bringt, und als angstauslösendes finales Geschehen. Aber anders als in der weltflüchtigen Vanitas-Dichtung des Barock vertieft seine Nähe die Wertschätzung des Irdischen als von Gott gegeben. Mit dieser Weltbejahung erweist sich Claudius als Sohn seines Zeitalters der Aufklärung.

> Und ich genas! Wie sollt ich Gott nicht loben!
>   Die Erde ist doch schön,
> Ist herrlich auch wie seine Himmel oben,
>   Und lustig drauf zu gehn!

> Will mich denn freun noch, wenn auch Lebensmühe
>   Mein wartet, will mich freun!
> Und wenn du wiederkömmst, spät oder frühe,
>   So lächle wieder, Hain!

Claudius' Wohnhaus in Wandsbek

᛫᛫ *Heimkehr und Neuanfang* ᛫᛫

Am 4. Mai 1777, nach einer überaus beschwerlichen 14-tägigen Reise mit der hochschwangeren Rebecca, den beiden Klein- kindern und der Dienstmagd Stine, kehrt Claudius nach Wandsbek zurück, in derselben Kutsche, mit der er vor einem Jahr ausgezogen war, »mit Leib und Seel und Kutsch und Pferden«, wie er ausdrück- lich zu Protokoll gibt, und »zum Erstaunen aller Einwohner, die den Herrn Oberlandescommissarius mit dem Schnapsack aufm Rücken erwarteten, weil er sich in Darmstadt so schlecht aufgeführt, daß er nicht bleiben können. Und nun, Gott sey herzlich Dank, daß wir hier sind!!!«[194] So hält es ein Tagebuchbrief an Hamann fest.

Claudius war keineswegs unempfindlich dafür, was die Leute von ihm dachten. Schon vor Darmstadt hatte er sich keine Illusionen über sein Ansehen gemacht. Er sei der kleine »Avisenschreiber, den halb Wandsbeck für unklug und ganz Wandsbeck für einen lausigen Avisenschreiber hält«. (Br. I, 139) Jetzt stieß sein Entschluss, kein Amt mehr anzustreben, auch bei seinen Hamburger Bekannten auf wenig Verständnis. Doch nach dem erneuten Scheitern seiner An- läufe zu geregelter Berufstätigkeit stand für ihn endgültig fest, dass er sich nicht mehr unterordnen würde. Er habe, schrieb er später einmal an Gleim, »wirklich großen Trieb unabhängig zu sein und zu bleiben«. (Br. I, 324) Das war nicht die geniehafte Sehnsucht nach der Existenz des »Felsbruders« und Eremiten nach der Devise Maler Müllers. Zu Claudius' Lebensart gehörten neben dem Wunsch nach Freiheit von fremden Zumutungen und Zeit für ein innerliches und geruhsames Leben (»meinen Grillen nachhängen«) doch auch Haus und Familie, ein Leben mit Nachbarn und Freunden, Spielfreude und Geselligkeit. War das ohne Amt und festes Einkommen über- haupt möglich? Claudius beruft sich auf die Bergpredigt. Er »sehe hier itzt die Lilien auf dem Felde an, die nicht nähen, auch nicht spinnen, noch Oberlandcommissarii sind – und unser himmlischer

Vater nähret sie doch«, schreibt er an seinen Freimaurer-Oberen Zinnendorf.[195] Auch mit dieser höchsten Legitimation eines nicht dem Diktat abhängiger Arbeit unterworfenen Lebens bleibt die Frage unbeantwortet, die Johann Georg Hamann Jahre zuvor seinem für Claudius werbenden Freund Herder stellte: »Ist seine Liebe zur Unabhängigkeit Eigensinn, Faulheit oder Unvermögenheit?«[196] Der kluge Menschenkenner Hamann hat, vielleicht in Erinnerung an seine eigene Abneigung, ein bürgerliches Amt zu suchen, etwas von den innersten Motiven dieses eingefleischten Unabhängigkeitsstrebens geahnt, aber auch die Spannung zwischen Lebenskünstlertum und Autorschaft aus Berufung gesehen. Schon in Darmstadt war er zu der Erkenntnis gekommen: »Was meinen Asmus anlangt, da glaube ich fast, dass der nichts [!] anders als in Wandsbeck geschrieben werden kann.« (Br. I, 207) Der Rückzug in die bescheidene, wenn auch ungesicherte Lebensform, für die dieser Ort stand, sollte ihm die Freiheit für die selbstgewählte Aufgabe gewähren, seine Lebenseinstellung und deren Grundlage auch anderen nahezubringen.

So ist denn seine Antwort auf Herders besorgte Anfrage, wovon er in Wandsbek leben wolle, auch die Antwort eines Autors: »Uebersetzen, Fortsetzung vom Asmus herausgeben und Befiehl Du Deine Wege pp.« (Br. I, 214) Unter dem »pp« (*perge perge* = fahre fort) versteckt sich die Fortsetzung des Kirchenliedzitats, mit dem Claudius angibt, in welchem Geist er sein Wandsbeker Leben als Homme de lettres wieder aufnimmt – und was hinter ihm liegt: »Befiehl du deine Wege und was dein Herze kränkt, / Der allertreusten Pflege des, der den Himmel lenkt.«[197]

Im letzten Drittel des 18. Jahrhunderts war es trotz der raschen Entwicklung des Literaturmarkts nur den wenigsten möglich, vom Schreiben zu leben. Die meisten Autoren bestritten ihren Lebensunterhalt mit anderen Tätigkeiten, manch einer, wie Gerstenberg, kam dabei ganz von der Schriftstellerei ab. Klopstock, der Erste, der seine Existenz allein auf ein dichterisches Werk gründete, konnte das nur dank der Großzügigkeit seiner fürstlichen Mäzene. Auch Claudius sollte nicht ohne Förderer auskommen. Den ersten großen Beitrag zum Lebensunterhalt leistete von 1778 an der wohlhabende Düsseldorfer Schriftsteller, Philosoph und kurpfälzische Kammerrat Friedrich Heinrich Jacobi, als er seine beiden Söhne, den dreizehnjährigen Johann Friedrich und den zehnjährigen Georg Arnold, nach Wandsbek gab, um sie von Claudius erziehen zu lassen. Wieland hatte ihm zuvor von der seiner Ansicht nach nutzlosen und teuren Erziehung im Dessauer Philanthropin, dieser »Musteranstalt der Aufklärungspädagogik«,[198] abgeraten. Freunde wie »Vater« Gleim, der treue Versorger notleidender Künstlerfreunde, halfen mit gelegentlichen Zuwendungen, fast jedes Jahr kam aus Halberstadt ein Reh, das Claudius mit Freunden und Nachbarn teilte. Einmal bemühte er sich doch noch um eine Anstellung als Organist. Auch versuchte er, obwohl er seinerzeit im *Wandsbecker Bothen* als »das wahre Mittel bei der Lotterie zu gewinnen« verraten hatte, »daß man nicht Einsetzer sei« (821), immer wieder sein Glück im Lotto. Die königlich-dänische Zahlenlotterie hatte in Wandsbek eine Annahmestelle. An jedem zweiten Dienstag wurden auf dem Gerüst an der Hausmauer des Schlossgärtners von einem Knaben im Magierkostüm die Gewinnnummern aus der Lostrommel gezogen, immer ein Anlass zu einem Volksfest.[199]

Zunächst musste im Frühling 1777 das Haus wieder eingerichtet, der Garten umgegraben werden. An seinem Ende stand noch immer das »Lusthaus«, ein von Claudius gebautes hölzernes Gerüst (unten Laube, oben Aussichtsplattform). Hier wurde am 6. Juni die Taufe von Anna Friderica Petrine, Claudius' drittem Töchterchen, gefeiert. Als Taufpaten und -gäste waren Hamburger Logenbrüder und ihre Gattinnen gebeten. Es gab Kaffee, Tabak, Konfekt, Äpfel und Rheinwein.

Im Juli half Claudius dem Freund Johann Heinrich Voß, der nach langem Widerstand von Mutter Boie in Flensburg endlich seine

Ernestine heiraten konnte, seinen Hausstand in Wandsbek einzurichten. Um zu sparen, aber auch wegen der Gesellgkeit, aßen die beiden Paare oft bei dem, in dessen Küche sich »das meiste Essenswürdige« fand. Manchmal fischte ihnen Schimmelmanns Gärtner einen Karpfen aus dem Schlossteich. In der Schankwirtschaft von Schwiegermutter Behn traf man sich zum Kegeln. Wie es da zuging, beschreibt Ernestine Voß in ihren Erinnerungen: »In ihrem großen Garten waren zwei Kegelbahnen, von denen wir eine in Besitz nahmen. Claudius war Präsident dieser Gesellschaft, und ohne seine Erlaubniß wurde keiner zugelassen. Außer dem Wandsbecker Zirkel nahm man auch Hamburger auf, wenn's einzelne Herren waren. Die Wandsbecker Frauen hatten freien Zutritt, und beim Spiele war ihnen eine Zahl Kegel vorausbezahlt. Jeder Luxus war hier strenges Verbot, nicht einmal Kaffee oder Thee ward eingeräumt, bloß Kaltenhöfer Bier, für Claudius ein Ideal und reines Brunnenwasser; dazu Butterbrot mit Käse und kaltem Braten. Manchmal kegelten wir bis zehn Uhr, bei Licht und im Mondenschein. Auch gesungen durfte werden, außer wenn Pastor Milow da war, der mit kegelte, ohne bei seiner Gemeine Anstoß zu erregen.«[200]

Wenige Monate nach der Heimkehr veröffentlicht Claudius das Lied »Täglich zu singen«.[201]

Ich danke Gott, und freue mich
    Wie's Kind zur Weihnachtgabe,
Daß ich bin, bin! und daß ich dich,
    Schön menschlich Antliz! habe;

So kann der noch einmal Davongekommene sprechen, der sich vergewissert, was ihm bleibt. Claudius' Dankbarkeit orientiert sich an der Haltung des Kindes. Wie wenig naiv, wie wenig selbstverständlich diese Haltung ist (sie muss eingeübt werden, auch vom Autor), verrät die Anweisung im Titel und die Berufung auf die

Bergpredigt mit ihrer Begründung der Aufforderung, die Sorge zu lassen (»Sorget nicht«), in der letzten Strophe:

Gott gebe mir nur jeden Tag,
  Soviel ich darf [bedarf] zum Leben.
Er giebt's dem Sperling auf dem Dach
  Wie sollt er's mir nicht geben!

So wie das Lied einen biographischen Bezug hat, ohne näher auf eigenes Erleben einzugehen, so war auch in Claudius' Leben nur zu ahnen, welche Enttäuschungen und Ängste sein Entschluss zur Zuversicht, die zur Schau gestellte Sorglosigkeit, in Schranken halten musste. »Wovon Claudius lebt ist vielen ein Räthsel«, schreibt Ernestine Voß im Oktober 1777 an ihre Mutter in Flensburg, »alle Welt bedauert ihn, und er ist immer vergnügt, spricht aber auch nie von seinen Umständen und hat keinen Mangel.«[202] Boie, den Claudius auf der Rückreise von Darmstadt in Hannover aufsuchte, fand ihn »so heiter und ruhig als wenn er nichts aufgeopfert hätte und wenigstens einem einträglichen Amt entgegeneilte«.[203] Voß hingegen störte der »scherzhaft gezwungene Ton, mit dem Claudius über sein Schicksal sprach«.[204] Welche Gestimmtheit wahrgenommen wurde, hing auch von der Situation und dem Gegenüber ab.

Das Lob des Geringen, der Genügsamkeit im Kleinen wird jetzt zum beherrschenden Thema. Claudius findet immer neue Möglichkeiten, das einfache Leben im Kontrast zur naturfernen Lebensweise der »reichen Leut« zu preisen, in Bauernliedern oder einer »Serenata im Walde zu singen«, in der die fröhlichen Sänger auf dem kalten Waldboden ihren Platz dem des Barons hoch auf dem »Sopha« im künstlich gestutzten Park vorziehen. Mitgemeint ist da gewiss auch der freiherrliche Gutsherr von Wandsbek. Seinen eigenen Geburtstag am 15. August 1777 könnte Claudius so genügsam und verspielt begangen haben, wie Asmus es seinem

Briefadressaten Andres beschreibt, der daraus eine Lehre über den Wert des Kleinen ableitet. Fünf Geburtstage waren zu feiern: Außer Claudius sind Hamann, Herder und »Onkel Toby« Mumssen in diesem Monat geboren, ebenso wie der »Gottesspürhund« Christoph Kaufmann, der gerade auf seiner Geniereise durch halb Europa drei Wochen lang in Wandsbek Station macht. Für ihn hat tags zuvor das fünfundzwanzigste Lebensjahr begonnen. Statt eines großen höfischen Feuerwerks wird – ein parodistischer Akt der Imitation wie der Abgrenzung – ein nur wenige Sekunden brennendes »Petermännchen« aus Pulver angesteckt. »Der Mensch ist gottlob so gebaut, daß er mit anderthalb Zoll recht glücklich sein kann, und wenn das die Leute nur recht wüßten, so würde 'n groß Teil Ach und Weh weniger in der Welt sein.« (172) Vor dem drohenden Absturz in das Spießertum eines selbstzufriedenen Glücks im Winkel bewahrt diese Texte ihr entspannter, ressentimentfreier Humor und das Bewusstsein, wie viel Elend es auf dieser Erde gibt.

⁓ Darmstädter Reminiszenzen ⁓

»Caroline springt von Morgen bis abend im Garten auf und ab und ihr Herr Vater auch, sie hat Darmstadt schon ganz vergeßen, und ihr Herr Vater auch«, schreibt Claudius kurz nach der Rückkehr an Merck.[205] Dass das nicht ganz stimmen kann, zeigt nicht nur die Frage in einem späteren Brief: »Wie befindet sich übrigens die Landkommission und mein [Freund] Eimes?«[206] Das Wort »Freund« hat Claudius im Text demonstrativ durchgestrichen, eine der nicht weiter kommentierten gestisch-graphischen Zeichenhandlungen, wie er sie auch sonst liebte. Die Erinnerung an Darmstadt macht ihm noch sichtlich zu schaffen.

Den literarischen Ertrag der Darmstädter Zeit bringt der dritte Teil seiner *Sämtlichen Werke*, den Claudius im August 1777 zur Subskription ausschreibt und der Ostern 1778 erscheint. Drei Briefe und ein Gedicht des Invaliden Görgel wählt er aus der *Land-Zeitung* aus, ohne die Quelle dieser »Görgeliana« zu nennen. Das sieht verdächtig nach der alten Strafmaßnahme einer öffentlichen Verbannung aus dem Gedächtnis aus.

Erkennbar aus der Darmstädter Welt stammt das »Schreiben eines parforcegejagten Hirschen an den Fürsten der ihn parforcegejagt hatte, d.d. [durch denselben] jenseit des Flusses«. Claudius bringt die kleine Fabel über die aus Frankreich importierte barocke Jagdform, bei der eine höfische Jagdgesellschaft in Uniform mit einer starken Hundemeute und einer Truppe beamteter Jäger zu Pferde Rotwild und Sauen gewaltsam *(par force)* zu Tode hetzte, in der spaßhaften Abhandlung »Eine kurze Theorie über den Briefstil und die eilf Gattungen desselben« unter. Es ist noch nicht lange her, da musste sich auch seine Schreibweise der höfischen Etikette fügen. Nun persifliert er den devoten Hofstil:

»Durchlauchtiger Fürst, gnädiger Fürst und Herr!

Ich habe heute die Gnade gehabt, von Ew. Hochfürstlichen Durchlaucht parforcegejagt zu werden! Bitte aber unterthänigst, daß Sie gnädigst geruhen, mich künftig damit zu verschonen. Ew. Hochfürstl. Durchl. sollten nur *einmal* parforcegejagt sein, so würden Sie meine Bitte nicht unbillig finden.«

Die Parodie epistolarer Unterwürfigkeit geht über in einen ergreifenden Appell an den hochfürstlichen Jagdherrn:»Ich liege hier und mag meinen Kopf nicht aufheben, und das Blut läuft mir aus Maul und Nüstern. Wie können Ihr Durchlaucht es doch übers Herz bringen, ein armes unschuldiges Tier, das sich von Gras und Kräutern nährt, zu Tode zu jagen? Lassen Sie mich lieber totschießen, so bin ich kurz und gut davon.« (156)

Claudius war noch in Darmstadt, als der auf Schloss Kranichstein residierende Erbprinz, der spätere Großfürst Ludewig, sich mit dem Plan befasste, die von seinem Großvater abgeschaffte, überaus kostspielige Parforcejagd wiederaufleben zu lassen. In der Stadt muss das natürlich Gesprächsthema gewesen sein, und Merck könnte Claudius bei dieser Gelegenheit eine von ihm vor Jahren verfasste, nicht aus der Hand gegebene Tierfabel gezeigt haben, die noch die alte Parforcejägerei des Fürstentums anprangerte. Diese wurde in der zeitgenössischen Publizistik nicht zuletzt wegen der immensen Wildschäden als Symbol feudaler Willkür kritisiert.[207] Der Darmstädter Landesbeamte Claudius hat sich an solchen Diskussionen nicht öffentlich beteiligt. Jetzt aber, aus sicherer Entfernung, von »jenseit des Flusses«, meldet er sich zu Wort. Sein Einfall, das Tier selbst sprechen zu lassen, entzündet sich an Mercks Fabel, in der ein gejagtes Wild »um Rache zu dem Herrn« schreit.[208] Rache ist Claudius' Sache nicht. Er will Mitgefühl für die Kreatur.

Möglicherweise schon in Darmstadt wurde der zentrale Text des neuen Bändchens, die »Nachricht von meiner Audienz beim Kaiser von Japan«, begonnen.[209] Der satirische Reisebericht zeigt Claudius auf der Höhe seines Spieltriebs und seiner Kunst. Asmus und sein Vetter kommen nach Jedo (Edo, der alte Name für Tokio) an den Hof des Kaisers von Japan, dem der Bote bekanntlich das Gedicht *Wandsbeck, eine Art von Romanze* gewidmet hatte. »Ich habe von Natur einen besondern Respekt für die Potentaten, die weit weg sind« (135), begründet Asmus jetzt auf Anfrage des Kaisers seine damalige Zueignung.

Die landeskundlichen Fakten konnte Claudius dem ersten Band des soeben (1776) von Christian Wilhelm Dohm edierten Japanberichts aus dem Nachlass des Lemgoer Arztes Engelbert Kaempfer (1651–1716) entnehmen. Sein eigener Beitrag zur Erhöhung des exotischen Reizes besteht in der Erfindung eines phantasievollen Kunstjapanisch (»damit man die gewaltige Energie dieser Sprache sehe«) – man merkt ihm den Spaß am schieren Sprachunsinn an.[210] Solche Kunststücke hatte er im ersten Band seiner Werke in der Widmung an Freund Hain »Einfassung und kleines Spielewerk« genannt.

In der »Audienz« bilden sie den Rahmen für ein ernstes Spiel, das für Claudius nicht weniger lustvoll gewesen sein muss: Vom anderen Ende der Welt kann er den Akteuren der höfischen Welt, deren Spielregeln und Schattenseiten er im zurückliegenden Jahr aus der Nähe studieren konnte, den Spiegel und sein Ideal einer guten Herrschaft vorhalten. Es leuchtet ein, warum Claudius gerade jetzt zu der bei den Zeitgenossen so beliebten Gattung des Fürstenspiegels greift.

Die negative Gegenfigur, der Schurke der Szene am Kaiserhof, ist der Hofmarschall Albiboghoi, ein elender »Kratzfüßer und Schmeichler« (146), Sittenverderber und Religionsspötter. Als die Rede auf das Verhältnis von Regierenden und Untertanen in Europa und Japan kommt, auf die Eigenschaften eines guten Fürsten und die verheerenden Wirkungen der Schmeichelei, und Asmus darauf hinweist, dass alle Menschen von China bis Europa Brüder und alle sterblich seien, will der Höfling das Gespräch abbrechen – »die Etikette leidet's nicht«. (144) Mit ihm wird höchst drastisch abgerechnet. Asmus darf sich ein Abschiedsgeschenk aussuchen und bittet um das Ohr des Hofmarschalls, das diesem, ungeachtet aller Bestechungsversuche, gnadenlos abgeschnitten wird. Eine wörtlich genommene Redensart, realistisch und witzig exekutiert – das Verfahren der Satire. Gemessen an Claudius' früheren Beiträgen zum Genre, schlägt hier, trotz der Bedenken, die Asmus mit Rücksicht auf zartbesaitete Gemüter vorbringt, eine unerwartet heftige Aggressivität durch, ein für Claudius insgesamt untypischer Hauch Swift'scher Grausamkeit. Tatsächlich mag ihn Swifts Roman *Gullivers Reisen* (1726), in dem die bis dato »einzige literarische Behandlung einer Audienz beim Kaiser von Japan«[211] zu lesen war, zu der vertrackten Mischung aus Belehrung, literarischem Spiel und Triebabfuhr angeregt haben.

Als reiner Schlüsseltext zur Verarbeitung zurückliegender Kränkungen ist die Fiktion natürlich nicht zu lesen. Gleichwohl sind der ins ferne Japan verlegten typischen Konstellation von Fürst und Untertanen, Herrscher und erstem Diener Claudius' Darmstädter

Erfahrungen eingebrannt. Noch deutlicher als der treuherzige Invalide Görgel durchbricht sein Bote die Normen der Etikette. »Ich habe noch eins auf dem Herzen, Sire«, sagt Asmus dem Kaiser, in dessen Reich ihm die vielen Soldaten und Kanonen aufgefallen sind, zum Abschied, lässt dessen Hand nicht los, gibt auch das unerhörte vertrauliche Du nicht auf, «wenn du irgend umhinkannst, lieber guter Fürst, so führe nicht Krieg. Menschenblut schreiet zu Gott und ein Eroberer hat keine Ruhe.« (149)

Es sind Impulse aus Erlebtem, Gelesenem und Zeitgeschehen, an denen sich Claudius' bemerkenswerte Bereitschaft, sich in das Leid eines anderen zu versetzen, eines wehrlosen Geschöpfs, ob Tier oder Mensch, immer wieder entzündet. So ausgeprägt wie die Neigung zur mitleidenden Identifikation ist seine Begabung, daraus eine poetische »Lektion in Humanität« (Peter Berglar) zu gewinnen, die sich an empfindsame Leser und Verantwortliche gleichermaßen wendet. So setzte er seinerzeit in den *Wandsbecker Bothen* – das Blatt, das dem größten Sklavenhändler seiner Zeit gehörte – die Klage des »Schwarzen in der Zuckerplantage« (»Weit von meinem Vaterlande / Muss ich hier verschmachten und vergehn«); einem Kammermohren der Schimmelmanns war er vielleicht sogar in Wandsbek begegnet. Und auch wenn er von dem bewaffneten Konflikt zwischen Preußen und Österreich, auf den sich sein im Sommer oder Herbst 1778 geschriebenes »Kriegslied« bezieht, nur aus der Zeitung erfahren haben mochte – die Schauplätze der Truppenbewegungen und kleineren Scharmützel in diesem Bayerischen Erbfolgekrieg lagen weitab von Wandsbek –, so reichten Besorgnis und Einfühlungsvermögen doch aus, sich die Leiden der Betroffenen vorzustellen.

's ist Krieg! 's ist Krieg! O Gottes Engel wehre,
    Und rede du darein!
's ist leider Krieg – und ich begehre
    Nicht schuld daran zu sein!

Den Sänger quält der Gedanke an die namenlosen Toten und die klagenden »Väter, Mütter, Bräute«, die ihn im Schlaf heimsuchen und ihn statt der für den Krieg verantwortlichen Fürsten zur Rechenschaft ziehen könnten. Empathie und ästhetische Erinnerung (an die Szene in Shakespeares *Richard III.*, in der die Geister der von ihm Ermordeten den König am Vorabend seiner letzten Schlacht verfluchen) verbinden sich zu einer Anklage gegen den Krieg, die in der deutschsprachigen Literatur nicht nur des 18. Jahrhunderts ihresgleichen sucht.

> Was sollt ich machen, wenn im Schlaf mit Grämen
> > Und blutig, bleich und blaß,
> Die Geister der Erschlagnen zu mir kämen,
> > Und vor mir weinten, was?

Dass der Bayerische Erbfolgekrieg ohne nennenswerte Schlachten bleiben würde, war zur Zeit der Veröffentlichung des Liedes im Voß'schen *Musenalmanach* auf das Jahr 1779 noch nicht abzusehen. Am 13. Mai des Jahres kam es auf Initiative Maria Theresias zum Frieden von Teschen. Anders als ihr forscher Sohn und Mitregent Joseph II. war die Kaiserin daran interessiert, Blutvergießen zu vermeiden. Wie aufmerksam Claudius das Geschehen verfolgte, zeigt sein bald danach entstandenes »Lied nach dem Frieden in Anno 1779«, das den Friedensschluss in vierzehn reichlich hölzern klappernden Balladenstrophen lobt. Und als die Kaiserin am 29. November des folgenden Jahres stirbt, setzt Claudius einen poetischen Nachruf in die *Hamburgische Neue Zeitung*.

Auf den Tod der Kaiserin

> Sie machte Frieden! Das ist mein Gedicht.
> War ihres Volkes Lust und ihres Volkes Segen,

Und ging getrost und voller Zuversicht
Dem Tod als ihrem Freund entgegen.
Ein Welterobrer kann das nicht.
Sie machte Frieden! Das ist mein Gedicht.

⊷ *Grenzen der Vernunft* ⊷

1774 hatte Claudius im *Wandsbecker Bothen* Hamanns *Neue Apologie des Buchstaben H* rezensiert und hervorgehoben, dass der Verfasser sich »in das Gesinge und Gesumse wider und für die Religion« (24) überhaupt nicht einlasse. Daran hält er sich ebenfalls, auch nach der Rückkehr aus Darmstadt. Aber doch nicht so weit, dass er die öffentlichen Auseinandersetzungen zu theologischen Fragen ganz mit Schweigen übergeht. Immer noch scheiden sich die Geister an der Frage nach dem Verhältnis von Glaube und Vernunft. Claudius ist Journalist genug, um auch nach dem Ende seiner regelmäßigen Zeitungsarbeit zu reagieren, wenn sich ihm eine Gelegenheit bietet, vor allem wenn ein neues Bändchen seiner Werkausgabe ansteht. Vom Tagesjournalismus unterscheiden sich seine Interventionen in Vers und Prosa durch ihre indirekte, oft nur andeutende bildliche Redeweise und poetische oder dialogische Form. So hat er es schon in der *Disputation* im Streit von Goeze und Alberti gehalten.

1777/78 nimmt er mit einer Sympathieerklärung für Lessing unmittelbar auf das neueste »Gesinge und Gesumse« Bezug. Mit der auszugsweisen anonymen Veröffentlichung der offenbarungskritischen Schriften, ein »Hauptsturm auf die Religion« (Lessing) aus dem Nachlass von Hermann Samuel Reimarus, seinerzeit Professor für Orientalische Sprachen am Hamburger Johanneum, hatte der Wolfenbütteler Bibliothekar Lessing die aufsehenerregendste publizistische Kontroverse der zweiten Jahrhunderthälfte angestoßen. Dieser sogenannte »Fragmentenstreit« gewann an Schärfe, als Claudius die Veröffentlichung seines zweiten *Asmus*-Bändchens (Teil III) zur Ostermesse 1778 vorbereitete. Damit hatte er die Gelegenheit, in der »Audienz beim Kaiser von Japan« auf die heimische Gegenwart Bezug zu nehmen und das ungeheure Echo auf diese *cause célèbre* satirisch ins Weltumspannende zu verstärken. Im Verlauf des Gesprächs am japanischen Hof geht es auch um das Verhältnis von Philosophie und Religion. Als der Kaiser wissen will, wie es in Europa mit den »Einwänden und Zweifeln gegen die Religion« bestellt sei, liefert er Asmus damit das Stichwort für die Einführung Lessings, der »noch ganz neuerlich in seinem *vierten Beitrag* verschiedene Zweifel eines Ungenannten bekanntgemacht« habe, »davon einige recht gelehrt und artig« seien. (138) Es zeigt sich, dass Claudius Lessings Intentionen bei der Veröffentlichung des vierten Fragments von Reimarus besser erfasst als die Verfasser der theologischen Gegenschriften. Er ist einer der wenigen Zeitgenossen, die Lessing nicht die Identifikation mit Reimarus' Offenbarungskritik unterstellen, sondern seine Absicht würdigen, mit der Bekanntgabe der brisanten Thesen eine offene Auseinandersetzung über die Aufklärungstheologie herauszufordern. »Er meint, wer recht hat wird wohl recht behalten; der soll's aber auch recht behalten, und darf das freie Feld nicht scheuen! Und also läßt er die Zweifel mit Unter- und Obergewehr aufmarschieren: marschiert ihr dagegen! So 'n Trupp Religionszweifel ist aber wie die Klapperschlange und fällt über den ersten den besten wehrlosen Mann her; das will er nicht haben und darum hat er gleich jedwedem Zweifel 'n Felsstück mit scharfen Ecken in den Hals geworfen, daran zu nagen, bis sich irgendein gelehrter und vernünftiger Theologe rüste.« (139)

Claudius selbst will sich inhaltlich nicht an diesem Feldzug beteiligen. Er sieht sich in seiner Haltung bestärkt, sich auf theoretische Erörterungen von Glaubenswahrheiten gar nicht erst einzulassen, verfehlen doch, so konnte er es auch bei Lessing lesen, Vernunftbeweise die Wirklichkeit der Offenbarung. An einer »Widerlegung«

des Fragmentisten Reimarus sei ihm »nicht sonderlich viel gelegen«, erklärt Asmus dem Kaiser. Mit dieser radikalen Verweigerung der Diskussion geht er über die Position Lessings, der doch für eine vernunftgeleitete Auseinandersetzung plädiert, noch hinaus oder bleibt, wenn man so will, hinter ihr zurück. Dem Christen Claudius, dessen Frömmigkeit im Gefühl, aber auch im ernsten Bemühen der Lebensführung er anerkennt, gesteht Lessing diese Abstinenz zu: »Was gehen den Christen dieses Mannes Hypothesen, und Erklärungen und Beweise an? Ihm ist es doch einmal da, das Christentum, welches er so wahr, in welchem er sich so selig fühlet.«[212]

Seine wiederholt geäußerte Überzeugung von den Grenzen der Vernunft in der Religion entfaltet Claudius auch in der »Korrespondenz zwischen mir und meinem Vetter, angehend die Orthodoxie und Religionsverbesserungen«: »Die Philosophie ist gut und die Leute haben Unrecht, die ihr so gar Hohn sprechen, aber Offenbarung verhält sich nicht zu Philosophie wie viel und wenig, sondern wie Himmel und Erde, Oben und Unten.« Philosophie sei nur der Besen, »die Spinnweben aus dem Tempel auszufegen«. (175) Erkennbar unter dem Eindruck der Lessing-Lektüre zollt Claudius den Theologen Respekt, die dafür eintreten, »die alte Form unverletzt zu halten, und sich für ein Tüttel des Gesetzes totschlagen zu lassen. Und wenn das ein orthodoxer Herr Pastor heißt, so könnt Ihr für so einen den Hut nicht tief genug abnehmen.« Auf ein Bekenntnis zur herrschenden »vernünftigen« Orthodoxie, wie sie der Hauptpastor Goeze vertritt, kann daraus nicht geschlossen werden, das legt schon der Nachsatz nahe: »Sie heißen aber noch sonst was orthodox.« (176)

Lessing, dem Claudius sein neues Büchlein schickt, ist gerührt, dass Asmus seine »theologische[n] Gesinnungen so vortrefflich interpretiert hat«. Sein Brief vom Ostersonntag 1778 antwortet auch auf Claudius' nicht erhaltenes Schreiben zum Tod von Eva König, Lessings Frau: »Der Zufall über welchen Sie mir Ihr Beileid bezeugt haben, liegt mir noch in den Gliedern. Bei Gott, lieber Claudius, Freund Hein fängt auch unter meinen Freunden an, die Oberstelle zu gewinnen.«[213] Eine große, verhaltene Nähe und Herzlichkeit ist hier zu spüren. Lessing fühlt sich in den Tonfall seines Adressaten ein, er spielt sogar mit dem Gedanken, Claudius seine Schrift *Ernst und Falk* zu schicken, in der er am Beispiel der Freimaurerei über ein Verhältnis von Erfahrung und Lehre reflektiert, wie es ähnlich zwischen gelebter Religion und akademischer Theologie besteht.[214] »Es soll mich verlangen, ob es am Ende doch auch einer verstehen wird.«

Im Sommer 1778 muss das Gedicht entstanden sein, das Claudius Voß für seinen *Musenalmanach* auf das Jahr 1779 überließ und das er schlicht »Abendlied« nannte (»Der Mond ist aufgegangen«). Seine mittleren Strophen geben noch einmal eine eigene Antwort auf die zeitgenössischen Kontroversen über die Kompetenz der Vernunft, die Claudius in dem gerade erschienenen *Asmus III* kommentiert hatte, diesmal im poetischen Modus des Gedichts. »Seht ihr den Mond dort stehen? – / Er ist nur halb zu sehen, / Und ist doch rund und schön!« Aus der Anschauung der abendlichen Natur in einer familiären Alltagssituation erwächst die Reflexion über die natürliche Begrenztheit menschlichen Erkenntnisvermögens. Sie führt zur kritischen Betrachtung der selbstherrlichen Missachtung dieser Grenzen (»So sind wohl manche Sachen, / Die wir getrost belachen, / Weil unsre Augen sie nicht sehn. // Wir stolze Menschenkinder sind eitel arme Sünder, / Und wissen gar nicht viel«) und mündet schließlich in ein Gebet, die Bitte um eine andere Sicht und Haltung in dieser Welt (»Gott, laß uns *dein* Heil schauen«). Anders als bei seinem barocken Vorläufer, Paul Gerhardts »Täglichem Abendgesang« (»Nun ruhen alle Wälder«), auf den es sich mit wörtlichen Anklängen bezieht, sind Welt und Naturdinge im »Abendlied« kein bloßer Ausgangspunkt für einen Hinweis auf das Jenseits. Besinnung und Belehrung gehören auch bei Claudius zur Abendandacht, doch behält das Irdische sein Eigenrecht als Erfahrungsraum, in dem Welt und Natur als schön und »wunderbar« und als »stille Kammer« erlebt werden, aber auch als konkreter Anlass des Nachdenkens über die Bedingungen menschlicher Erkenntnis. Eine »Mischung aus Schöngeisterei und Religion« hat der alte Claudius sein Werk im Rückblick genannt und diese Mixtur gegenüber den zeitgenössischen Kritikern als unverwechselbare Eigenheit, als »Idiosynkrasie des Boten«, verteidigt. Die Verbindung von Poesie und religiöser wie philosophischer Reflexion, die im »Abendlied« den Gang eines einzelnen Gedichts bestimmt, findet sich auch in der Komposition der weiteren Werkbände, die in den folgenden Jahrzehnten in Abständen von ungefähr drei bis acht Jahren herauskommen. Allerdings ändert sich allmählich das Mischungsverhältnis. Der Ton wird insgesamt ernster, bekenntnishafter, die Vielfalt der Themen und Formen nimmt vom fünften Teil an deutlich ab, lange theoretische Abhandlungen und religiöse Traktate tragen zum Eindruck größerer Einförmigkeit bei. Man hat diese auffallende Veränderung einem Versiegen der Schaffenskraft oder auch einem Bruch zwischen erster und zweiter Lebenshälfte als Folge krisenhafter Lebenserfahrungen zugeschrieben. Andere Biographen haben Claudius' Lebensgang und Werk als allmähliches Herausfinden aus jugendlichen Irrtümern zur innersten Berufung als christlicher Bote oder als bruchlosen, »in sich heilen« Reifungsweg »bis zu jenem Gipfel, an dem der Tod genau den richtigen Punkt setzt«,[215] gesehen. Das hinter diesen Deutungen erkennbare Konzept eines linearen, auf einen Höhepunkt der Vollendung hinauslaufenden Lebenslaufs verfehlt die Zufälle und Widersprüchlichkeiten, die dieses Leben auch bestimmt haben. Bei Claudius begegnet man über die Jahre durchgehaltenen und variierten Themen, Formen und Grundhaltungen von großer Konstanz neben markanten Veränderungen und Verschiebungen.

Der Kirchengeschichtler Friedrich Loofs (1858–1928) hat als Erster auf die Bedeutung der Zeitereignisse und des historischen

Zusammenhangs für Claudius' theologisches Denken und Schreiben hingewiesen.[216] In der Formulierung seiner Lebenseinstellung wie in seinen Äußerungen zu philosophischen, theologischen und politischen Fragen reagiert Claudius auf persönliche Erfahrungen wie Krankheit und Tod, Begegnungen mit Menschen, Büchern und Schriften. Einmal gefundene Lösungen werden vor dem Hintergrund der Zeitereignisse immer wieder modifiziert. So wird Claudius im Zuge der rationalistischen Verschärfung der intellektuellen Auseinandersetzungen seit den 1780er Jahren immer entschiedener zum Kritiker der herrschenden Aufklärung. Doch sosehr sich auch mit den Jahren die Gewichte verschoben haben mögen, an seiner früh gefundenen christlichen Grundhaltung hielt er fest. Er selbst betont im Alter, deutlich unter dem Eindruck der zeitgenössischen Kritik an seinem Spätwerk und Heterogenes und Zufälliges ausblendend, die Einheit seines Schaffens. In einem Abschiedsgruß an seine Leser zitiert er 1803 die Dedikation an Freund Hain aus dem ersten Band seiner Werke. Auch jetzt enthalte sein Büchel »kleines Spielewerk«, doch habe er in diesem letzten Band »des Ernstes etwas mehr getan und die Fahne höher aufgezogen, daß man am Ende sehe, von welcher Seite die Luft geht«. (599)

8.

WEGE DER SINNSUCHE

Freimaurerritual

Ende der 1770er Jahre hat Claudius einmal an verborgener Stelle die bestimmenden Elemente seiner Lebens- und Autorrolle benannt. Im August 1777 hatte Jakob Mumssen, inzwischen Provinzialgroßmeister der Großen Landesloge des Zinnendorf'schen Systems, in Hamburg eine weiterführende Loge gegründet. In der Gründungsmatrikel dieser sogenannten Andreasloge mit Namen »Fidelis« wird Claudius als »theologiae et philosophiae cultor in Wandsbeck« geführt, Liebhaber von Theologie und Philosophie. Das erinnert an Lessing, der sich »Liebhaber der Theologie, und nicht Theolog« nannte.[217] Die Selbstkennzeichnung des Logenbruders Claudius entspricht dem Programm freimaurerischer Wahrheitssuche mit ihrer besonderen Mischung von aufgeklärt christlicher Religiosität und Liebe zur Weisheit. Sie ist so allgemein gefasst, dass Claudius die eigene biblisch geprägte Theologie und Lebenseinstellung einbringen kann, durchaus mit eigener Nuance.

In der Loge hat er das Amt des Redners inne, zuständig für alle Formen rhetorischer Sinnvermittlung. Seine Reden sind nicht erhalten, auch nicht die zur Logeneinweihung am Andreastag, dem 30. November 1778, die den konventionellen Titel trug: »Von der Glückseligkeit, ein wahrer Maurer zu sein«. Es gibt aber Protokolle, die die erbauliche Wirkung seiner Worte festhalten. Für die Loge schrieb Claudius daneben auch Lieder, etwa das »Trinklied«, das die gesellige Lebensfreude preist und zugleich an den universalen Sinn maurerischer Brüderlichkeit, die Hilfe für Leidende und Bedürftige, erinnert. Solche Aufforderungen wurzeln in einer Mitmenschlichkeit, die sich nicht im freimaurerischen Engagement erschöpft. Auch das »Rheinweinlied«, bis weit ins 19. Jahrhundert Claudius' populärstes Lied, schließt in der letzten Strophe den Kranken ein, der nicht mitfeiern kann. Und am Schluss des »Abendlieds« wird des kranken Nachbarn gedacht:

So legt euch denn, ihr Brüder,

In Gottes Namen nieder;

    Kalt ist der Abendhauch.

Verschon uns, Gott! mit Strafen,

Und lass uns ruhig schlafen!

    Und unsern kranken Nachbar auch!

Im Umkreis der Freimaurerei entstanden Claudius' Übersetzungen von Romanen, die hermetisches Wissen unterhaltsam vermitteln wollten. 1776 beauftragte ihn der Breslauer Verleger Gottlieb Löwe, selbst ein Maurerbruder, mit der Übersetzung der *Geschichte des egyptischen Königs Sethos* des Abbé Jean Terrasson (1731). Dieser Erziehungs-, Abenteuer- und Liebesroman mit Zügen eines utopischen Fürstenspiegels gab vor, die Mysterien des alten Ägypten zu rekonstruieren, wo man die Wiege der »königlichen Kunst« der Maurer vermutete, und versprach auch dem allgemeinen Publikum wenigstens den symbolischen Nachvollzug ihres Einweihungswegs im Prozess der Lektüre. Wie wirksam die Bauformel dieses Genres – die Verbindung von Ernst und spannender Unterhaltung – war, zeigt der große Erfolg seiner Übersetzung (1777/78). Bis in die 1790er Jahre immer wieder aufgelegt, diente sie 1791 Emanuel Schikaneder als Vorlage für sein Libretto zu Mozarts *Zauberflöte*.

Zum selben Genre gehörten *Die Reisen des Cyrus – eine moralische Geschichte / Nebst einer Abhandlung / über die Mythologie und alte Theologie*, die Claudius 1780 nach der *Nouvelle Cyropédie* (1727) des in Frankreich lebenden Schotten Andrew Michael Ramsay übersetzte. Dass in dieser aufgeklärt-rationalistischen Reise-Utopie die innere Verwandtschaft von christlicher und »heidnischer« Religion behauptet, zugleich aber Christentum und hebräischer Monotheismus als die überlegenen Religionen herausgestellt wurden, muss ihn besonders angesprochen haben, datiert doch sein Interesse an der »alten Weisheit« in den Religionen der Antike nicht erst seit der Begegnung mit Herder und dessen Schüler, dem Orientalisten und Zend-Avesta-Übersetzer Johann Friedrich Kleuker (1749–1827).

Die Verbindung zu dem auf spätpietistische, theosophische und Freimaurerschriften spezialisierten Verleger Löwe kam vermutlich bald nach dem Berliner Treffen von 1776 auf Vermittlung von Haugwitz zustande. Als Claudius das Subskriptionsverfahren für seine Werkausgabe zu beschwerlich wurde, nahm Löwe 1778 den dritten und 1783 den vierten Teil des *Asmus* in Kommission und druckte eine Nachauflage des ersten Bandes der Werkausgabe.

Die Übersetzung der beiden französischen Romane war keine reine Brotarbeit. Nach einer ersten abgebrochenen Übersetzung eines Reiseberichts aus dem Englischen für die Weygandsche Buchhandlung in Leipzig nahm Claudius offenbar nur noch an, was ihn persönlich interessierte. Die ihm von Voß angetragene Mitarbeit bei der Übersetzung der Märchen aus *Tausend und einer Nacht* aus dem Französischen schlug er zum Beispiel aus. Anders als seine Logenbrüder, die dergleichen mit Vergnügen lasen, scheint er den Orient der ältesten Urkunden dem der Feenmärchen vorgezogen zu haben.[218] Dagegen machte er sich mit großer innerer Beteiligung an das Buch eines Unbekannten. *Des Erreurs et de la Vérité,* das zuerst 1775 mit der geheimnisvollen Verfasserangabe »Ph[ilosophe] Inc[onnu]« und dem mystifizierenden Verlagsort »Edimburgh« (in Wahrheit Lyon) erschienen war, kam 1782 unter dem Titel *Irrthümer und Wahrheit, oder Rückweiß für die Menschen auf das allgemeine Principium aller Erkenntniß* [...] heraus, wiederum bei Löwe in Breslau.

Außerhalb Frankreichs war kaum bekannt, dass sich hinter dem Pseudonym des »unbekannten Philosophen« der französische Aristokrat Louis Claude de Saint-Martin (1743–1803) verbarg, der zum inneren Kreis der spirituellen südfranzösischen Freimaurerei gehörte. Mit der zweiten französischen Auflage von 1781 erreichte die theosophische Schrift auch die deutschsprachige Öffentlichkeit. Bald sickerten Einzelheiten über den Verfasser durch. Wann und durch wen Claudius mit der Schrift in Berührung kam, ist unklar. Vielleicht hat ihn ein Logenbruder seines Systems auf das in Freimaurerkreisen bereits kursierende Buch hingewiesen, ebenjener schlesische Freiherr Christian August Heinrich Curt von Haugwitz (1752–1821), den er seinerzeit durch die Brüder Stolberg und Zinnendorf in Berlin kennengelernt hatte. Mit ihm jedenfalls stand Claudius während der Arbeit an seiner Übersetzung in intensivem Austausch.

⤙ *Haugwitz* ⤚

Im August 1780 war Haugwitz überraschend in Wandsbek aufgetaucht, am Ende einer ausgedehnten Europa-Reise, die ihn in Begleitung seiner Frau Johanna Catharina, einer Tochter des schlesischen Gouverneurs General von Tauentzien, nach Italien und durch die Schweiz geführt hatte. Jetzt war der Freiherr auf dem Weg nach Tremsbüttel zu seinem alten Studienfreund und Freimaurerbruder Christian Graf Stolberg. Sein Reisesekretär, der schlesische Jurist und Dichter geistlicher Lieder, Samuel Gottlieb Bürde (1751–1831), hat die Begegnung mit Claudius in einem 1785 veröffentlichten Reisebericht festgehalten: die Ankunft in Begleitung eines Dr. Riesenberger (dass das ein Hamburger Logenbruder ist, erfährt das Lesepublikum nicht), das trauliche Bild des Familienvaters, »mit Frau und Kindern an der Thüre sitzend«, die rasche und problemlose Verständigung. Beim Abschied ertappt sich Bürde bei Heiratswünschen, so sehr hat ihn Claudius' häusliches Glück beeindruckt. Später schreibt er darüber ein Gedicht für Voß' *Musenalmanach*. Sein Bericht reichert das öffentlich bekannte Bild des Wandsbecker Boten und Künstlers des einfachen Lebens mit Details an: seine Heimatverbundenheit und die Liebe zur Musik (auf dem Rückweg kam Bürde noch einmal durch Wandsbek und freute sich beim gemeinsamen Klavierspiel über den Gleichklang ihres Musikgeschmacks). Auf einer gemeinsamen Fahrt nach Hamburg entstand, wie Bürde festhält, in dem kleinen Stuhlwagen (»welches ofne, leichte Fuhrwerke mit Korbflechten sind«) »eine sonderbare Controverse zwischen uns, wegen der Vorzüge und Schönheiten unsrer beyderseitigen Vaterländer. Ich sprach mit einer sehr natürlichen Wärme von Schlesien, als einem Lande, dessen schönsten Theil ich kannte; und er rühmte mir ein Land, von dem ich so eben nur die häslichste Seite gesehn hatte. Unser schlesisches Gebirge sollten Sie sehn! – und ich wollte Sie nach Plön, Aschberg etc. führen – kurz es ging, wie es gewöhnlich bey Controversen geht; jeder blieb auf seiner Meinung. Und da wir übrigens wusten, daß wir in ungleich intereßantern Puncten einerley Sinnes waren, so diente diese Dissonanz grade dazu, unserm Gespräch einen lebhaftern Schwung zu geben, der uns auf dem äußerst fatalen Sandwege zwischen Wandsbeck und Hamburg recht zu statten kam.«[219] Über diese interessanteren Punkte schweigt der Reisebericht, doch dass es sich dabei um religiöse Fragen im Umkreis der Freimaurerei handelte, liegt auf der Hand: Nicht nur bekleideten sowohl Bürde wie Haugwitz hohe Freimaurerämter (Bürde war Meister vom Stuhl in einer Breslauer Loge,[220] Haugwitz schlesischer Provinzialgroßmeister der Großen Landesloge), auch der geheime Zweck der Reise scheint Freimaurerpolitik gewesen zu sein.

Haugwitz, der aus einer weitverzweigten schlesischen Adelsfamilie stammte, war in seiner Jugend in dem für alle Arten von Spiritualismus offenen Klima Schlesiens und der Oberlausitz mit den Lehren Jakob Böhmes, des mystischen Gottsuchers und Theosophen des 17. Jahrhunderts, und mit der Herrnhuter Brüdergemeine, dieser frommen Gründung des Grafen Zinzendorf, in Berührung gekommen. Hier hat die gefühlvolle Jesusfrömmigkeit seines späteren Freimaurerwirkens ihre Wurzeln. Sie muss schon in jungen Jahren so ausgeprägt gewesen sein, dass Goethe und die Brüder Stolberg dem Gefährten der Schweizer Reise den Namen »schlesisches Schaf« verpassten.[221]

Haugwitz hatte bereits eine bewegte Freimaurerkarriere in konkurrierenden Systemen durchlaufen, ehe er sich Zinnendorfs schwedischem System anschloss. Später wirkte er maßgeblich im Hintergrund bei der Vorbereitung des von den beiden fürstlichen Hochgrad-Würdenträgern der Strikten Observanz, Herzog Ferdinand von Braunschweig und Landgraf Carl von Hessen-Kassel, 1782 einberufenen Konvents zur Reform der Freimaurerei in Wilhelmsbad bei Hanau.[222] Allerdings verfolgte Haugwitz dabei eigene Ziele. Kurz zuvor hatte er begonnen (zunächst im Rahmen der schlesischen Zinnendorf-Logen), sein eigenes System einzuführen, den Bund der »Kreuzfrommen« oder »Johannisvertrauten«. Sie adaptierten Gemeinschaftsformen der Brüdergemeine und forderten im Aufnahmeritual ein ausdrückliches Christusbekenntnis.[223] Im Freimaurer-Orden führten diese Alleingänge zu heftigen Kontroversen und schließlich zum Bruch, als sich Zinnendorf der pietistischen Unterwanderung seines Systems widersetzte. Vermutlich dachte sich Haugwitz seine Kreuzbrüder auch als Kern einer christlichen Gesamtreform der Freimaurerei und nutzte seine große Europa-Reise 1780 zur Sondierung der Möglichkeiten. In den Logen des Hamburger Raums fand er Männer, die sich ihm anschlossen. Und nach seinen Instruktionen richtete der Statthalter der dänischen Krone in den Herzogtümern Schleswig und Holstein, Carl von Hessen-Kassel, auf seinem Landgut Louisenlund an der Schlei eine geheime Loge ein.

Für Claudius wurde Haugwitz in den nächsten Jahren zu einem der engsten Freunde, einem der wenigen neben Friedrich Heinrich Jacobi, mit dem er das Du wechselte. Haugwitz unterstützte ihn mit Geldzuwendungen und vermittelte die Pension von jährlich 200 Reichstalern, die der junge schlesische Graf Gustav von Schlabrendorf Claudius in den 1780er Jahren zukommen ließ. Kapellmeister Reichardt besorgte die halbjährliche Auszahlung. Die Großzügigkeit des philanthropischen Grafen, der sein ererbtes Vermögen und die Einkünfte aus seiner Magdeburger Dompfründe ohne Ansehen der Person an Bedürftige verschenkte und später Revolution und Napoleonzeit als »Diogenes von Paris« überlebte (nur durch einen Zufall entkam er der Guillotine), versetzte Claudius in die Lage, 1781, als ihm und der Familie das alte Mietshaus an der Lübecker Straße zu eng wurde, mit einem Kredit Haus und Garten am Ortausgang von Wandsbek, an der Straße nach Hamburg zu kaufen. In jenem Jahr übernahm das Ehepaar Haugwitz auch die Patenschaft für Claudius' fünfte Tochter, Johanna Catharina Henriette, nach der gräflichen Patin »Trinette« gerufen.

Dass Claudius' Name seit Anfang der 1780er Jahre in den Akten der Hamburger Fidelisloge nicht mehr auftaucht, hat neben anderen, logeninternen Gründen wohl auch mit dieser Freundschaft zu tun. Ob damit ein förmlicher Übertritt zu den Kreuzbrüdern verbunden war, ist nicht bekannt. Überhaupt ist Haugwitz' Bedeutung für Claudius nicht leicht zu bestimmen. Als »einen der besten Männer« lobte ihn dieser.[224] Mehrere Faktoren müssen – neben dem bekannten Charme des schlesischen Freundes – dessen besondere Anziehungskraft für den Wandsbeker begründet haben: Der gefühlvolle Herrnhuter verkörperte eine empfindsame Frömmigkeit außerhalb enger kirchlich-institutioneller Grenzen, der christliche Freimaurer das Versprechen einer Freiheit von Einengung durch Standesgrenzen. Dass auf der anderen Seite der weltläufige Adlige und Gutsherr eine Bedeutung garantierte, die auf den ungesicherten bürgerlichen Freund ausstrahlen konnte, mag ebenfalls mitgespielt haben. Jedenfalls muss der sanfte Freiherr sein Herz berührt haben, dafür spricht beispielsweise die innige, Konvention und Förmlichkeit aufhebende briefliche Anrede »Du lieber Haugwitz«. Schon 1780 hätte Claudius ihn am liebsten zurück nach Schlesien begleitet. Was er hier von der pietistischen Frömmigkeit der Herrnhuter kennenlernte, was ihn im Einzelnen beeindruckte, ist nicht bekannt. Mehr als vereinzelte Spuren finden sich bei Claudius nicht. Eine späte, von Friedrich Leopold Stolberg überlieferte Bemerkung deutet eher auf wohlwollend kritische Distanz: »Kinder« nenne Claudius die Herrnhuter, »nicht im erhabenen Sinne, sondern weil sie in der Religion an sinnlichen Genuß der Gnade hangen«.[225] So, wie sich Claudius im Kreis um Klopstock bewegen konnte, ohne sich vom hohen Ton des Meisters dominieren zu lassen, wie er Lessing schätzte und am Ende doch dessen »Credo« nicht teilte, so scheint er auch im Umgang mit Haugwitz bei allem Gleichklang der Herzen immun gegen schwärmerische Übersteigerung gewesen zu sein. Es gab bei Claudius eine tiefverwurzelte geistige Nüchternheit, die ihn nicht aus der Bahn geraten ließ. Er konnte sich auf den anderen einlassen, das ihm selbst Gemäße auswählen und das Fremde stehenlassen. Dieses Grundprinzip seines Umgangs mit Menschen und Denkweisen gilt auch, bei aller spürbaren Faszination, für die Begegnung mit dem Werk Saint-Martins.

⟿ *Sichtbares und Unsichtbares* ⟿

Bis heute ist nicht eindeutig geklärt, welche Bedeutung Saint-Martins *Des Erreurs et de la Vérité* für Claudius' religiöses Denken hatte. Bei dem verschwiegenen Eklektiker Claudius ist dies freilich auch nicht leicht zu fassen.[226] Unverkennbar ist, dass ihn das Buch über die »Irrtümer« (der zeitgenössischen materialistischen Philosophen) und die »Wahrheit« (über die Verfassung der Welt und den Weg der inneren »Wiederherstellung« des Menschen) stark beeindruckte. »Der Sinn des Verfassers wird mir alle Tage heiliger«, schrieb er Haugwitz, dem er die Übersetzung kapitelweise zur weiteren Bearbeitung zusandte. Als besonders »köstlich« lobte er zwei

Kapitel, »weil sie so gar christlich« seien. (Br. I, 286) Christliches, allerdings in einem von kirchlicher Orthodoxie weit entfernten Sinn, überhaupt religiöse Begrifflichkeit, wird von Saint-Martin verhüllend in allgemeine philosophische Begriffe gekleidet: Gott wird »das Erste Prinzip« genannt, anstelle von Christus steht (in Claudius' Übersetzung) die eher komisch anmutende Formulierung »allgemeine zeitliche tätige und verständige Ursache«. Claudius erklärt, er habe »Ausdrücke aus der Bibel« ganz »nach des Verfassers Sinn« zu vermeiden gesucht. Dessen Wille zur Verschleierung mag ihn an seine eigene frühere Zurückhaltung im Gebrauch religiöser Begriffe erinnert haben, in einigen Fällen aber scheint dem in der Lutherbibel Beheimateten der sprachliche Purismus des Philosophen (beispielsweise bei dem Wort »Sünde«) denn doch gegen den Strich gegangen zu sein. (Br. I, 288)

Saint-Martins Schrift ist eine universale spirituelle Welterklärung mit gnostischen Zügen, die sowohl Naturphilosophie als auch politische Theorie, Sprachen und Künste umgreift. In dieser Version des Mythos von der Weltentstehung aus dem göttlichen Prinzip, von Verlust und Wiederherstellung der ursprünglichen Einheit war der erste Mensch (Adam im unkörperlichen Urzustand) fähig zu unmittelbarer Wesensschau und berufen, die Geister zu regieren. Als der Urmensch aber, so wie vor ihm das rebellische »Principium des Bösen« (im christlichen Kontext Luzifer), vom Ersten Prinzip abfällt, wird er in die Region der Materie, der vergänglichen Körperlichkeit, verbannt und steht nun im ständigen Widerstreit zwischen den Prinzipien des Bösen und des Guten. Als einzige Erinnerung an seine einstige privilegierte Stellung ist ihm die unstillbare Sehnsucht nach der verlorenen Heimat geblieben, ein dunkles Wissen von seinem unzerstörbaren Wesenskern und ein Rest seines ursprünglichen Willens zur Wiederherstellung des Urzustands.

In seiner »Vorrede des Übersetzers« geht Claudius auf die spekulativen Partien des Buches nicht ein, weder auf die elaborierte kabbalistisch-pythagoreische Zahlensymbolik (sie dürfte zu dem gehören, von dem Claudius erklärte, er habe es nicht verstanden) noch auf die Erweiterung der biblischen Überlieferung von Sündenfall und Erlösung ins Kosmische. Er begründet den Wert des Buches mit der Gesinnung des Verfassers und der Predigt von der »Verleugnung eigenen Willens«, der Lehre von der »Nichtigkeit dieser Welt« und der damit verbundenen Wendung »von dem Sichtbaren zu dem Unsichtbaren; von dem Vergänglichen zu dem Unvergänglichen«. Die Abweichungen von der christlichen Lehre (für die katholische Kirche ein Anlass, das Buch auf den Index zu setzen) werden von Claudius nicht kommentiert. Im vierten Teil des *Asmus*, demselben Band, in dem auch die »Vorrede des Übersetzers« noch einmal abgedruckt wurde, findet sich ein kleiner Text über die Folgen des Sündenfalls, der vorführt, wie Claudius mit theologischen Auffassungsunterschieden umging. Dort heißt es in der Auslegung des Genesis-Spruchs »Verflucht sei der Acker um deinetwillen«: »Man mag das Paradies und seine vier Ströme und seinen Baum des Lebens und des Erkenntnisses etc. so oder so auslegen, und die wahre Erklärung mag sein welche sie will; so ist und bleibt der Inhalt klar und außer allem Zweifel: Der Mensch war glücklich! Und er machte sich elend!« (259) So könnte Claudius auch den unbekannten Philosophen gelesen haben. Wo es um den zeitlos gültigen Kern menschlicher Erfahrung und damit um existenzielle Bewährung geht, können selbst Widersprüche zur biblischen Theologie in den verschiedenen allegorischen Auslegungsvarianten dahingestellt bleiben. Auf Saint-Martin bezogen: Über den Wert des Buches entscheidet die persönliche Nachfolge. Nur die eigene Praxis kann den Wahrheitsbeweis erbringen. »Dadurch verlieren denn offenbar auch die allergründlichsten Widerlegungen der Gelehrten allen ihren Stachel.« (»Vorrede des Übersetzers«, 214)

Bei Saint-Martin konnte Claudius im theosophischen Kontext eigenen Überzeugungen begegnen: so der Vorstellung der in das

»Gehäuse« des Leibes verbannten unsterblichen Seele (im Bild vom »unsterblichen Fremdling«, den es »in allen Menschengehäusen« zu lieben gelte, taucht sie schon in seiner Rezension von Lavaters *Physiognomischen Fragmenten* auf) oder dem dualistischen Menschenbild. In jüngeren Jahren als Gegensatz zwischen Kopf und Herz gefasst, erscheint dieser Dualismus jetzt theologisch als Widerstreit der zwei Naturen im Menschen. Ob damit ein Antagonismus von Sinnlich-Physischem und Geistigem gemeint ist oder der kategoriale Gegensatz von natürlichem und geistlichem Menschen, den Claudius mit Martin Luther bei Paulus fand, lässt sich nicht immer entscheiden.

Claudius' Beschäftigung mit *Irrthümer und Wahrheit* fällt zusammen mit der bereits erwähnten Veränderung der Grundstimmung seines Werks, dem jetzt deutlicher hervortretenden Zug zu größerem Ernst und Bekenntnishaftigkeit. Die Zeitgenossen erkannten darin die Zeichen des Älterwerdens. Herder muss sich in diesem Sinne über den vierten Teil der Werkausgabe von 1783 geäußert haben, wie aus Hamanns Antwort hervorgeht: »Andern Leuten kommt es hier auch so vor, daß Claudius in seinem letzten Theil ziemlich ältert.«[227] Die veränderte Grundstimmung ist natürlich nicht auf ein einzelnes Werk wie *Irrthümer und Wahrheit* zurückzuführen. Was man jedoch sehen kann, sind einzelne, freilich erst in Ansätzen erforschte Spuren Saint-Martins in Claudius' Spätwerk.

Theosophisch-esoterischen Denkformen war Claudius schon früher begegnet. Noch ehe er zu den Freimaurern des schwedischen Systems gestoßen war, die sich, wie erwähnt, unter anderem auf Emanuel Swedenborg[228] beriefen, hatte er im *Wandsbecker Bothen* 1772 diesen im Vorjahr verstorbenen Theosophen und Naturwissenschaftler vorgestellt, der »von der Schönheit und Majestät der unsichtbaren Welt sehr gerührt« gewesen sei. (75) Mit vielen anderen aufgeklärten Zeitgenossen hielt Claudius das »Geistersehen« ebenso für möglich wie den Einfluss der Sterne auf die Erde. Die spekulativen Versuche aber, diese Geheimnisse aufzudecken, betrachtete er damals, bei allem Respekt, mit humorvoller Skepsis. »Böhmsche Dörfer« nennt Asmus die Astrologie und lobt stattdessen die »andächtige fromme Empfindung«, mit der sein Briefpartner Andres zusammen mit seiner Braut den »allumfunkelnden Sternhimmel« betrachtet. (128) Auch hier: Erfahrung, Resonanz im Gefühl statt Spekulation. »Nach Meinung kluger Leute liegt viel Wahrheit im Verborgenen, vielleicht nahe bei uns, aber im Verborgenen« (75), heißt es im Swedenborg-Artikel des *Wandsbecker Bothen*, der – letzte Klarheit kann auf Erden nicht erreicht werden – mit einer Parodie auf die übliche Fortsetzungsformel im Gelehrten Artikel endet: »Den Beschluss in den Elysäischen Feldern«. (75) Noch der alte Claudius konnte die letzten Dinge offenlassen: »Wir kennen den Himmel nicht, und unsre Träume davon treffen nur sehr von ferne zu.« (644) So könnte er auch ein Buch wie *Irrthümer und Wahrheit* rezipiert haben, ohne sich das ganze System der kabbalistischen oder gnostischen Spekulationen zu eigen zu machen.

Humorvolle Zurückhaltung ist die eine Seite seines Umgangs mit der »unsichtbaren Welt«. Das schließt auf der anderen Seite neugieriges Interesse, welches sich immer wieder von Nachrichten über geheime Erkenntnisse anstacheln ließ, nicht aus. Ende der 1770er Jahre sagte ein Zellerfelder Superintendent ein zerstörerisches Erdbeben voraus, das Mitteleuropa auseinanderreißen und riesige Überschwemmungen hervorrufen werde. Dieser Johann Conrad Ziehen wollte seine Prognose aus einem uralten, auf der ägyptischen Hieroglyphenschrift fußenden Buch, *Chevilah* (vielleicht eine Verballhornung des Wortes »Kabbala«), gewonnen haben. Als nach Ziehens Tod 1780 geschäftstüchtige Verleger seine Schriften aus dem Nachlass auf den Markt warfen, erreichte die Kunde von den bevorstehenden Katastrophen ein breites Publikum, das teils fasziniert bis verängstigt, teils skeptisch bis ablehnend reagierte.

Lavater warnte auf seiner Zürcher Kanzel vor Panikmache, Lichtenberg in Göttingen erklärte derartige spekulative Vorhersagen für wissenschaftlich unhaltbar, und Herder unterhielt seine Freunde mit kuriosen Nachrichten über die Weissagungen. Auch Claudius ließ sich anstecken. Gleim bat er, ihm die »Manuscripte die allgemeine Hierogliphensprache betreffend« (Br. I, 272)[229] zu besorgen, Zellerfeld liege doch in der Nachbarschaft von Halberstadt (was nicht gerade Ortskenntnis verriet). Der alte Gleim hatte für derlei Esoterik nichts übrig und redete ihm mit sanfter Eindringlichkeit zu, nicht vom rechten Dichterweg abzuweichen, auf dem es doch nicht um dunkle Spekulationen, sondern um Klarheit und gefällige Einfachheit, Lust und Liebe gehe. Gleim war Claudius' Interesse verdächtig:»Was wollt Ihr auch machen mit dem Buch *Chevila*, das ich nicht kenne: Hieroglyphen Sprache? Hm! Das ist ja die Orakelspruchsprache. Lasst die, mein lieber Asmus, und bleibt bey Eurer verständlichen Sprache; das Lied vom schönen Reifen, der eben auch bei uns so schön von einen Engel gestreut war, als bei Euch, hat aller Welt gefallen, alle hübschen Mädchen haben's gesungen, Eure Lieder in der Orakelspruchsprache werden unsre hübschen Mädchen nicht singen –.«[230]

Gleims väterlich besorgte Antwort aus dem Geist der längst verblassten Anakreontik nimmt die Reaktionen vorweg, die Claudius' bald deutlicher erkennbare Schwerpunktverlagerung seines theologischen Denkens hervorrufen sollte. Das »Lied vom Reiffen«, aus dem für Gleim der wahre Asmus sprach, war 1780 unter dem Eindruck eines ungewöhnlich schönen Raureifs an drei neblig-kalten Dezembertagen in Wandsbek entstanden. Dieses zunächst als Einzeldruck herausgebrachte Bauernlied, das Claudius auch als Neujahrsgruß verschickte, enthält alle Elemente, die seine Popularität begründeten: die ›kindliche‹ Freude an der Natur als Gottesgabe, eine kunstlos wirkende, einfache Sprache, die auch die Ungelehrten erreichte, und, als Zugabe für die Gebildeten, das Spiel mit der literarischen Tradition. Gerade in Hamburg war die Erinnerung an den großen Ratsherrn und Dichter Barthold Hinrich Brockes (1680–1747) und sein *Irdisches Vergnügen in Gott* noch wach. Auf dessen Gedicht »Der Winter« spielt Claudius' Lied, das auf seine ›einfältige‹ Weise die Augen für die Schönheit der Naturerscheinung und die darin sich offenbarende Wirklichkeit öffnen will, unüberhörbar an:

> Seht meine lieben Bäume an,
>   Wie sie so herrlich stehn
> Auf allen Zweigen angetan
>   Mit Reifen wunderschön!

Wenn in diesem Lied eine zarte pietistische Reminiszenz anklingt, scheint das Gleim nicht angefochten zu haben, sollte ihm die Anspielung überhaupt aufgefallen sein:

> E i n f ä l t i g e r Naturgenuß
>   Ohn Alfanz drum und dran
> Ist l i e b l i c h wie ein Liebeskuß
>   Von einem frommen Mann.

Der unter anderem im Gemeinschaftsritual der Brüdergemeine wiederbelebte altkirchliche Friedens- oder »Liebeskuß«[231] widersprach dem scherzhaft tändelnden Dichter-Ideal des Halberstädter Kanonikus und Junggesellen offenbar weniger als das geheime Wissen, das Claudius auch suchte.

Wie der Austausch mit den frommen Freunden gehört die Freude an der Natur, die Betrachtung der »lieben Bäume« im heimischen Wald und Obstgarten, für Claudius zum unverfälschten »irdischen Vergnügen«. Auch nach der Begegnung mit dem Werk Saint-Martins bleibt in seiner Dichtung bei allem Bewusstsein der Vorläufigkeit des Irdischen der Dank für die Erde, die geschaffen ist, »den

Menschen eine Wohnung zu bereiten«. (292) Ein Schöpfungslob, wie es Claudius beispielsweise in seiner Chorkantate »Das große Halleluja« (1790) anstimmt, war dem französischen Theosophen fremd. Ab den 1780er Jahren betont Claudius zwar, mit Berufung auf asketisch-mystische Erbauungsliteratur, deutlicher die Notwendigkeit der Selbstdisziplinierung. Die sehnsüchtige Hinwendung zum unvergänglichen Unsichtbaren führt ihn zu einer Relativierung, aber nicht zur Abwertung des Sichtbaren, auch wenn ihm dessen Vergänglichkeit bewusst ist. »Offenbar muß man von Himmel und Erde und von allem, was sichtbar ist, die Augen wegwenden, wenn man das Unsichtbare finden will. Nicht, daß Himmel und Erde nicht schön und des Ansehens wert wären. Sie sind wohl schön, und sind da, um angesehen zu werden. Sie sollen unsre Kräfte in Bewegung setzen, durch ihre Schöne an einen, der noch schöner ist, erinnern und uns das Herz nach ihm verwunden. Aber, wenn sie das getan haben, denn haben sie das Ihrige getan und weiter können sie uns nicht helfen.« (483)

Eines der eindrucksvollsten poetischen Beispiele für das hier ausgesprochene Verhältnis von Naturbetrachtung und Innerlichkeit ist ein 1803 veröffentlichtes Gedicht, in dem eine einfache Frau sich nach getaner Hausarbeit von der Ergriffenheit beim Anblick des Sternenhimmels zur Suche nach dem »Besseren« führen lässt:

Die Sternseherin Lise

Ich sehe oft um Mitternacht,
    Wenn ich mein Werk getan
Und niemand mehr im Hause wacht,
    Die Stern am Himmel an.

Sie gehen da, hin und her zerstreut
    Als Lämmer auf der Flur;

In Rudeln auch, und aufgereiht
　　Wie Perlen an der Schnur;
Und funkeln alle weit und breit,
　　Und funkeln rein und schön;
Ich seh die große Herrlichkeit,
　　Und kann mich satt nicht sehn ...

Dann saget, unterm Himmelszelt,
　　Mein Herz mir in der Brust:
»Es gibt was Bessers in der Welt
　　Als all ihr Schmerz und Lust.«

Ich werf mich auf mein Lager hin,
　　Und liege lange wach,
Und suche es in meinem Sinn,
　　Und sehne mich darnach.

So, wie hier eine schlichte Frau ebenbürtig neben »alle Sternseher
und Weisen« der Welt tritt, so antwortet das Gedicht den Großen
seiner Zeit: Kant und dessen Formel vom »bestirnten Himmel über
mir« und dem »moralischen Gesetz in mir«, Goethe und seiner Frage
aus »Wanderers Nachtlied«: »Was soll all der Schmerz und Lust?«
Die Antwort des Gedichts weist auf den Weg nach innen. Schon die
ersten Strophen rücken in die Nähe mystischen Erlebens: Staunen
und andächtiges Verweilen angesichts des schönen Nachthimmels
münden in ein Gefühl von Grenzenlosigkeit und Unendlichkeit.
Aber erst mit der Hinwendung zu »Herz« und »Sinn« öffnet sich
die innere Bewegung in eine transzendente Dimension, und diese
Öffnung kann sich, solange der Mensch in dieser Welt lebt, immer
wieder ereignen, wie die Wiederholung signalisierende Zeitangabe
»oft um Mitternacht« bezeugt.

Claudius – ein Schwärmer?

Schon während des Übersetzens war Claudius nicht verborgen geblieben, dass Saint-Martins Buch nicht jedermanns Sache war. War das der Grund, warum er nicht nur Johann Friedrich Reichardt wissen ließ, das Buch sei »wohl nicht eben Ihr Geschmack«,[232] sondern auch keine Eile hatte, seinem Königsberger Gevatter und Brieffreund ein Exemplar zukommen zu lassen? Dass Hamann Saint-Martins Schrift ablehnte, überrascht nicht. Weder die gnostische noch die damit verbundene asketisch-leibfeindliche Tendenz des französischen Freimaurer-Philosophen entsprach seiner Theologie. »Seit Adams Fall ist mir alle Gnosis verdächtig, wie eine verbotene Frucht.«[233] Es betrübte ihn, dass man jetzt, wie er meinte, an Claudius' Urteil zweifeln konnte. Herders Missbilligung war noch schroffer. Und im Kreis um Nicolai, der bei seinem Kampf gegen Aberglauben und Okkultismus überall Kryptokatholizismus witterte und dabei einem massiven Verschwörungsdenken erlag, hielt man den »Philosophe inconnu« allen Ernstes für den Agenten einer von Jesuiten angeführten katholischen Unterwanderung. In Nicolais *Allgemeiner Deutschen Bibliothek* wurden sowohl die französische Neuauflage von 1781 als auch die deutsche Übersetzung von 1783 verrissen. Claudius' wohl nicht nur taktisch gemeintes Eingeständnis in seiner Vorrede – »Ich verstehe dies Buch auch nicht« (213) – wird von dem Berliner Rezensenten genüsslich aufgespießt: »Wer etwas nicht versteht, kann und soll es nicht übersetzen.« Mehr noch: »Wer aber unverständliche Bücher mit Ehrfurcht und Demuth trotz der Unverständlichkeit fortlieset, ist auf dem geraden Wege, ein Schwärmer und Phantast zu werden.«[234]

Das war schweres Geschütz. Der Schwärmerverdacht gehörte zu den beliebtesten Kampfbegriffen der Aufklärungspolemik gegen Aberglauben und Unvernunft. »Schwärmer« hießen seit der Reformation die radikalen Spiritualisten, die sich statt auf Bibel und

Bekenntnis auf das innere Licht besonderer Offenbarungen beriefen. Erst mit der Generation des Sturm und Drangs und ihrer Wertschätzung von Gefühl und Enthusiasmus setzte sich eine differenziertere Begriffsbestimmung durch, die sich beispielsweise in einer von Wieland Mitte der 1770er Jahre angestoßenen lebhaften Zeitschriftendebatte niederschlug. Für Claudius, der beim ursprünglichen theologischen Wortverständnis blieb, war das größere Übel eine »kalte räsonierte Dogmatik«. Die Schwärmerei dagegen könne, so meinte er schon 1773, mit ihrem Übermaß an Begeisterung mit der Zeit noch in richtige Bahnen gelenkt werden. (837) In diesem Sinne verteidigte er 1782 auch die »Mystiker und Schwärmer«, die ihm in Herders theologischen Briefen zu schlecht wegkamen. »Ob Narren unter ihnen sind, davon ist die Frage nicht, sondern nur über die Sache.« (Br. I, 290) Die »Sache«, das war für Claudius das Christentum, das nicht Theorie bleiben, sondern gelebte Realität werden müsse. Im Bild der gefahrvollen Schiffsreise des Odysseus zwischen Skylla und Charybdis hatte er 1773 die Schwierigkeiten auf dem Weg zur Verwirklichung gefasst und auch den Ausweg angedeutet: »Mittendurch ist freilich das beste, aber der Weg ist – leicht und zugleich schwerer als die berufene Nordwestpassage« (837), der zu seiner Zeit noch unpassierbare Seeweg durch das Nordpolarmeer zwischen Amerika und Asien. In seiner Vorrede zur Saint-Martin-Übersetzung nimmt er die geographische Metapher noch einmal auf: »der Hafen, aus dem man auslaufen« müsse, um »die Nordwestpassage zu entdecken«, sei vielleicht das »Gefühl eigener Hülflosigkeit«, ein »feines Gefühl«, das zu allen Zeiten das »Wahrzeichen würklich großer Menschen gewesen« sei, und, so fügt der Leser Claudius hinzu, eine »Weisheit«, die »freilich in keinem Buch gefunden« werde (216).

Als die Rezension der Saint-Martin-Übersetzung in der *Allgemeinen Deutschen Bibliothek* zur Ostermesse 1783 erschien, waren die Arbeiten am vierten *Asmus* noch nicht ganz abgeschlossen.

Chodowieckis Platten für die Kupferstiche standen noch aus. Die Wartezeit gab Claudius Gelegenheit, in letzter Minute zu reagieren. Er schreibt ein »Passe-Temps zwischen mir und meinem Vetter in der Schneiderstunde (Twilight)«. In diesem Zeitvertreib, oder griechisch: Diatribe, so der antike Begriff für eine unterhaltsame philosophische Unterweisung, soll eine kleine Beispielserie illustrieren, dass manches, was auf geistigem Gebiet jenseits des Augenscheins als wahr ausgegeben wird, tatsächlich Schwärmerei ist, aber auch »vieles da für Schwärmerei gehalten wird das Wahrheit ist«. (250) Dass diese Argumentation, wie Helmut Glagla annimmt, Claudius' Antwort auf den Verriss in der *Allgemeinen Deutschen Bibliothek* enthält,[235] wird unter anderem von den überraschenden, im Kontext einigermaßen unmotiviert wirkenden Anspielungen auf Nicolais Zeitschrift nahegelegt. Eine andere Besonderheit des Bandes, ein auffallender Fehler in der Seitenzählung, den Claudius auch in späteren Auflagen nicht verbesserte (ein ganzer Bogen wird übersprungen), ist ein Indiz dafür, dass es in der Endphase der Herstellung nicht ohne Konfusion abging. Anlässe dazu gab es viele, nicht nur durch säumige Illustratoren und unfreundliche Rezensenten: Am 8. Mai wurde im Hause Claudius endlich der ersehnte Sohn geboren, Johannes, der »Dauphin«, wie der stolze Vater verkündete, wenig später kam Herder in Begleitung seines neunjährigen Sohns Gottfried zu einem Hamburg-Besuch und wohnte acht Tage lang bei Claudius in Wandsbek. Erst Ende Juni wurde der neue Band fertig.

⤙ *Der Mensch* ⤚

Claudius legt es im »Passe-Temps« darauf an, die Wortführer der herrschenden Vernunftorthodoxie zu verunsichern. Sein Hauptargument fällt am Schluss: So segensreich und anerkennenswert menschliche Vernunft und Gelehrsamkeit auch sind, angesichts des

Todes endet die Kompetenz der Gelehrten. Die Frage nach dem Sinn des Menschenlebens können sie mit ihren Mitteln nicht beantworten. Dafür legt Claudius seinem Asmus ein Beispiel aus eigenem Erleben in den Mund. Im Herbst 1780 hatte er seine Mutter begraben:

«Vor einiger Zeit starb mir meine Mutter. Sie hielt vorher viel aus, still und gelassen wie sie immer war, und konnte nicht leben und nicht sterben. Einige Tage vor ihrem Ende reisten wir alle noch zu ihr, und standen da um ihr Bette und sahen sie an, einer so klug wie der andre. Ich wollte mir mein Herz gerne trösten, und wollte ihr noch so gerne was zuliebe tun; aber essen und trinken mochte sie nicht mehr, mochte auch sonst nichts mehr. Ich dachte an alle die großen und kleinen Erfindungen der Menschen, davon du mir gesagt hast: an die Seelenlehre, an Newtons Attraktionssystem, an die Allgemeine deutsche Bibliothek, an die Genera Plantarum [Linnés System der Botanik], an den Magister Matheseos [Satz des Pythagoras], an den Calculum infinitorum [Leibniz'sches Infinitesimalkalkül], an die grade und schiefe Aszension der Sterne und ihre Parallaxen etc. aber es wollte mir alles nichts verschlagen – und sie lag out of reach! lag am Abhang und sollte herunter! und ich konnte nicht einmal sehen, wo sie hinfiel. – – Da befahl ich sie Gott, und ging hinaus ... und machte ein Sterbegebet, daß sie's ihr vorläsen. Es war meine Mutter und hatte mich immer so liebgehabt und ich konnte doch nichts anders! –« (256)

Unmittelbar vor dem »Passe-Temps« platziert Claudius das Spruchgedicht »Der Mensch«, ein Titel, der über dem ganzen Buch stehen könnte. Die irdische Existenz zwischen Geburt und Tod mit ihren Wundern und Freuden, Irrungen und Gefahren erscheint als Abfolge von Illusion und Enttäuschung. Unausgesprochen wird die Verskette, in der von einem Jenseits nicht die Rede ist, von einem Satz der dann folgenden Unterhaltung zurechtgerückt: »Unser Erdenleben ist nur eine ganz kleine Strecke auf der ganzen Bahn unsrer Existenz«. (256) Angesichts der Mühsal und Not dieses Lebens hat die lapidare Schlussfeststellung des Gedichts, »Denn legt er sich zu seinen Vätern nieder / Und er kömmt nimmer wieder«, (je nach Perspektive) geradezu etwas Tröstliches; sie bleibt strikt bei der irdischen Erfahrung und schließt doch ein jenseitiges Leben nicht aus.

Die irdische Not wird durch den Gedanken an ein Jenseits nicht aufgehoben. Das Los der Menschen ist Leiden – dieses Thema zieht sich durch den ganzen vierten *Asmus*: Leiden an Krankheit (»Lied des Schwindsüchtigen«) und Krieg (»Kriegslied«), Leiden an der »Blöde [Schwachheit] und Brechlichkeit« des Daseins, an der Vergänglichkeit. Die ganze Welt ein »Krankenhospital« (177). Das barocke Bild, mit dem 1778 schon der dritte *Asmus* ausklang, liegt auch dem »Besuch im St. Hiob zu **« zugrunde, bei dem eine Gruppe von Männern sich durch ein Hospital führen lässt, in dem Kranke, »Wahnsinnige« und »Unsinnige« untergebracht sind. Auf den ersten Blick gehört dieser Text in die Reihe der damals in Mode gekommenen Irrenhausbesuche der schönen Literatur. Er scheint reale Verhältnisse des Hamburger Krankenwesens zu dokumentieren, wie wir sie aus zeitgenössischen Beschreibungen kennen. Am nächsten kommt Claudius' fiktives Hospital der in der Vorstadt Hamburger Berg gelegene Pesthof, in dem »Arme Kranke Preßhafte, Blödsinnige und Verälterte allerlei Art« unterkamen,[236] in der Spitalerstraße gab es aber auch ein Hospital mit Namen St. Hiob, den Pockenhof. In dem Text geht es jedoch nicht um eine identifizierbare Anstalt, der Name verweist vielmehr auf das biblische Urbild des leidenden Menschen. In Claudius' St. Hiob treffen die Besucher den Krankenpfleger Cornelio am Bett einer Frau, die gerade gestorben ist und, wie der Pfleger berichtet, große Schmerzen gehabt und »immer so über die langen Nächte geklagt« habe. »Wie können Sie alle Tage das Elend so ansehen?«, wird er gefragt. Seine Antwort benennt, worin sich Mitgefühl von Sentimentalität unterscheidet: im genauen Hinsehen. »Ist es darum weniger, wenn ich es nicht sehe? Und sieht man es denn allein hier?« (259) Mit

Bedacht lässt Claudius dem »Besuch« eine biblische Betrachtung über die Folgen des Sündenfalls folgen, die das Menschenleben in einen universalen Rahmen rückt und zugleich seine individuelle Qual benennt: »Wir kommen mit Angst und Geschrei in die Welt und fahren mit Herzeleid in die Grube ... und unsern lieben Schöpfer und Vater sehen wir nicht! gehen trostlos und verlassen, in Frost und Hitze, in Regen und Schnee, in Schmerz und Krankheit, sind wahnsinnig und unsinnig, können nicht schlafen, müssen gehen und husten Tag und Nacht und Eiter und Blut speien.« (260) Eine ergreifende Schilderung des Daseins nach der Vertreibung aus dem Paradies, in der auch Claudius' eigene Beschwernisse Platz haben.

⤙ Jacobi ⤚

Die Urteile über den neuen Band waren geteilt. »Herrliche Stücke« fand Voß darin, doch »leider auch etwas Mystik und Frömmelei«.[237] Während die *Allgemeine Deutsche Bibliothek* das meiste für wenig bedeutend erklärte und insbesondere den Wiederabdruck der »Vorrede zur Uebersetzung des unnützen und schädlichen Buchs, *des Erreurs et de la Verité*« tadelte,[238] zeigte sich Wieland begeistert von der »reichen Ader von kunstlosem Witz und naiver Laune«[239] des Wandsbeker Boten. Einer, der das »Büchel« sofort in einem Zug und mit großer Anteilnahme durchlas, war Friedrich Heinrich Jacobi, fand er doch Übereinstimmungen in ihrer beider Auffassung von Schwärmerei, die ihm »frappant« erschienen.[240] Durchaus vorhandene Unterschiede blendete er zu jenem Zeitpunkt noch aus – die Wahrnehmung hätte sein empfindsames Ideal des Gleichklangs der Ansichten unter Freunden gestört. Einig waren sich beide in der Ablehnung des Rationalismus und dem Interesse an religiösen Fragen. In Jacobis Wertschätzung des inneren Gefühls konnte Claudius einstimmen, als Begründung des Gottesglaubens genügte ihm das nicht. Umgekehrt war Jacobi Claudius' Festhalten am positiven, geschichtlich offenbarten Christentum im Grunde fremd, sosehr er sich auch von dessen glaubensgewisser Lebensweise angezogen fühlte, die klare Festigkeit des Freundes wohl auch heimlich beneidete.[241]

Friedrich Heinrich Jacobi sollte Claudius' wichtigster Altersfreund werden. Über dreißig Jahre hielt das Bündnis, das auch die Familien einschloss. Der »lange Papa«, wie Jacobi in der Claudius-Familie hieß, wurde 1787 neben Friedrich Leopold Stolberg Pate von Claudius' drittem Sohn Fritz; sein jüngster Sohn Max heiratete 1798 Claudius' Tochter Anna. Erst als Jacobi 1811 in der Schrift *Von den göttlichen Dingen und ihrer Offenbarung* auf kränkende Weise seine Vorbehalte gegen Claudius' positiven Bibelglauben publik machte, kam es zu einer Zerreißprobe, von der sich die Freundschaft nicht mehr erholen sollte.

Im Juli 1780 war Claudius Jacobi zum ersten Mal persönlich begegnet, als dieser seine Söhne nach Ablauf der vereinbarten zwei Jahre in Wandsbek wieder abholte. Claudius hatte sich schwergetan mit der Erziehung des zweitältesten Jacobi-Sohns, Georg Arnold – »ein Junge von Brey«,[242] klagte er dem Vater, der seinerseits mit seinen überzogenen Ansprüchen das Kind früh als hoffnungslos missraten stigmatisiert hatte. In seinen autobiographischen Aufzeichnungen stellt der erwachsene Georg Arnold seinem Wandsbeker Erzieher kein gutes Zeugnis aus: »Der Humor, der den Boten auszeichnete und unter die Classiker der Nation gereiht hat, äußerte sich auch nicht immer so freundlich als Laune in dem Leben.« Claudius habe, so erinnert sich der ehemalige Zögling, überall »mehr als billig die Furcht zu Hülfe« genommen, »um zu erwirken, was durch Zuspruch und Ehrgefühl hätte erreicht werden können, für welches letztere der Sinn früh in uns geweckt worden war und dessen Verletzung durch ungewohnte Drohungen wir tief empfanden. Ein kindlich trauliches Verhältnis gestaltete sich daher nicht mit ihm, wie – begreiflich leichter – mit der unvergleichlichen Mutter Rebecca.«[243] Verglichen mit der vierjährigen Leidenszeit unter der pädagogischen Fuchtel der spartanischen Fürstin Amalie von Gallitzin, welcher der Knabe danach anvertraut wurde, und verglichen mit der gnadenlosen Härte und Kontrollsucht des Vaters, die ihn erst recht zum allseits angeprangerten Problemkind machten, muss dem Jungen die Zeit in Wandsbek im Rückblick allerdings geradezu paradiesisch vorgekommen sein. Zwar bekam Georg Arnold auch dort ständig Vorhaltungen »wegen seiner Freßsucht u überhaupt wegen seiner Sinnlichkeit«[244] zu hören. Claudius trat, je älter er wurde, immer entschiedener für die Bändigung der Triebe ein, und gerade »die Esserziehung«, so Carmen Götz in ihrer Studie zur Erziehung Georg Arnold Jacobis, galt als »der erste Kampfplatz gegen unkontrollierte Begierden und Leidenschaften«.[245] Aber erst im Haus der Fürstin Gallitzin in Münster und später unter der Aufsicht von Vater Jacobi wurde, so Götz, diese Erziehung zum veritablen »Opfervorgang«. Da das alles in der Brieföffentlichkeit verhandelt wurde, sind mitleidige und entsetzte Reaktionen überliefert. »Das Kind dauert mich«, schrieb Goethe,[246] und Johann Georg Hamann appellierte an des Vaters Barmherzigkeit: »Kinder müßen sich selbst erziehen und durch eigene Erfahrung klug werden. Laßt das Unkraut wachsen, sagt das gestrige Evangelium.«[247] Von Claudius ist keine derartige Intervention bekannt.

Vor allem in den Anfangsjahren der Freundschaft mit Jacobi machte sich Claudius wie gewohnt mit kleinen Hilfsdiensten nützlich. Seiner »Synergie und Sympathie«, wie Hamann das nannte, verdankte Jacobi 1782 den Briefkontakt zu Hamann und Herder. 1781 betraute ihn Jacobi, da der gemeinsame Verleger Löwe in Breslau nicht selber tätig werden konnte, mit der Überwachung des Hamburger Drucks seiner *Vermischten Schriften*, was, wie Claudius selbstkritisch scherzte, schon am Druckfehlerverzeichnis abzulesen sei. Für die *Neue Zeitung* lieferte er auch gleich eine empfindsam-launige Rezension im Asmus-Ton.[248]

Bei ihrer ersten Begegnung in Wandsbek im Sommer 1780 stand Jacobi noch ganz unter dem Eindruck der Gespräche mit Lessing, die er auf der Hinreise in Wolfenbüttel geführt hatte. Lessing hatte sich nach seinem Dafürhalten eindeutig zu Spinoza bekannt, dessen Philosophie der Immanenz Jacobis Glauben an einen außerweltlichen persönlichen Gott diametral entgegenstand. Um die Frage, wessen Lessing-Bild das richtige sei, ging nach dessen Tod (1781) der von Jacobi angezettelte Streit mit Moses Mendelssohn, der seinen Freund Lessing gegen die in Jacobis Schrift *Über die Lehre des Spinoza in Briefen an den Herrn Moses Mendelssohn* (1785) vorgebrachte Unterstellung des Spinozismus in Schutz zu nehmen suchte. Als Mendelssohn dann auf dem Höhepunkt der Auseinandersetzung Anfang 1786 unerwartet starb, wurde dieser Tod Jacobi angelastet, der nun die öffentliche Meinung gegen sich hatte. Ende 1785 hatte Claudius das »Spinozabüchlein«, wie er es nannte, rezensiert, jetzt, wenig später, sprang er dem bedrängten Autor mit einer Rezension von Mendelssohns postum erschienener Gegenschrift *An die Freunde Lessings* bei. Sowohl der *Hamburgische Unpartheyische Correspondent* als auch der *Teutsche Merkur* lehnten die Rezensionen ab. Daraufhin entschloss sich Claudius zu einem separaten Druck. In bewährter Manier konzentrierte er sich zunächst auf die Motive und das Verhalten der Kontrahenten, denen er als »Dritter«, der weder streiten noch sich als unparteiisch ausgeben wolle, »seine einfältige Meinung« sagt. (351) Zu den in diesem Konflikt aufbrechenden inhaltlichen Fragen äußert er sich nicht direkt. Sie mögen in den Jahren davor Thema der Gespräche mit Jacobi gewesen sein, zuletzt 1784 bei dem denkwürdigen Treffen in Weimar, das als »Spinoza-Konferenz« in die Literaturgeschichte einging. Dass auch Claudius daran teilnahm, hängt mit einer der wenigen Reisen seines Lebens zusammen.

9.
REISEN

Tanzszene in Tahiti, um 1777

*C*laudius zog es nur selten in die Fremde, weder zur Welterkundung noch zur eigenen Bildung. Ein Reisender aus Leidenschaft war er nicht – auf den Gedanken, sich wie sein Zeitgenosse Johann Gottfried Seume zu Fuß nach Syrakus aufzumachen, wäre er nie gekommen. Seine Wanderungen beschränkten sich mit wenigen Ausnahmen auf Holstein und die Hamburger Umgebung. Hier wohnten die nahen Freunde und Verwandten. Seit Anfang der 1790er Jahre fuhren er und Rebecca, so oft es ging, zur Kur nach Bad Pyrmont, und auch hier war man unter guten Bekannten. Immer waren es Menschen, darunter häufig bedeutende Zeitgenossen, die ihn zum Reisen oder zu brieflich ausgesponnenen Reiseplänen verlockten. Sein als Antwort auf die Darmstädter Krise gefasster Entschluss zur Sesshaftigkeit wurde dadurch nicht angetastet. »Ich bin sehr dafür, daß man in allen Stücken seine Freude d a h e i m habe und nicht a u s w ä r t s suche« – dieses Fazit legte er nach der Rückkehr aus Darmstadt seinen Lesern auch im übertragenen Sinne ans Herz; es war seine Version der Empfehlung Pascals, in Ruhe in einem Zimmer zu bleiben. Phantasiereisen, angeregt durch Lektüre, schloss das nicht aus. An Georg Forsters aufsehenerregendem Bericht seiner Südsee-Reise mit James Cook entzündete sich 1777/78 der phantastische Plan des jungen Lübecker Advokaten und ehemaligen Hainbund-Genossen Christian Adolf Overbeck, mit Gerstenberg und anderen norddeutschen Dichterfreunden um Klopstock »die falsche Europaeische Welt zu verlassen« und nach Tahiti auszuwandern.[249] Claudius, der mit von der Partie sein sollte, reagierte auf den Vorschlag mit übermütigen Sprachspielereien in »Otahitisch«. Man kann sich kaum vorstellen, dass er ihn ernstlich in Erwägung gezogen hat, obwohl seine ungesicherte materielle Lage den Gedanken an Auswanderung sehr wohl nahelegen konnte und er zur Beratung des Plans eigens nach Lübeck kam.

Claudius lässt stattdessen seinen Asmus »le grand tour« machen, denn: »Wenn jemand eine Reise tut, / So kann er was verzählen«. (345) Hatte er Asmus schon auf den Spuren Engelbert Kaempfers und anderer Forschungsreisender nach Japan geschickt, so lässt er 1785 in »Urians Reise um die Welt« den Schwankerzähler von allen Erdteilen ohne nennenswerte Ausbeute mit der Erkenntnis zurückkehren:

> Und fand es überall wie hier,
> Fand überall 'n Sparren,
> Die Menschen gradeso wie wir,
> Und ebensolche Narren.

Von einer »Alsterfahrt ins Land der Phantasie und der Träume«, bei der Claudius die Gesellschaft als Spaßmacher unterhielt, berichtet der dänische Schriftsteller Jens Baggesen (1764–1826). Bei einem Besuch in Poppenbüttel im September 1788 bei dem Eigentümer der dortigen Kupfermühlen, dem Münzpächter Hinrich Christian Olde, schlägt Claudius »eine Reise ans Ende der Welt« vor. Jens Baggesen, eine Schwägerin von Jakob Mumssen, das Ehepaar Claudius, Olde und sein afrikanischer Diener Leander, »welchen Claudius des Spaßes halber mit dem wohlklingenden Namen O-ho-ho belegte«, besteigen das bereitliegende Boot, und da alle entschlossen sind, den Ausflug zur imaginären Weltreise zu machen, wird daraus eine Segeltour über die »spiegelklare Alster« zum Äquator und bis zum Tafelberg am Kap der Guten Hoffnung, von wo aus sie »der Welt Ende« sehen. Claudius nutzt, wie Baggesen erzählt, die Gelegenheit zu einer kleinen Belehrung im Sinne seiner Lebensphilosophie: »Das Ende der Welt sei in der Hauptsache nicht viel anders als der Anfang derselben.«[250]

·•· *Nach Schlesien* ·•·

Die weiteste Reise seines Lebens führte Claudius im September
1784 nach Schlesien. Schon zu seinen Lebzeiten wurde darüber
gerätselt. »Wie kommt Claudius nach Schlesien?«, wollte Hamann
von Reichardt wissen, »er ist doch kein Herrnhuter, oder was sind
seine dortigen Seelenfreunde? Etwa Haugwitz.«[251] Hamann hatte
das richtige Gespür. Im Kern war dies eine Freundschaftsreise, so gut
sich dabei Nützliches mit Angenehmem verbinden ließ. In Breslau
saß sein Verleger Löwe, Hauptanziehungspunkt in Schlesien aber
war sicherlich Curt von Haugwitz. Durch die Briefe an Frau Rebecca
sind wir über die Stationen der Fahrt einigermaßen im Bilde, über
Reisezweck und Ertrag der Reise geben sie allerdings keine Auskunft. »Die näheren Nachrichten und Beschreibungen verspare
ich, bis ich zu Dir komme und auf Deinem Schoß sitze oder Du auf
meinem«, verspricht Claudius' letzter Brief aus Schlesien. (Br. II,
22) Von unterwegs informiert er seine Frau über eingetroffene und
nicht expedierte Episteln, ausgerichtete und aufgetragene Grüße
und Kuriosa, die die Hausfrau belustigen sollen: »In Schlesien haben sie keine Teekessel, sondern kochen das Teewasser in kleinen
steinernen Krucken, welches närrisch aussieht. Sollte mir noch
ein Teekessel aufstoßen, werde ich nicht ermangeln, Dir davon zu
berichten.« (Br. II, 22) Für die weitere Familie in Wandsbek bestimmt
sind freundliche Worte über den Schwager Johann Carl Werner. Der
Wandsbeker Tischlermeister hatte ihn auf der ersten Wegstrecke
begleitet und war, als sie sich in Frankfurt an der Oder trennten, »so
gut, solange bei mir zu bleiben, bis die Post abging«. (Br. II, 21) Von
der anstrengenden und eiligen Weiterfahrt – es wurde auch nachts
durchgefahren (»ich kann nicht genug sagen, was der Mond uns für
Dienste getan hat«) – schreibt Claudius über geschwollene Beine
vom langen Sitzen in der Kutsche und nicht stattgehabte Begegnungen mit Menschen, die auch Rebecca kennt, so den herrnhutisch

gesinnten Freimaurer Hans Ernst von Kottwitz (1757–1853), dessen Gut kurz hinter der schlesischen Grenze, nicht weit von der Reiseroute entfernt, lag: Claudius machte keine Anstalten, den »frommen Baron« (so hieß er später in Berlin) aufzusuchen. Kottwitz hatte sich mit Claudius angefreundet, als er, im selben Jahr, in dem auch Haugwitz nach Norddeutschland kam, Hamburg besuchte, um das vorbildliche Armenwesen der Stadt zu studieren. Jahrzehnte später ging diese Freundschaft auf Claudius' Kinder und den Schwiegersohn Perthes über; da war der alte Kottwitz zu einem der einflussreichsten Männer der preußischen Erweckungsbewegung geworden. Auch den genialischen Christoph Kaufmann, der seit einiger Zeit in dem an der Poststrecke gelegenen »herrenhutischen Ort Neusalz« als Arzt praktizierte und vor kurzem in die Brüdergemeine aufgenommen worden war, sah Claudius nicht.

Welche Erwartungen knüpfte er an die Reise? In Breslau wird er sich bei seinem Verleger Löwe um die Abrechnung seiner Bücher gekümmert und über weitere mögliche Übersetzungsprojekte auf dem Gebiet der wissenschaftlich-theosophischen Mysterienliteratur verhandelt haben, die auch die schlesischen Freimaurer interessieren konnten, etwa weitere Schriften von Saint-Martin, mit denen er sich bis in die 1790er Jahre ohne greifbares Ergebnis beschäftigt haben soll. Da hatte Löwe seinen Verlag allem Anschein nach bereits aufgegeben, jedenfalls fehlt seit dieser Zeit jede Spur von ihm.[252] Schon vorher hatten Claudius und Jacobi sich unzufrieden mit Löwes Geschäftsführung gezeigt, weshalb Jacobi auf Claudius' Anraten zu Göschen nach Leipzig wechselte[253] und Claudius 1790 seinen fünften *Asmus* dem Hamburger Buchhändler Bohn in Kommission gab.

Seinen »Creuzzug« nannte Claudius die schlesische Reise. (Br. I, 315) Ob er damit auch auf die von Haugwitz geführten Kreuzbrüder anspielte, auf fromme Versammlungen mit Gleichgesinnten in Breslau oder auf Haugwitz' Landgut Krappitz bei Oppeln an der

Oder, wohin ihn sein »lieber treuer Gefährte« (Br. II, 23) Samuel Gottlieb Bürde, inzwischen zum Sekretär der polnischen Grenzkommission avanciert, von Breslau aus begleitete, geht aus den bisher bekannten Briefen nicht hervor. Sie konzentrieren sich auf Familiäres, Nachrichten von den Haugwitz-Kindern, ihren im Weinberg überraschten Vater, der hier nur als Landedelmann, nicht als Logenmeister erwähnt wird. Es ist jedoch höchst unwahrscheinlich, dass ein so zentrales Anliegen der beiden Freunde wie die Arbeit an der Verbindung von Freimaurerei und Christentum bei diesem Besuch keine Rolle gespielt hat.

Auf der Rückreise gibt Haugwitz Claudius das Geleit bis zur sächsischen Grenze. Unterwegs, in Hirschberg am Riesengebirge, macht er ihn mit seinem Gönner, dem Grafen Schlabrendorf, bekannt. Die Fahrt durch die großartige Berglandschaft beeindruckt Claudius tief. Feierlich korrigiert er Bürde gegenüber sein früheres Urteil aus ihrem lustigen Wandsbeker Streit über das schönste »Vaterland« und erklärt Bürdes schlesische Heimat »von Ottmachau an, bis an die Lausitz für ein liebes, wunderschönes Land, voll Zauberschlösser und Zauberberge, und Thäler – bekenne auch und sage: dass ich bis dato kein solches gesehn habe!«[254] Was Bürde in seinem Reisebericht voller Genugtuung zu Protokoll gibt.

Trotz solcher Zeugnisse gehört der schlesische Aufenthalt insgesamt zu den »weißen Flecken« in Claudius' Biographie. Was dort verhandelt wurde, was sich abspielte, bleibt, wenn nicht noch weitere Dokumente auftauchen, Gegenstand der Spekulation. Auch ob Claudius seinen Freund nach diesem Besuch noch einmal gesehen hat, wissen wir nicht. Spätestens mit Haugwitz' Eintritt in den Staatsdienst in den 1790er Jahren muss der Kontakt abgerissen sein. Als Leiter der Außenpolitik unter zwei preußischen Königen wirkte der ehemalige Freimaurer Haugwitz, inzwischen in den Grafenstand erhoben, 1798 am Edikt Friedrich Wilhelms III. gegen die geheimen Gesellschaften mit[255] und zog sich nach der Niederlage

von Jena und Auerstedt 1806 krank und fast erblindet nach Ober-
italien zurück, wo er, ein alt gewordener Lebemann, 1832 starb. Ob
Claudius vom traurigen Verfall seines einstigen Herzensbruders
erfuhr, über den im Kreis der Stolbergs und Reventlows geredet
wurde, und was er später selbst von ihm dachte, bleibt mit vielen
anderen Einzelheiten dieser Beziehung im Dunkeln. Louise Stolberg jedenfalls berichtete ihrer Schwägerin Sibylle Reventlow 1812
schockiert und betroffen, welchen Eindruck ihr Schwager Friedrich
Leopold Stolberg in Venedig von seinem von Ausschweifung und
Alkohol gezeichneten, inzwischen sechzigjährigen Jugendfreund
gewonnen hatte. Ein in wenigen Strichen hingeworfener »Weg
des Liederlichen«: »Jeune aimable, doux ami des Stolberg, ensuite
franc-maçon, doating husband and father, enthousiaste, visionaire
religieux – ministre mondain, libertin, enfin crapuleux et stupi-
de.«[256] [Liebenswerter Jüngling, sanfter Freund der Stolbergs, dann
Freimaurer, vernarrter Ehemann und Vater, Schwärmer, religiöser
Visionär – weltgewandter Minister, Wüstling, am Ende verkommen
und dumm.]

⤙ Das Treffen in Weimar ⤚

Den Rückweg aus Schlesien nahm Claudius im Herbst 1784 auf
Einladung Herders über Weimar. Das war auch in Jacobis Sinn, der
hier nach Jahren der Verstimmung Goethe wiedersehen, endlich
Herder näher kennenlernen und überhaupt möglichst viele seiner
Freunde zusammenführen wollte. Goethe wiederum, der Claudius
bis dahin noch nicht persönlich kennengelernt hatte, war neugierig
auf den berühmten Wandsbeker Boten. Frau von Stein ließ er auf
einem seiner fast täglichen »Zettel« wissen: »Nous verrons donc
aussi ce personnage singulier, ce qui nous interessera beaucoup.«[257]
[Es wird für uns interessant sein, diese sonderbare Person kennen-

zulernen.] Ob aus dieser Bemerkung nur Interesse oder, wie man auch gemeint hat, ironische Distanz spricht – für Goethe gehörte Claudius jedenfalls zu jenen Gestalten, deren Originalität ihn bis vor kurzem fasziniert hatte. Inzwischen aber zeigte sich deutlicher, worauf sich dessen unbestechliche Eigenständigkeit gründete, und da reagierte Goethe, der sich als »dezidierter Nichtchrist« bekannte, allergisch. Aus Claudius, dem »Fußboten«, sei ein »Evangelist geworden«, befand er später, »ein Narr voller Einfaltsprätensionen«. Das unwillige Urteil verrät viel über den Urteilenden selbst. Nichts war Goethe so zuwider wie eine Haltung, die er »Prätension« nannte, die Anmaßung einer Tugend oder eines Gefühls zum Zweck der Selbstdarstellung oder Gängelung anderer. Was er nicht sah, war, dass der nüchterne Claudius die Narrenkappe zwar nicht verschmähte, Prätention und Anmaßung aber ablehnte. Für Caroline Herder, die Claudius als Logiergast im Haus erlebte, war er dagegen noch immer »der alte Claudius, voll Einfalt und unbestochener Wahrheit, und steht fest wie eine eingewurzelte Eiche«.[258]

In Weimar scheint er sich nicht besonders wohl gefühlt zu haben. Es heißt, er habe die Weimarer Gesellschaft mit Klavierspiel und Schnurren unterhalten. Auf Herder dagegen wirkte er »wie abwesend«.[259] Schon bei der Ankunft hatte er erklärt, gleich weiterfahren zu wollen, und er ließ sich nicht bewegen, länger als vier Tage zu bleiben. Man unternahm einen Tagesausflug zu Carl Ludwig von Knebel, Goethes »Urfreund«, der in Jena als Privatgelehrter in einer schön gelegenen ruhigen Wohnung im Schloss lebte. Dort und in der Kutsche auf dem Hin- und Rückweg eröffnete Jacobi den Freunden seine Ansichten über das Thema, das ihn nicht losließ: Lessings angeblichen Spinozismus. Gespräche über »letzte Dinge« schlossen sich an, bei denen Goethe den Mitfahrenden in der Mondnacht »vom Zustand der Seele nach dem Tode erzählte«,[260] für Caroline Herders Geschmack der Stimmung freilich nicht ganz angemessen: Es war ihr »ein wenig nicht schwärmerisch genug für das überirdi-

sche Licht, in dem wir dahingleiteten.« Ob Claudius am Gedankenaustausch der Geistesgrößen anders denn als Zuhörender teilge-
nommen hat, ist nicht dokumentiert. Er dachte anders über diese
Themen als die Weimarer. Während Herder sich ein Weiterleben
nach dem Tode in der Immanenz der von Gott geschaffenen Welt
an anderen Orten im Weltall, auf dem Weg einer ständigen Höher-
entwicklung und Vervollkommnung des Menschen, vorstellte, hielt
Claudius im Einklang mit der metaphysisch bestimmten Theologie
der frühen Aufklärung am tradierten Dualismus von Diesseits und
Jenseits, vergänglichem Körper und unsterblicher, nicht der Natur
unterworfener Seele fest.[261] Dass er anderer Meinung war, hatte er
bereits diplomatisch, aber bestimmt nach der Lektüre von Herders
1782 im Teutschen Merkur veröffentlichten Gesprächen »Über die
Seelenwanderung« (die auf eine gleichnamige Schrift von Johann
Georg Schlosser reagierten) angedeutet: »Es ist, wenn nicht lauter
Wahrheit, doch viel Geist drin.« (Br. I, 309) Die zeitgenössischen
Spekulationen, die seit den 1770er Jahren von Lessing bis Schlosser
immer wieder aufflammten, scheinen Claudius nicht übermäßig
interessiert zu haben.[262] Seinen eigenen Standpunkt sollte er eini-
ge Jahre später in der Abhandlung »Über die Unsterblichkeit der
Seele« (1790) in Abgrenzung zu Herders *Ideen zur Philosophie der
Geschichte der Menschheit* festhalten. Deren ersten Teil hatte ihm
Herder 1784 zum Abschied mitgegeben.

Zu einem weiteren Treffen der beiden kam es nicht mehr. »Die
Reiselust mit vielen anderen Lusten vergeht einem mehr und mehr«,
schrieb Claudius ein Jahrzehnt später mit Blick auf Herder – in
einem letzten aussichtslosen Versuch, den alten Freund zum Kommen zu bewegen. (Br. I, 367) Im Wege stand, wie er wohl wusste,
nicht nur Herders Altersunbeweglichkeit. Auch sein eigenes »Sod-
brennen im Herzen« (Br. I, 115), wie er die Sehnsucht nach einem
Wiedersehen mit Herder einst genannt hatte, war lange vergangen.

»Claudius sehnte sich«, so Herder, »wie ein Vertriebener nach Hause, weil es ihm nirgend mehr wohlbehagte.«[263] In dieser Stimmung traf er am 30. September 1784 bei Gleim in Halberstadt ein. Für den alten Canonicus war der unangemeldete Gast nach vielen vergeblichen Bemühungen um ein Treffen eine Enttäuschung. Nicht nur, dass Claudius nur wenige Stunden blieb, er war geradezu unhöflich maulfaul. Gleims Unterhaltungsbedürfnis kam entschieden zu kurz. Über nicht eine der touristischen Sehenswürdigkeiten der zurückliegenden Fahrt konnte sein Besucher Auskunft geben: Die Schneekoppe hatte er zwar von weitem, die Dresdener Galerie und die Bertuch'sche »Blumenfabrike« in Weimar aber überhaupt nicht gesehen, selbst den großen Goethe scheint er mit keinem Wort erwähnt zu haben. Man merkt Gleims Bericht von der missglückten Konversation förmlich das Kopfschütteln an: Wie kann jemand in Weimar gewesen sein, ohne mit der Mode zu gehen und schöne Kunstblumen, ganz »wie sie unser Herrgott macht«, für Rebecca zu kaufen! Claudius' unwirsche Antwort: »Rebecca trägt gemachte Blumen nicht.« Gleims Aufzeichnung über den Besuch ist eine meisterhafte kleine Skizze zum Thema Natur und Kunst, witzig dialogisiert und temporeich. Bei aller Stilisierung – so könnte es sich zugetragen haben. Wo sein Herz wirklich schlug, demonstrierte er gestisch und ohne große Worte, als die Rede auf einen »sehr vollsitzenden Borstdorfer Apfelbaum« kam: »Den müssen wir sehen! sprach Claudius und rannte fort, wir alle hinterdrein, meine beyden Nichten, mein Neffe der Hofrat und Clamer Schmidt, und standen um den Apfelbaum und bewunderten ihn, er war gewiß schön wie der bereifte Baum, den Claudius besungen hat; er stand im Garten des neuen Krugs. Der Eigentümer sagte, daß er des großen Segens im Garten, denn alle Bäume saßen klettenvoll, nicht wert sei. Der Mann ist ein Heuchler, sagte Claudius und zapfte [zog] mich in meinen eigenen Garten. Herrliche Birnen! Wir wollen sie abnehmen. Und gleich stand er auf einer Leiter und pflückte die herrlichen Birnen –«[264]

Auch der erwähnte Clamer Schmidt hielt seine Eindrücke fest. Der Kriegssekretär und Halberstädter Domkommissar hatte sich als Verfasser munterer anakreontischer Dichtungen einen Namen gemacht, und so wurde ihm der Besuch zum Anlass einer »poetischen Epistel«,[265] die den bereits im zeitgenössischen Umlauf befindlichen, idealisierten physiognomischen Steckbrief des Weisen von Wandsbek fortschreibt – »so viel Bescheidenheit, so viel Einfalt der Sitten, so viel herzliche Rechtschaffenheit ist dem lieben Manne ins Gesicht gezeichnet«. Doch Schmidt notiert auch das weniger Gefällige: »Sein Gesicht ist nicht schön. Durch die Falten darin und durch mehrere schroffe Parthien könnte man versucht werden, ihn für einen Sechziger zu halten, da er doch kaum über die vierzig weg ist.« Umgehend bemüht sich der Schreiber, den ungünstigen Eindruck auszugleichen: Die Falten gelten ihm als Ausweis einer »immer regen Denkkraft«, und das lebhafte blaue Auge mache »es einem zur Herzensangelegenheit«, ihm recht oft ins Gesicht zu blicken.

Noch am selben Abend fährt Claudius weiter, im offenen Postwagen. Trotz Regen und Wind gelingt es Gleim nicht, ihn zu halten, denn: »Rebecca verlangt nach mir und die Kinder möchtens gewohnt werden, daß der Vater nicht bey ihnen ist.«

Als Gleim bei einem Gegenbesuch im Jahr darauf Claudius in seinem häuslichen Kreis in Wandsbek erlebt, ist er beruhigt, dass dieser, anders als befürchtet, doch ganz vernünftig ist. Der unbestimmte Schwärmerverdacht, der Claudius seit der Saint-Martin-Übersetzung anhängt und an der lebhaften Klatschbörse der Zeit weiter notiert wird, kann immer wieder durch den persönlichen Eindruck korrigiert werden. Die nicht im Ruf der Frömmelei stehende Schimmelmann-Tochter Caroline Baudissin beispielsweise ist von Claudius nach einigen geselligen Begegnungen »ganz erstaunlich« angetan und kommt zu dem Urteil: »Man hat ihm sehr unrecht gethan, er spricht sehr vernünftig von Erscheinungen, er ist gewis kein Herrnhuter; wie doch jede Sache vergrößert wird!«[266]

10.
LEBENSUNTERHALT

Das Altonaer Bank- und Börsengebäude, um 1780

Nach wie vor war Claudius' materielle Lage prekär, auch wenn immer wieder Mäzene aushalfen. Bis Mitte der 1780er Jahre ist die Pension des Grafen Schlabrendorf nachgewiesen, danach erhielt er vom dänischen Kronprinzen eine jährliche Zuwendung von 200 Reichstalern, »ungebeten«, wie er eigens betonte. Den Bittsteller gab er nicht gern und griff deshalb, da er auf fremde Hilfe doch angewiesen war, gelegentlich lieber gleich zum Zaunpfahl. Nicht ohne Grund war des »Asmus Art und Ton«, seine Begabung, in aller Bescheidenheit und dennoch unmissverständlich an die Großzügigkeit seines Gegenübers zu appellieren, im Hause Herder sprichwörtlich.[267] Leicht wird es ihm nicht gefallen sein, schließlich doch noch einen Bittbrief um eine Stelle an den Regenten zu richten, nachdem es ihm nicht gelungen war, Zöglinge zur Aufbesserung der Haushaltskasse zu finden – »acht Kinder, die doch halbwege erzogen und unterrichtet sein sollen, fangen an, mir meine Zeit zu nehmen und mir meine itzige Lebensart etwas beschwerlich zu machen«. (Br. I, 326) Noch im höflichen Gesuchsstil schlägt in der Weigerung, sich anzupreisen, der unverwechselbare Claudius-Ton komisch-zutraulicher Direktheit durch: »Wenn es mir auch erlaubt sein würde, so wüßte ich nicht zu sagen, wozu ich eigentlich geschickt bin, und ich muß Ew. Majestät untertänig bitten, ein Machtwort zu sprechen und zu befehlen, wozu ich geschickt sein soll.«

Die ihm daraufhin ab 1788 gewährte Stelle als Erster Revisor der königlichen Speziesbank in Altona brachte mit 800 Talern Gehalt eine gewisse Beruhigung. Claudius war nicht der einzige Schriftsteller, den das dänische Königshaus großzügig unterstützte; allerdings lagen seine Einnahmen jetzt deutlich über dem, womit die meisten anderen Literaten auskommen mussten, und die damit verbundene Arbeit war nicht besonders zeitraubend. Einmal im Quartal musste der Revisor »altonaisieren«, wie er es nannte, das heißt einige Tage zur Kassenprüfung auf die Bank in der Altonaer Elbstraße und einmal zur Jahresabschlussbilanz. Eine Art Sinekure war das, ein Amt, das ein sicheres Auskommen bei wenig Mühe versprach, auch wenn Claudius als Gegenleistung über die eigentliche Revisortätigkeit hinaus populäre Rechtfertigungsschriften zur Finanz- und Steuerpolitik der Regierung verfasste. Sein Revisoramt versah er (mit kollegialer Hilfe) gewissenhaft und unbestechlich. So teilte er nach der Jahresprüfung 1799 dem Finanzminister seine »Revisor-Skrupel« über eine, gelinde gesagt, problematische Praxis der Schimmelmann unterstehenden königlichen Institute mit. Sie hatten der Bank Wechsel über hohe Summen ausgestellt, ohne dass die Deckung gewährleistet war. Eine »Wechselreuterei«, die nicht nur die in der königlichen Gründungsurkunde garantierte Unabhängigkeit der Bank antastete, sondern darüber hinaus ihre Kreditwürdigkeit gefährdete.

Claudius verdankte seinen Posten auch den gewachsenen Beziehungen zu den untereinander vielfältig verwandten und verschwägerten Adelsfamilien seiner engeren Umgebung, den Schimmelmanns, Stolbergs und Reventlows mit ihren Verbindungen bis in die Kopenhagener Regierung. Die Bank in Altona gehörte zum Einflussbereich von Graf Heinrich Ernst Schimmelmann, dem Sohn und Nachfolger des 1782 unerwartet früh verstorbenen Schatzmeisters. Schon lange fühlten sich die Schimmelmanns für den *Homme de lettres* in ihrer Nachbarschaft verantwortlich. So überschrieb Gräfin Caroline Tugendreich Schimmelmann, die Schatzmeisterwitwe, Claudius 1783 persönlich eine Wiese hinter seinem Haus zur lebenslangen unentgeltlichen Nutzung und schenkte ihm gleich eine Kuh dazu.

Das Leben unter dem Schirm einer wohltätigen »Obrigkeit« war Claudius von Kindheit an vertraut. Wenn er sich jetzt beim holsteinischen Adel gewissermaßen wieder unterstellte, musste das aber kein Zeichen von Regression in die Unmündigkeit sein. Claudius war in diesem Kreis eine anerkannte und geliebte Respektsperson und jetzt selbst (wie einst sein Vater) eine Autorität in religiösen

Fragen. Dass das ohne Amt, allein kraft der Persönlichkeit möglich war, zeigt, wie sich die Zeiten geändert hatten. In diesem holsteinisch-dänischen Adelsmilieu wurden die Standesgrenzen durch modernere, empfindsame Geselligkeitsformen und einen einfachen Lebensstil zwar nicht aufgehoben, aber doch überspielt. Die jüngere Generation des deutsch-dänischen Beamtenadels verkehrte auch mit bürgerlichen Gebildeten »auf dem Fuße der Gleichheit«, wie Heinrich Christian Boie einmal angenehm überrascht registrierte.[268] Im Schimmelmann-Reventlow'schen Familienkreis scheint der alte Claudius die Rolle »übernommen zu haben, die sich Klopstock aufgrund seiner Einstellung zur Französischen Revolution verscherzt hatte«.[269]

Zum Sammelpunkt der konservativen Kräfte in Holstein wurde im Jahrzehnt nach 1789 Emkendorf bei Kiel, der Herrensitz Friedrich von Reventlows (1755–1828). Ursprünglich einer der tonangebenden Männer der altständischen Opposition gegen die dänische Zentralregierung in den Herzogtümern, hatte der Graf sich mit dem absolutistischen Staat arrangiert, um ein Übergreifen der Revolution zu verhindern.[270] Mittelpunkt von Emkendorf war seine temperamentvolle, aber immer kränkelnde, kunstsinnige und fromme Frau Julia, geborene Schimmelmann (1763–1816), die hier in ländlicher Umgebung Umgangsformen des Salons mit religiös-literarischem Einschlag pflegte. Dank dem Schimmelmann'schen Erbe konnte das Herrenhaus in der Nähe des Westensees nach dem Abschied des Grafen von seinem Posten als Dänischer Botschafter in London und einem längeren Italien-Aufenthalt des Paares vom altem Familienbaumeister Horn und italienischen Künstlern im klassizistischen Stil umgestaltet werden. Hier fanden französische Revolutionsflüchtlinge Zuflucht, nach der Besetzung des Rheinlands durch die napoleonischen Truppen eine Zeitlang auch Friedrich Heinrich Jacobi aus Pempelfort mit Familienanhang, zu Besuch kamen die Stolbergs, einmal auch der von Gräfin Julia hochverehrte Lavater, dann die Fürstin Amalie von Gallitzin aus Münster oder der ebenfalls aus der dänischen Gesandtschaft in London zurückgekehrte Schönborn, Claudius' »alter Eichbaum« (Br. I, 222), in Begleitung der Gräfin Katharina Stolberg, seiner Altersfreundin. Nur Goethe war durch nichts zu bewegen, sich unter »die Zuchtrute der Damen« zu begeben, die seinen *Wilhelm Meister* und die *Römischen Elegien* so anstößig fanden.[271]

So wie sich Claudius dem dänischen Königshaus und den Wandsbeker Wohltätern mit Gelegenheitsgedichten erkenntlich zeigte, so lieh er den kulturpolitischen Anliegen dieses Kreises seine Feder. Einigen Zeitgenossen war das suspekt. »Die Leute aus der großen Welt, die sich seit Jahren so an Ihn [Asmus] drängen, haben Ihm ein Seil gedreht, aus Fäden die Er wohl mag«,[272] insinuierte Johann Friedrich Reichardt, und Friedrich von Matthisson referierte, nicht ohne Zweifel zu bekunden, den Klatsch, Claudius »sei vom Kronprinzen bestochen«.[273] Doch der schrieb nichts, wovon er nicht selbst überzeugt war. Eher als um den Verlust seiner Unabhängigkeit scheint er um seine Glaubwürdigkeit besorgt gewesen zu sein. War es ihm schon peinlich, seine Bedürftigkeit einzugestehen, so musste ihm erst recht sein Stolz jeden Anschein von Käuflichkeit verbieten. Als erklärter Verfechter der bestehenden Ordnung könne er den Kronprinzen nicht um eine Gratifikation ohne Gegenleistung bitten, schrieb er 1800 in einer erneuten Eingabe an Ernst Schimmelmann und illustrierte seine Haltung mit der drastischen Anekdote von dem Soldaten, der im dänischen Feldzug von 1769 auf Befehl des Feldmarschalls Saint Germain einen Deserteur erschossen und die dafür angebotene Belohnung mit den Worten zurückgewiesen hatte, er erschieße niemanden für Geld. (Br. I, 381)

Claudius nonchalanter Umgang mit Geld, seine an Verschwendung grenzende Freigebigkeit, erstaunte schon seine Freunde. So leicht wie das Annehmen scheint ihm das Weitergeben gefallen zu sein. Wo immer er konnte, teilte er mit anderen. So war es für ihn auch selbstverständlich, während der großen Handelskrise kurz vor der Jahrhundertwende, als mehrere Wandsbeker Kattunfabriken, die zeitweise bis zu 400 Menschen beschäftigten, vorübergehend schließen mussten und in dem kalten Winter mit der Arbeitslosigkeit die Not wuchs, sich bei der vom Grafen Christian Schimmelmann angeregten Spenden- und Hilfsaktion der Wandsbeker Einwohner für eine Armenanstalt am Ort zu engagieren, als Armenpfleger mitzuhelfen, Nahrungsmittel zu verteilen und bei der Arbeitssuche mitzuwirken.[274]

11.

FEDERKRIEGE UND KÄMPFE NACH 1789

Daniel Chodowiecki »Die Sophisten«

⸱⸱ *Menschenrechte* ⸱⸱

Anders als die meisten Intellektuellen seiner Umgebung lehnte Claudius die Revolution in Frankreich von Anfang an ab. Ihre blutige Radikalisierung bestätigte ihm in der Folge, wie recht er mit seinem jahrelangen Kampf gegen den verhängnisvollen Totalitätsanspruch der Vernunft gehabt hatte. Ein Denken in geschichtlichen oder sozialen Prozessen lag außerhalb seines Vorstellungshorizonts. Darin unterschied er sich übrigens nicht von den Philosophen der Revolution. Zunächst äußerte er sich nur indirekt. Ein halbes Jahr nach den Ereignissen des Sommers 1789 in Frankreich erschien die Ankündigung des fünften Teils seines *Asmus.* Darin legte sich Claudius mit dem Zeitgeist an und konterte den in der Luft liegenden Vorwurf des Obskurantismus mit einer Umkehrung der gängigen Hell-Dunkel-Metaphorik der Aufklärung: »Freilich, wenn man den öffentlichen Gerüchten trauen darf, sind der Nacht und Nebel, darin unsereiner sich sonst mit durchgeschlichen hat, seitdem hinweg und vertrieben, und es ist heller lichter Tag, so daß die Eule leicht unter die Krähen fallen könnte, und 'n Laie sich eigentlich wohl hüten sollte, das f ü n f t e Rad am Wagen zu machen.« (278) Die Kette der Bilder aus äsopischen Fabeln und sprichwörtlichen Redensarten signalisiert bei aller Ironie höchste Erregung über die geänderten Zeiten, die die publizistische Identität des Boten bedrohen: Die Weisheit wird verspottet, das Wort des Laien ist nicht mehr gefragt.

Der Band selbst stellt sich, so der erste Eindruck, mit dem Rücken zur Gegenwart, doch dieser Eindruck trügt. Platons *Apologie des Sokrates* in Claudius' vermutlich schon vor der Revolution begonnener Übersetzung[275] ist neben der bereits erwähnten Abhandlung »Über die Unsterblichkeit der Seele« einer der Hauptbeiträge des Bandes. So weit entfernt von jeglicher Aktualität die *Apologie* erscheint, Claudius deutet sie als kritische Einrede aus alter Zeit zur herrschenden Freiheits- und Aufklärungsrhetorik. »Da man itzo nicht überall solche Reden führen hört, als Sokrates hier führt; so habe ich es für nötig und nützlich gehalten, auch sie meines Orts in Andenken zu bringen.« (278) Sokrates – die Leitfigur der frühen Aufklärung –, den schon der junge Claudius zum Propheten erklärt hatte, erhält jetzt Vorbildcharakter als Märtyrer, der für seinen Gehorsam gegenüber den Gesetzen seines Landes freiwillig in den Tod ging. Die Christus-Analogie war den Zeitgenossen durchaus präsent.

Erst im Frühjahr 1794, nach der Hinrichtung des französischen Königs, setzt sich Claudius in der Schrift *Auch ein Beytrag über die Neue Politick* explizit mit den Ideen der Französischen Revolution auseinander. Er wählt dazu einen ihrer grundlegenden Texte, die Erklärung der Menschenrechte von 1789. Es zeigt sich, dass ihm die Anliegen der Revolutionäre, die Aufhebung des ständischen Prinzips, der Gedanke der Volkssouveränität und der Grundsatz der Gleichheit des Einzelnen vor dem Gesetz, überhaupt das Politische im modernen demokratischen Verständnis, zutiefst fremd sind. Wenn er erklärt, er »streite nicht *wider*, sondern *für* das Volk« (438), wenn er sich wie schon in jüngeren Jahren auf die Seite derer stellt, die Unrecht und Not leiden, dann geschieht das mit deutlichen biblischen Anklängen aus einer vorpolitischen Haltung der Brüderlichkeit und nicht aus einem naturrechtlichen oder positiven Rechtsbewusstsein heraus. Diese Haltung ermöglicht ihm jedoch auch die Kritik an dem nivellierenden, abstrakten Vernunftideal, das vom Widerstreit der Interessen »im bürgerlichen Felde« (432) absieht.

Religiös, nicht politisch ist auch sein Freiheitsbegriff. Er meint nicht Befreiung von äußerer Unterdrückung, sondern die innere Loslösung von den Ketten der »Sinne und Leidenschaften« (439) durch Arbeit an sich selbst und die Gnade Gottes. Die überkommenen, als gegeben und unveränderbar gedachten gesellschaftlichen Institutionen werden nicht angetastet. Es habe, sagt Asmus in seiner bildkräftigen Art, viel Zeit und Geduld gekostet, die Menschen in die »Bändigungsfalten« der »bürgerlichen Einrichtungen« zu legen, und doch müsse ihre »natürliche Unbändigkeit« täglich neu »in Ordnung und Zaum« gehalten werden. Er zählt die »Grazien des gesellschaftlichen Lebens« auf, die aus diesem Prozess der Zivilisation hervorgegangen sind und nun in der Krise der Zeit zur Disposition stehen – ein gesellschaftlicher Tugendkatalog des Ancien Régime: »Gehorsam, Ehrerbietigkeit, Zurückhaltung, Zuvorkommen, Diskretion, Delikatesse«. (436)

Mit seiner Kritik der Menschenrechtserklärung stand Claudius in der deutschen Publizistik dieser Jahre nicht allein. Was ihn von vielen konservativen Staatsdenkern seiner Zeit unterschied, war nicht das Festhalten am monarchischen und ständischen Prinzip, sondern seine theologische Begründung. Das »alte System« bezog für Claudius, anders als das reine »Vernunftregiment« des neuen, seine Legitimation nicht »aus richtigen Begriffen«, sondern aus der nicht hinterfragbaren Verordnung Gottes. Ein aktives Widerstandsrecht gab es für den Lutheraner Claudius nicht. Unverrückbar galt das Pauluswort aus dem Römerbrief: »Jedermann sei untertan der Obrigkeit, die Gewalt über ihn hat.« Politisches Handeln, zu dem sich Claudius durch die Zeitereignisse als Publizist durchaus aufgerufen fühlte, konnte für ihn auf nichts anderes als auf die Bewahrung patriarchalischer Verhältnisse abzielen.[276] Bereits vor der Revolution hatte Claudius in der dramatisierten Erzählung »Paul Erdmanns Fest« (188–206) das Idealbild einer in dieser Ordnung gegründeten Dorfgesellschaft gezeichnet: Bauern, Handwerker, Adlige und der von allen geliebte Gutsherr feiern mit dem Bauern Paul das fünfzigjährige Jubiläum seiner Hofübernahme; auch einer der durchreisenden »Handeljuden« überreicht ein Geschenk (»Ja ich dürf wohl; wir sind ja auf deutschem Boden!«). Die auf Gott und den Landesvater hin geordnete Gesellschafts- und Staatsverfassung im Bild der Familie – Claudius lässt keinen Zweifel am utopischen Charakter des Geschilderten. Aber so könnte es aussehen, »wenn das Ideal tatsächlich verwirklicht würde«.[277]

»Kron und Szepter«

In der Ausgestaltung des Obrigkeitsgedankens kommt Claudius in den 1790er Jahren zu bemerkenswerten Erweiterungen der traditionellen lutherischen Lehre. Vorbei sind die Zeiten, da er im *Wandsbecker Bothen* mit dem Gedanken der Ablösung eines schlechten Herrschers spielen konnte, mit Versen, die von den Zeitgenossen mit Begeisterung zitiert wurden: »Der König sei der beßre Mann / sonst sei der beßre, König.« (14) Das zielte auch damals nicht auf einen Umsturz der Regierungsform, war aber doch weit entfernt von dem mythisch verklärten Bild des Königs als »wohltätiger Genius von höherer Hand bestellt für sein Volk zu denken und zu wollen und mit stiller Liebe über ihm zu schweben« (417 f.), das Claudius zwanzig Jahre später zeichnete. Keiner der Regenten seiner Zeit entsprach, wie er wohl wusste, diesem überhöhten Bild, auch nicht der dänische. Heilig ist das königliche Amt; als göttliche Setzung so alt wie die Welt. »Kron und Szepter« werden im »Wiegenlied für die neugeborene Prinzessin von Dänemark« (1793) als »Heiliges Gerät« gepriesen. Claudius spricht dem König jetzt geradezu priesterliche Aufgaben zu. Könige und Regenten seien dazu berufen, »außer dem Glück der Erde, auch das Glück des Himmels zu spenden« und in ihrem Handeln »GOTT zu konterfeien, und die Menschen nach IHM hungrig und durstig zu machen«. (438)

Der Fürst als Imago Gottes, als Abbild des Weltenherrschers und wohltätigen Vaters seiner Geschöpfe, der die königliche Natur aller Menschen repräsentiert – diese bis ins 17. Jahrhundert wirksame Vorstellung war im Staatsdenken der Aufklärung wie in der lutherischen Orthodoxie bereits verblasst. Bei Claudius' sakraler Überhöhung des Monarchen könnte aber auch Saint-Martin Pate gestanden haben, in dessen politischer Theorie die Könige heilsgeschichtliche Bedeutung erhalten. Sie sollen an den Zustand des Menschen vor dem Sündenfall erinnern, den es wiederherzustellen gelte. Saint-Martins Verbindung von Theosophie und Politik wird in den Jahren nach der Hinrichtung Ludwigs XVI. bei Joseph de Maistre, dem Vordenker der Gegenrevolution, und bei dem bayerischen Naturphilosophen Franz von Baader zur Grundlage einer geschichtsphilosophischen Erklärung der Französischen Revolution nach dem Modell des kosmischen Sündenfalls. Als Übersetzer des »Philosophe inconnu« gehört auch Claudius in die Vorgeschichte der »politischen Theologie der Gegenaufklärung« (Schmidt-Biggemann), deren Wirkungen bis zur politischen Romantik des Novalis und den Ideologen der »Heiligen Allianz« von 1815, diesem religiös begründeten Bündnis der Kaiser von Österreich und Russland und des Königs von Preußen zur Aufrechterhaltung der monarchischen Ordnung, reichen. Doch entwickelt Claudius aus den Ansätzen einer universalgeschichtlichen, monarchischen Heilspolitik keine Staatstheorie. Ihn interessiert das innere Leben des Einzelnen, sein Lebensweg zu Gott.

Es war Johann Friedrich Reichardt, der das Unzeitgemäße und Problematische von Claudius' politischer Stellung scharfsichtig benannte, als er ihm vorhielt, »göttliche und menschliche Dinge in seinem Kopfe ehrlicher Weise« zu verwirren.[278] Der Kapellmeister, der sich Ende der 1780er Jahre von der sogenannten »Glaubenspartei« um Lavater, Hamann und Jacobi gelöst hatte und sich in Hamburg als politischer Publizist, Zeitschriftenherausgeber und Sympathisant der Revolution betätigte, ging hier mit dem Zeitgeist konform, der den Schritt zur Säkularisierung bereits vollzogen hatte.

Claudius dagegen vertraute seine unmittelbare Reaktion auf die Schrecken der Revolution einer auf 1793 datierten »Klage« an, die er 1812 veröffentlichte:

Sie dünkten sich die Herren aller Herrn,
    Zertraten alle Ordnung, Sitt und Weise,
    Und gingen übermütig neue Gleise

Von aller wahren Weisheit fern,
Und trieben ohne Glück und Stern
    Im Dunkeln hin, nach ihres Herzens Gelüste,
Und machten elend nah und fern.
Sie mordeten den König, ihren Herrn,
Sie morden sich einander, morden gern,
    Und *tanzen um das Blutgerüste.*

        Der Chor
Erbarm dich ihrer!

In der gottlos-selbstherrlichen Zerstörung aller Ordnung sah Claudius die eigentliche Verfinsterung des Lichts, die Ursache für Mordlust und Chaos. Dass das in Frankreich auch eine Reaktion auf die massiven Kriegsdrohungen der gegenrevolutionären europäischen Mächte war, durchschaute er nicht.

In Holstein wie überhaupt in Deutschland fanden die Auseinandersetzungen dieser Jahre auf kulturpolitischem Gebiet statt, als Kampf um Einfluss auf Schule, Kirche und öffentliche Meinung. Ihre Brisanz erhielten sie durch die Verbindung mit der durch die Revolution außerordentlich verschärften Frage der ständischen Ordnung, der Legitimität des Adels. Claudius sah mit der politischen Ordnung vor allem den christlichen Glauben bedroht. Je offener dieser Glaube im Namen der Vernunft bezweifelt wurde, mit umso größerer Entschiedenheit, ja Militanz bekannte der Bote von Wandsbek sich zur biblischen Offenbarungstheologie. Hatte er sich bei früheren Anlässen in die Kontroversen anderer eher glossierend eingemischt, so trat er jetzt als rabiater, zuweilen geradezu grobschlächtiger Angreifer und Akteur auf. Und wurde damit selbst zur Zielscheibe der Kritik.

Die Polarisierung der Meinungen beeinträchtigte den unbefangenen gesellschaftlichen Umgang der Menschen. Die kurländische

Reisende Elisa von der Recke, die 1793 nach Hamburg kam und auch Claudius besuchte, den sie schon vorher finanziell unterstützt hatte, führte darüber lebhafte Klage: »Gespräche über die französische Revolution verschlingen alle andre gesellschaftliche Unterhaltung und bringen eine gewisse Einseitigkeit des Geistes hervor, weil, wenn man es nicht mit beiden Teilen verderben will, man keinen Gedankentausch wagen darf.«[279] Auch im Umgang mit Claudius hält sie sich an die Maxime »schweigen und die Menschen beobachten«. So wohltuend seine häusliche »Lebensart« auf sie wirkt, so sehr »genieren« sie seine politischen Ansichten: »Seine Lieblingsideen springen bei allem, was er sagt, hervor, und er ist so fromm und gut, daß es bitteres Unrecht wäre, ihn durch Widerspruch zu betrüben.«[280] Der Kieler Kantianer Karl Leonhard Reinhold, Wielands Schwiegersohn, war nicht der Einzige, der bei Claudius sogar einen Zug von »Intoleranz« registrierte: »Er sagte über die französische Revolution, über Philosophie und Religion – viel Unsinniges, das man ihm nur dann leichter vergeben könnte, wenn er es mit weniger Anmaßung und mehr Grazie zu sagen vermöchte ...«[281]

⤙ Pressefreiheit ⤚

Vor allem der Streit mit August Hennings (1746–1829) sollte Claudius' Kräfte in diesen Jahren unverhältnismäßig absorbieren. Der Schwager der Geschwister Reimarus, königlich-dänischer Amtmann von Plön und Ahrensbök, Kammerherr und Zeitschriftenherausgeber, ein welterfahrener, selbstsicherer Intellektueller, war in vielem Claudius' Gegenpol: entschiedener Verfechter des Vernunftstandpunkts auch in Fragen der Religion, erbitterter Feind des Feudaladels und der »Geldaristokratie«, zugleich aber überzeugter Anhänger der dänischen aufgeklärt-absolutistischen Monarchie. In Plön wähnte er sich in die Provinz abgeschoben, nachdem sich seine Hoffnungen auf eine Karriere in Kopenhagen an der Seite seines Freundes Heinrich Ernst Schimmelmann aufgrund seiner radikalen Adelskritik und seines schroffen Auftretens zerschlagen hatten. Radikaldemokrat oder Jakobinerfreund war Hennings aber nicht. Er verstand sich als unparteiischer journalistischer Mittler zwischen Publikum und Regierung, der mit seinen Zeitschriften zur öffentlichen Verständigung der Bürger über das Gemeinwesen beitragen wollte. Die dafür unabdingbare Voraussetzung uneingeschränkter öffentlicher Meinungsfreiheit[282] war inzwischen auch unter der liberalen dänischen Pressepolitik gefährdet. So wurde 1793 auf Druck der Fürsten des Niedersächsischen Kreises Hennings' in Altona erscheinendes *Schleswigsches Journal* eingestellt. Er antwortete darauf mit der Ankündigung des *Genius der Zeit*, nicht ohne warnende Hinweise auf die Nachteile der Zensur für die Herrschenden. Umgehend reagierte Claudius in der *Neuen Zeitung* mit der Ankündigung einer eigenen Wochenschrift und einer Erklärung seines Asmus gegen »das öffentliche Weisheitpflegen über die Obrigkeit«. (936) Es sei ihm, so seine spätere Begründung, um Widerspruch zu der von Hennings angekündigten »Methode« gegangen (Br. I, 351), was nur heißen konnte, um Abwehr von Kritik und Aufklärung der Bürger über ihre Rechte.

Hennings vermutete Voreingenommenheit gegen seine Person – nicht nur bei Claudius, der ihn offenbar nicht persönlich, mit Sicherheit aber seine kritische Publizistik kannte. Zu gut passte Claudius' Ankündigung in die Linie der konservativen holsteinischen Adelskreise, denen der Amtmann seit langem ein Dorn im Auge war. Asmus' Erklärung, er selbst tauge nicht zum Herausgeber, es würden sich aber genügend »Biedermänner« finden, »die demnächst den Kanal beschiffen werden, wenn er nur eröffnet ist« (937), könnte bedeuten, dass der Plan die Unterstützung der Emkendorfer und wohl auch des Grafen Friedrich Leopold Stolberg hatte. Wie das im Jahr darauf gegründete antirevolutionäre Kampfblatt *Eu-*

dämonia beweist, das sich auch mit Gedichten von Claudius und Friedrich Leopold Stolberg schmücken sollte, lag der Gedanke, die konservativen Kräfte um ein kollektives Organ zu bündeln, in der Luft. Vielleicht stimmt aber auch die von Reichardt möglicherweise ironisch gemeinte Vermutung, »die ganze Anzeige« sei »nur so ein Schwank« des naiven Asmus.[283] Für beide Annahmen gibt es Argumente, aber keine Beweise.

Die angekündigte Zeitschrift ist nie erschienen. Claudius zog zurück, als Hennings ihm zu verstehen gab, dass der Streit für ihn existenzgefährdend sei. Persönlich schaden wollte er seinem Kontrahenten nicht. Der *Genius der Zeit* hingegen blieb bis 1802 ein vielgelesenes Journal mit namhaften Mitarbeitern aus dem norddeutschen Raum, unter ihnen Gerhard Anton von Halem, Adolph von Knigge, Georg Friedrich Rebmann, Karl Leonhard Reinhold, Johann Heinrich Voß und der alte Gleim.

In der Sache gab Claudius nicht nach. Als 1795 die in Holstein herrschende rationalistische Theologie und eine wenig inspirierte Gegenschrift des Rendsburger Probstes Johann Leonhard Callisen Gegenstand eines Schriftenkriegs wurden, an dem sich auch Hennings beteiligte, schrieb Claudius »Eine Fabel«, in der er ziemlich unverblümt die Wiedereinführung der Zensur forderte. Es spricht für wohlinformierte Koordination im Hintergrund, dass die Verse in derselben Ausgabe der *Hamburgischen Neuen Zeitung* erschienen wie ein zu Ruhe und Ordnung mahnendes Mandat der Kopenhagener Regierung gegen »verführerische Schriften«.[284] Voß ließ daraufhin im selben Blatt seine Gegenfabel »Der Kauz und der Adler« drucken – angestachelt von Friedrich Heinrich Jacobi, der hier ein eigenartiges Doppelspiel trieb, hatte er doch zuvor die »Fabel« seines Freundes Claudius verbreitet. Bei Voß begrüßt der Hahn (Hennings!) das Licht der Aufklärung, während der in »heil'gem Dunkel« lehrende Kauz mit seinen Zensur- und Bestrafungswünschen beim königlichen Adler nicht ankommt: »Der Adler that, als hört' er nicht, / Und sah' ins junge Morgenlicht.«[285] Der Konflikt ging weiter, als Hennings die Voß'sche »Fabel« mit derb beleidigenden Worten gegen Claudius nachdruckte. Wie aufmerksam die Vorgänge in der Öffentlichkeit verfolgt wurden, zeigt Kants Lob dieser Fabel in der *Berlinischen Monatsschrift*.[286] Nicht nur wegen der Prominenz der Kontrahenten war der Streit um die Meinungsfreiheit von überregionalem Interesse.

Die Vision des souveränen Adlers, der das Geschrei der Nachtvögel ignoriert, war ein Wunschbild von Voß, das von den Ereignissen widerlegt wurde. Der nächste Akt der holsteinischen Querelen, ein Streit über die Einführung einer neuen (rationalistischen) Kirchen-Agende [Gottesdienstordnung], in den Claudius von Hennings hineingezogen wurde, zog 1799 ein königliches Reskript nach sich, das »jedem Preßunfuge«[287] Einhalt gebot. Das betraf Bücher, Flug- und Zeitschriften und brachte auch in Holstein Einschränkungen der vielgepriesenen, dank Andreas Peter von Bernstorff noch nach der Revolution geltenden Pressefreiheit; allerdings waren die Bestimmungen längst nicht so restriktiv, wie sich das die Emkendorfer gewünscht hatten.[288]

⤙ *Personalpolitik* ⤚

Unter dem Eindruck der politischen Ereignisse verschärfte sich in den 1790er Jahren die Polarisierung, die sich im vorangegangenen Jahrzehnt angebahnt hatte. In diesen Zusammenhang gehört Voß' bitteres Wort von Emkendorf als »Schmiede für Geistesfesseln«.[289] Friedrich Graf Reventlow, dessen Spitzname »Wauwau« die aggressive Wachsamkeit des scharf denkenden Grafen gut erfasst, hatte schon 1794 über seine verwandtschaftlichen Beziehungen in Kopenhagen dafür gesorgt, dass an dem Revolutionsschwärmer Carl Friedrich Cramer, dem begabten und exzentrischen Sohn des alten

Klopstock-Freundes und ehemaligen Kopenhagener Hofpredigers, mit einem Berufsverbot und der Ausweisung aus Kiel ein Exempel statuiert wurde. Und nach Andreas Peter von Bernstorffs Tod (1797) verfügte dessen Nachfolger als Chef der Deutschen Kanzlei in Kopenhagen, Cay von Reventlow, sofort die Rücknahme der Kirchen-Agende, die in der Bevölkerung für erhebliche Unruhe gesorgt hatte. Sein Bruder Fritz, seit 1800 Kurator der Universität Kiel, nutzte das Amt für Personalentscheidungen im Sinne seiner antiaufklärerischen Kulturpolitik. Sein Hauptaugenmerk galt der Ausbildung der Theologen und Schullehrer. Allerdings bewies er hier keine glückliche Hand. Auf sein Betreiben hin wurde 1798 Johann Friedrich Kleuker als Gegengewicht gegen die in Kiel amtierenden neologischen Exegeten auf einen eigens eingerichteten theologischen Lehrstuhl der Kieler Universität berufen, nach Empfehlungen von Stolberg und Jacobi und wohl auch mit Claudius' Billigung. Doch der angesehene Orientalist, theologisch ein Vertreter des Supranaturalismus, war als Lehrer farblos und den Emkendorfern nicht militant genug.

Als Kurator konnte Reventlow auch den verhassten Rationalisten Johann Otto Thieß seines Amtes als Philosophiedozent und Adjunkt der Theologischen Fakultät entheben und wie Cramer aus Kiel ausweisen lassen. Und schließlich zwang er Heinrich Müller, den Leiter des Kieler Lehrerseminars, einen begabten Didaktiker, dessen radikale rationalistische Theologie aber nicht mit lutherischen Grundpositionen zu vereinbaren war, zum Rücktritt.

Hinter den Kulissen hatte sich auch Claudius zur Aktion gegen das Lehrerseminar aufgerufen gefühlt. Er nahm eine Schrift, die das Seminar gegen vorangegangene Agitation aus Emkendorf in Schutz nahm, zum Anlass, in einem Brief an den Grafen Cay von Reventlow in Kopenhagen das Institut »förmlich zu denunciren und zu bitten, daß dem Unfug gesteuert werde«. Eine erstaunliche Wortwahl, hatte doch Denunziation – ursprünglich ein Rechtsbegriff – schon im ausgehenden 18. Jahrhundert einen deutlich negativen Beiklang. Für »eine der schändlichsten Handlungen« erklärte beispielsweise Reichardt »das heimliche Angeben (Denunciren) eines Nebenmenschen an den Mächtigen«.[290] Der Komponist wusste, wovon er sprach: Er war 1794 in Preußen nach Spitzelberichten aus Hamburg über seine revolutionsfreundlichen Äußerungen im Reimarus-Sieveking-Kreis als königlicher Kapellmeister von Friedrich Wilhelm II. entlassen worden. Claudius betonte, er schreibe »gewissenshalber«, und gebrauchte dafür den alten juristischen Terminus für Strafanzeigen an die Obrigkeit im Interesse des Gemeinwesens: Denunziation. Vielleicht war ihm noch der spezifische Gebrauch dieses Begriffs in der um 1800 bereits obsoleten Praxis lutherisch-orthodoxer Glaubensstrafverfahren in Erinnerung. Auch ihm ging es um ein hohes Gut: die Bewahrung des alten Glaubens durch unverwässerte Weitergabe an die »künftige Generation des Landes«. (Br. I, 384)

Der Brief könnte mit Friedrich Reventlow abgesprochen sein, doch ist die starke eigene Beteiligung zu spüren: »Dieser selbstkluge Geist kann nicht gebessert, sondern muß ausgerottet werden« – ein Satz, den man in Anbetracht der friedfertigen Haltung des jüngeren Claudius eher einem orthodoxen Polemiker zugetraut hätte. Claudius hatte kein Amt, das ihn zur Verteidigung der reinen Lehre verpflichtete. Aber so, wie er Luther verstand, war hier jeder Hausvater in Holstein aufgerufen. Von wem die Initiative ausging, ist unklar, politisch dürfte Reventlow die treibende Kraft gewesen sein, die theologisch-moralische Autorität im Hintergrund war Claudius. Seine Anzeige, die sich, nur gestützt auf die anonyme Schrift eines Dritten, unter Umgehung des Instanzenwegs an die oberste Verwaltungsbehörde wandte, ist, wie Dieter Lohmeier zu Recht konstatiert, für Claudius »kein Ruhmesblatt«, spricht sie doch »nicht eben für ein empfindliches Bewusstsein der Bedeutung eines korrekten Geschäftsgangs in Justiz und Verwaltung«.[291] Auch von der seinerzeit in Claudius' *Disputation* bei Goeze angemahnten »Billigkeit zu untersuchen ehe man eifert«, ist keine Rede mehr.

Die Spannung, in der sich Claudius in den Jahren nach der Revolution befand, spiegelt sich auch in dem (1798 veröffentlichten) Lied »Krieg und Friede«, das vermutlich während des ersten Koalitionskrieges gegen Frankreich um 1792 entstand. Dieses Dokument eines krisenhaften Bellizismus appelliert zwar an die Fürsten, nicht »ohne Not« Krieg zu führen (»Menschenblut / Ist doch viel zu gut«), schließt aber gleichwohl angesichts der Bedrohung von »Herd und Altar« mit der Aufforderung, die Feinde »zu schlagen bis sie liegen!«, und der fatalen Refrainvariante: »Das ist Recht, und ist Vergnügen. / Menschenblut / Ist denn nicht zu gut.« Der Verfasser des »Kriegslieds« als literarischer Realpolitiker – man muss kein Pazifist sein, um die Peinlichkeit der sprachlichen Entgleisung zu empfinden, deren Affekt weit über eine Befürwortung des Verteidigungskriegs hinausschießt.

Mit der Ernennung des dreiundsiebzigjährigen Hermann Daniel Hermes zum Nachfolger Müllers überspannte Reventlow den Bogen vollends.[292] Der Breslauer Konsistorialrat stand für alles, was die Aufklärer als Obskurantismus bekämpften. Er hatte bei der Durchführung des berüchtigten preußischen Religions- und Zensuredikts seines Freundes Johann Christoph Woellner von 1788 mitgewirkt und war wie dieser 1798 nach dem Regierungsantritt Friedrich Wilhelms III. entlassen worden. Sein Ruf nach Kiel zeitigte einen Schriftensturm, der die Gemüter weit über die Grenzen Schleswig-Holsteins hinaus erregte. So weit konnte Claudius' Beitrag zu der Kontroverse nicht dringen. Seine 1805 anonym veröffentlichte Broschüre, die Reventlows Politik verteidigte, *An den Naber mit Rat* [...] *Van enen Holstener* (An den Nachbarn, der mit Rat [in seinem Sendschreiben] hervorgetreten ist) war auf Plattdeutsch geschrieben, noch dazu in einer so künstlichen und altertümlichen Sprachgestalt des Niederdeutschen, dass sie vermutlich weder die gebildeten Zeitgenossen noch das einfache Volk erreichte.[293] Mehr als ein Jahrzehnt später kam der alte Claudius, der sich gerade intensiv mit Luther beschäftigte, anhand der Abendmahlskontroversen des 16. Jahrhunderts zu der Erkenntnis, dass Luther in diesem Streit »mehr als nötig gewesen wäre« reagiert und damit womöglich die Einheit der Kirche der Reformation verspielt habe. (616 f.) Sah er in der Identifikation mit dem Reformator sein eigenes Verhalten gespiegelt? »Aber Luther war kein Heiliger, und er hatte es nicht mit Heiligen zu tun. Und in dem Zustande, dahin damals die Sachen gekommen waren, ist wohl etwas von dem Sauerteig zu vergeben, und vielleicht nötig gewesen, um eine Seele zum Reformieren in Gärung zu setzen, und unerschrocken und bei Mut zu erhalten, damit doch etwas geschehe.« (617) Von Reformieren konnte bei den holsteinischen Kämpfen allerdings keine Rede sein.

·•· *Kant, Goethe und Schiller* ·•·

Einen von vornherein ungleichen Kampf nahm Claudius gegen die Philosophie Kants auf. Auf seine Bitte hin hatte Friedrich Heinrich Jacobi im Winter 1791/92 in einer langen, auf mehrere Posttage verteilten Epistel versucht, ihm das System des Königsberger Philosophen zu erklären.[294] Freilich vergebens, Claudius verstand Kant nicht, und dass er ihn nun durch die Brille der Vorurteile seines Freundes zu lesen bekam, machte es nicht besser. Der Philosoph erschien ihm als eines jener Beispiele lebensfremder Gelehrsamkeit, die er zeitlebens bekämpft hatte, und die »Kantische Deduktion der Religion aus der Moral«[295] musste er nach seinem eigenen Vorverständnis ablehnen. Claudius' Verständnisschwierigkeiten hinderten ihn nicht an dem Versuch, Kant und die »neue Aufklärung« auf jede erdenkliche Weise mit platten Spottversen und Travestien der Lächerlichkeit preiszugeben. Es entbehrt nicht der Ironie, dass er sich damit in die Anti-Kant-Front der popularphilosophischen Spätaufklärung von Nicolai bis Hennings einreihte, die dem Philosophen mit ähnlicher Verständnislosigkeit begegneten. Claudius' Einwände hatten jedoch eine andere Wurzel: Sein Apriori, das er dem von Kant entgegenhielt, war ein religiöses. Er nannte es »eine lebendige Kraft« der inneren Erkenntnis, die »nicht durch leblose Begriffe und Urteile [...] in Bewegung gesetzt« werde. Was hätte er wohl gesagt, wenn er erfahren hätte, dass sein Bild dereinst in Arthur Schopenhauers Arbeitszimmer in einem Rahmen neben dem von Kant hängen würde?

Mit Spott reagierte er auch auf den aufsehenerregenden Rundumschlag aus Weimar, die bissigen *Xenien*, mit denen Goethe und Schiller 1796/97 den Zeitgeist attackierten und alle, Zeitschriften, Rezensenten, Aufklärer, Revolutionsfreunde und rückständige Fromme, aufs Korn nahmen, den ganzen Betrieb und insonderheit diejenigen, die es gewagt hatten, sich kritisch über die Weimarer zu äußern. Wenige Jahre davor (1793) hatte Goethe Jacobi noch gefragt, was wohl Claudius von seinem Aufsatz über die farbigen Schatten hielte.[296] Nun attackierte ein Distichon in den *Xenien* (es stammt von Schiller) vordergründig den Übersetzer von Saint-Martins *Irrthümer und Wahrheit*, brach dabei aber im Grunde den Stab über Claudius' gesamte publizistische Existenz:

Erreurs et Vérité

Irrtum wolltest du bringen und Wahrheit, o Bote, von Wandsbeck;
Wahrheit sie war dir zu schwer; Irrtum, den brachtest du fort.

Claudius revanchierte sich mit einer von Schiller mit Recht als »ungeschickt« abgetanen Rezension im *Xenien*-Versmaß in der *Hamburger Neuen Zeitung*.[297] »Plattdeutsch im Zeitungsformat«, befand Goethe. Die von Claudius verfassten und bis auf wenige Ausnahmen harmlosen Antixenien fanden nur in Enkendorf begeisterte Zustimmung. Die folgenden wollen Goethe treffen:

Das Distichon

Im Pentameter zieht der ästhetische Dudelsack Wind ein;
   Im Hexameter drauf läßt er ihn wieder heraus.

Der Schriftsteller und der Mensch

Er schrieb. Sie beteten den jungen Schreiber an –
Und es war um den Menschen getan!
O hättest du den Götzen nicht geschrieben;
So wären deine Götter in dir geblieben.

12.

GLAUBENSGENOSSEN

»Die Fürstin Gallitzin im Kreise ihrer Freunde«

W ährend Claudius in der tonangebenden literarischen Öffentlichkeit mehr und mehr an Rückhalt verlor, wurde er in dem
sich jetzt formierenden Netzwerk der christlichen Gegenaufklärung
zu einer wichtigen Referenz. Die Mitglieder der 1781 gegründeten
Basler Deutschen Christentumsgesellschaft, die der rationalistischen Tendenz publizistisch Paroli bieten wollten, betrachteten ihn
als einen der Ihren. Er selbst suchte keine nähere organisatorische
Verbindung,[298] sein Haus in Wandsbek aber wurde zur Anlaufstel-
le für Menschen aller Konfessionen, deren individueller Zugang
zum Glauben sie von jeder Form von Orthodoxie entfernte, auch
wenn sie weiter in ihren Glaubensgemeinschaften blieben. Der
Prominenteste, der mit seiner ausgedehnten Korrespondenz viel
zur Vernetzung der verschiedenen Gruppen und Individuen beitrug,
war Johann Caspar Lavater.

1793 reiste der Zürcher Prediger nach Kopenhagen und machte
natürlich auch in Wandsbek Station. Gräfin Auguste Stolberg, inzwischen mit Andreas Peter von Bernstorff, dem Außenminister
und Chef der Deutschen Kanzlei in Kopenhagen, verheiratet, hatte
ihn eingeladen, das in dem kleinen, exklusiven Zirkel um den dänischen Statthalter Prinz Carl von Hessen praktizierte Licht-Orakel
zu prüfen, mit dessen Hilfe sie glaubten, unmittelbare, sinnlich
erfahrbare Verbindung mit Christus aufnehmen zu können. Lavater, seinerseits unablässig auf der Suche nach verifizierbaren
übernatürlichen Erfahrungen, muss von den Nachrichten aus dem
Norden elektrisiert gewesen sein. Es spricht für seine Ehrlichkeit
wie für seine Grundhaltung als Aufklärer, dass der Prinz (Lavater beschreibt ihn als »sonderbares Gemisch von Militargenie
und wißbegieriger Religiosität«[299]) ihn nicht überzeugen konnte und er ohne Gewissheit über das Phänomen von der Reise
zurückkehrte.

Den eigentlichen Reisezweck hielt er streng geheim, doch ist kaum vorstellbar, dass er nicht wenigstens das ihn brennend beschäftigende Problem der sinnlich-realen Christus-Gewissheit auf der Rückreise Claudius gegenüber zur Sprache brachte, auch wenn den beiden bei dem Lavaters wegen einsetzenden Besucherstrom in Wandsbek nicht viel Zeit füreinander blieb und er wissen konnte, dass sie in diesem Punkt nicht einer Meinung waren.[300] Erst bei der Abfahrt, buchstäblich in letzter Minute, kam es zu einer bezeichnenden kleinen Aktion. Claudius scheint dem Gast eine stumme, aber sprechende Antwort auf ausgesprochene oder unausgesprochene Fragen angeboten zu haben. Lavater saß mit Tochter Nettchen schon in der Kutsche, in die die Claudius-Kinder »ihr Händegewimmel« reichten, da drückte der Freund ihm »noch eine silberne Medaille mit einem Christusbild in die Hand«.[301] Eine der typischen paradoxen Symbolhandlungen, wie der Weise von Wandsbek sie auch sonst liebte: das mit Händen zu greifende Abbild des Unsichtbaren anstelle einer sinnlich greifbaren Erfahrung des Transzendenten, die Lavater so unablässig suchte. Was Claudius über das Bild Gottes dachte, hätte Lavater im *Asmus* nachlesen können: Es komme darauf an, »in allem unserem Tun und Lassen [...], wir schlafen oder wachen [...] das Bild des Allerbesten, des Allerweisesten, des Allergerechtesten, des Allerwahrhaftigsten, des Allerbarmherzigsten beständig wie unser Leben in uns [zu] tragen«. (246)

Ein sehr persönliches Geschenk. Claudius mag die kleine Medaille bis dahin selbst bei sich getragen und ähnlich betrachtet haben wie den Kupferstich nach einer Kreuzigungsszene des französischen Barockmalers Charles Le Brun, der in seinem Haus hing.[302] Für sein Interesse an derartigen Ikonen spricht auch die Bitte an Maler Müller (1777), ihm in Italien »einen guten Christus-Kopf« zu zeichnen.[303] Das war nicht die Bitte eines Kunstsammlers. Im protestantisch-norddeutschen Raum mag das zunächst überraschen. Doch es zeigt, wie unbefangen überkonfessionell Claudius sich die Medien einer gemüthaften privaten Andacht aus dem Fundus religiöser Kunst aneignete. Anders als seine Emkendorfer Freunde konnte er sich keine Originalgemälde von Angelica Kauffmann leisten oder seine Wohnräume von italienischen Künstlern ausmalen lassen. Für weniger bemittelte Bürger gab es Reproduktionen. Ein Engel Gabriel mit dem Lilienstängel und die Heilige Familie eines italienischen Malers hingen in der Wandsbeker Wohnstube. Hier stand auch der große friesische Kachelofen mit Szenen aus dem Alten Testament, an die Claudius in seinen Erzählungen für die Kinder und Enkel »in der Dämmerstunde« anknüpfte.[304] Bilder waren ihm zeitlebens wichtig, doch die rastlose Jagd nach Bildern des Unsichtbaren in der Hoffnung, »durch sie zu genesen«, lehnte er ab: »Bilder sind Bilder. Sie können, wenn sie getroffen sind, sehr angenehm überraschen und täuschen, aber nimmermehr befriedigen. Befriedigen kann nur das Wesen selbst.« (484)

⸺ »Verachte keine Religion« ⸺

Auch katholische Christen nahmen jetzt Verbindung mit Claudius auf. Im konfessionell gespaltenen Alten Reich waren ökumenische Kontakte immer noch die Ausnahme. Mit ihrem Impuls zum freien Austausch über Konfessionsgrenzen hinweg waren sie Ausdruck neuer Lebens- und Denkformen. In der Erweckungsbewegung des schwäbischen Katholizismus um den Pastoraltheologen und Priester Johann Michael Sailer aus Ingolstadt (1751–1832) und den Regierungspräsidenten des Fürstentums Oettingen, Johann Baptist von Ruoesch, den »Asmus von Oettingen«, war Claudius eine hochverehrte, vielzitierte Vorbildgestalt einfacher, innerlicher Frömmigkeit. Sailer brachten seine unorthodoxen Lehrmethoden und seine Toleranz Protestanten gegenüber (unter ihnen Lavater) in Schwierigkeiten mit der eigenen Kirche. Einer seiner Schüler, der Priesteramtskandidat

Johannes Settele, der 1790 nach Wandsbek kam und eine Zeitlang bei Claudius wohnte, hat eine farbige Beschreibung des Wandsbeker Lebens hinterlassen, in das er sich ohne Schwierigkeiten einfügen konnte: »Vor oder nach dem Abendessen nimmt Claudius seinen oben gekrümmten Stecken – seine Haare hängen ihm unfrisiert und ungepudert über den Nacken; er ist auch nicht bange, wenn ihm die Strümpfe in Falten über die Beine hängen – und wir durchstreifen das angränzende angenehme Wäldchen, das er so schön und wahr besungen hat, wo das Kühle der Luft und der schön glänzende Mond, der durch getheilte Blätter scheint, öfters in unsre Gespräche einfließt und uns in höhere Regionen zu führen scheint. Oder wir stehen im Garten um das Chor gelber Nachtblumen und warten stille den Zeitpunkt ihrer Entwickelung ab. Mich freuen und belehren immer die Fragen der Kinder, die auch hier unsere Gesellschafter sind. Der Vater zeigt und erklärt ihnen das Wunderbare dieser Erscheinung und winkt immer auf den Schöpfer. Da ist's oft als wenn wir um einen Altar ständen.«[305] Eine Urszene Claudius'scher Naturbetrachtung im Alltag wie in der Dichtung.

Seit 1791 kam einige Male eine ausgesprochen unkonventionelle Katholikin aus Münster nach Wandsbek: Amalie von Gallitzin (1748–1806). Das erste Mal erschien die Fürstin, die Claudius bisher nur aus Erzählungen kannte, im Februar, inkognito und unangemeldet, nach einer ihrer für damalige Verhältnisse ungemein exzentrischen Fußwanderungen (zu jener Jahreszeit eine Strapaze), in Begleitung ihrer fast erwachsenen Kinder Mimi und Mitri und ihres Beichtvaters Bernhard Overberg und blieb vier Wochen lang. Sie stellte sich als »Schulmeisterin in Westfalen« vor, Pädagogik war ihre Leidenschaft. Die aus Preußen stammende geistvolle und extravagante Aristokratin, die auch Goethe imponierte – hochgelehrt, philosophisch interessiert und leidenschaftlich in ihrem Streben nach Selbstvervollkommnung, Wissen und Liebe –, hatte in Münster zum katholischen Glauben ihrer Jugend zurückgefunden.

Beeindruckt von dem aufgeklärten Schulwesen des Domherrn und Ministers Franz Friedrich Wilhelm von Fürstenberg (1729–1810), war sie 1779 mit ihren Kindern nach Westfalen gezogen. Noch immer suchte sie, nach Hamanns Diagnose »an Leidenschaft für Größe und Güte des Herzens siech«,[306] eine Vaterfigur als Seelenführer. Hamann, der sie bei seinem Besuch in Münster kurz vor seinem Tod tief beeindruckt und zeitweilig von ihrer quälerischen Selbstbeobachtung befreit hatte, war von der Fürstin 1788 in ihrem Garten an der Grünen Gasse beigesetzt worden. Jetzt versprach sie sich geistig-geistlichen Austausch mit Claudius. Die Andachtsstunden und Gespräche in seinem Haus taten ihr wohl. Hier fand sie »Gott und das wahre Christentum lebendiger wirksam« als irgendwo sonst.[307] Noch zweimal kam sie in den kommenden Jahren nach Holstein, besuchte Friedrich Leopold Stolberg in Eutin und schloss Freundschaft mit Julia Reventlow in Emkendorf.[308] Mit Claudius entspann sich ein brieflicher Austausch, unter anderem über Mystikerschriften und den Kirchenvater Augustin.

Als Stolberg 1800 nach langem Ringen in Münster zum Katholizismus konvertierte, beeindruckt von dem Beispiel französischer Emigranten in seiner Nachbarschaft und im Gedankenaustausch mit der Fürstin, war das für die gebildete Welt in Deutschland ein heute kaum noch vorstellbarer Skandal. Einer der wenigen bürgerlichen Freunde Stolbergs, der darauf nicht mit schroffen Verdammungsurteilen reagierte, war Claudius. Ohne die Trauer über die Trennung zu verbergen oder seine eigene Überzeugung aufzugeben, hielt er sich an die Lebensregel, die er gerade seinem Sohn Johannes mitgegeben hatte: »Verachte keine Religion, denn sie ist dem Geist gemeint, und Du weißt nicht, was unter unansehnlichen Bildern verborgen sein könne.« (546) Man müsse, schrieb er seiner Tochter Anna, in der Causa Stolberg »einen Gesichtspunkt suchen, woraus man wo nicht rechtfertigen, doch entschuldigen kann«.[309] Stolberg gab er zum Abschied einen Satz mit, der wie eine innerchristliche Variante von

Lessings Ringparabel klingt: »Nun, wir haben Einen Herrn Christus und wollen gegenseitig uns auffordern, wer ihn von uns Beiden am meisten lieben wird.«[310] Und zu dem, was Rebecca einer ebenfalls zum Katholizismus konvertierten Hamburger Freundin schrieb: »Wir schöpfen doch aus Einer Quelle«, merkte er an: Anderes wisse er auch nicht zu sagen, »und kaum so was gutes«. (Br. I, 386)

In den aufgewühlten Wochen und Monaten nach dem Bekanntwerden von Stolbergs Schritt tröstete Claudius die verstörten Freunde durch seinen Gleichmut. Für Gräfin Katharina Stolberg, das innig geliebte »Tante Käthchen« der Claudius-Familie, war die Konversion ihres Bruders wegen ihrer engen Beziehung zu seinen Kindern aus erster Ehe mit Agnes, geborene von Witzleben, besonders schmerzlich. Anders als bei denen, die wie Voß einen erbitterten Kampf um die konfessionelle Erziehung der Kinder führten, standen bei ihr weniger weltanschauliche Gründe im Vordergrund als der Umstand, dass sie nun nicht mehr die Erzieherin der geliebten »Agneskinder« sein durfte. Der Brief, in dem Claudius der Gräfin diese bittere Tatsache nahezubringen und sie gleichzeitig davon abzuhalten sucht, deswegen ebenfalls zu konvertieren, gehört zu seinen Meisterstücken seelsorgerlichen Zuspruchs – voller Verständnis und unverkrampftem Menschenverstand im Urteil. Auch später ist sein Rat gelassen und herzlich: »Sie sagen, liebe Gräfin, ich soll Ihnen über Katholizismus und Protestantismus schreiben. Was ich darüber weiß, habe ich Ihnen ja gesagt; was soll ich denn noch schreiben? Genießen und nutzen Sie den Eindruck, den fromme Katholiken auf Sie machen, soviel Sie immer können. Wenn einige Dinge Ihnen, wie Sie schreiben, im Wege stehen, so lassen Sie solche stehn. Warum wollen Sie von Dingen überzeugt sein, davon Sie sich nicht überzeugen können? Und wenn Sie meinen, daß die Katholiken manche Dinge haben, die gut sind und die wir Protestanten nicht annehmen, wer wehrt Ihnen diese Dinge, wenn Sie davon überzeugt sind, als Protestantin anzunehmen?« (Br. I, 385)

Wer von solchen Differenzierungen nichts wusste, erwartete, als Claudius drei Wochen nach Stolbergs Übertritt eine Übersetzung der religiösen Schriften des Erzbischofs Fénelon (1651–1715) ankündigte, die baldige Konversion des vermeintlich verkappten Katholiken aus Wandsbek. Dagegen setzte der ökumenisch weitherzige Priester und Theologieprofessor Johann Michael Sailer seine Überzeugung: »Claudius kann nie zu unsrer Kirche übergehen, denn Claudius sitzt tief und fest in dem Mittelpunkte der reinen Mystik und die da sitzen, sind vor Übergängen ziemlich sicher.«[311] Vor dem Übergang zur katholischen Kirche konnte Claudius allein schon seine lutherische Wertschätzung des Laienamts bewahren. Die Gräfin Katharina Stolberg konvertierte zwei Jahre später schließlich doch, machte diesen Schritt aber bald darauf wieder rückgängig.

Wie weit Claudius von konfessioneller Enge entfernt war, zeigt sich auch an seinem lebhaften Interesse an außerchristlichen Religionen und Weisheitswegen. In ihnen erkannte er dasselbe Streben nach Befreiung von irdischer »Knechtschaft«, denselben Kampf zwischen Geist und Trieb, die gleiche Erlösungssehnsucht. Hier liege »das Geheimnis, das Konfuzius und Zeno und die Weisen aller Zeiten und Völker im Sinne gehabt und gesucht haben. Alle Religionen und Philosophien sind im Grunde nichts anders, als Projekte, als Vorschläge und Weg dazu.« (609 f.) Im letzten Jahrzehnt seines Lebens befasste sich Claudius daher, an frühere Interessen und Anregungen anknüpfend, eingehend mit religionsvergleichenden Studien. Dabei interessierten ihn vor allem die Beispiele religiöser und philosophischer Lebenspraxis, die ernsthaft ringenden Wahrheitssuchenden, die er die »Tugendhaften« nennt, die »mit verbissenen Lippen und unverrücktem Ernst dem unvergänglichen Gut« nachgingen, »ohne sich umzusehen« (288). Die Grundlage seiner Toleranz war die Überzeugung, dass »alle wahre Weise und Männer Gottes seit der Welt Anfang mit Christus zusammen[hängen] wie die Ströme und Flüsse mit dem Meer«. (367)

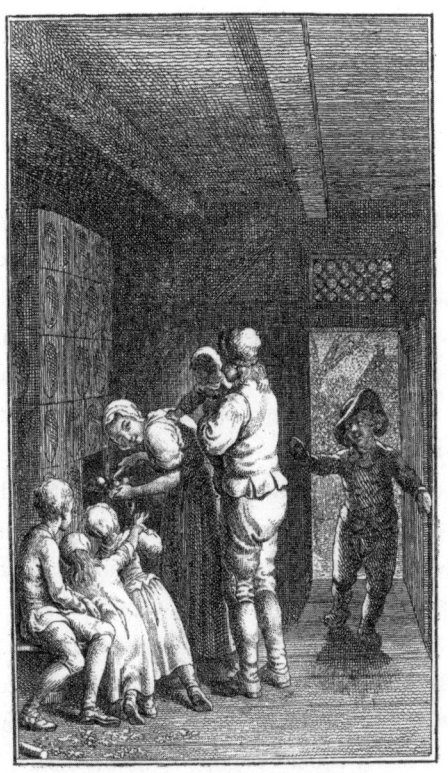

Daniel Chodowiecki: »Der Herbstling«

In dem Jahrzehnt, in dem Claudius sich im Kampf gegen die »neue Aufklärung« aufreibt, werden ihm zwei seiner Kinder durch den Tod entrissen. 1788 starb Matthias, keine zwei Jahre alt, 1796 an einem Nervenfieber die zwanzigjährige Christiane. Auch als wiederholte Erfahrung verliert der Tod nichts von seiner Grausamkeit. »Ich dachte lange schon, mein Glaube sei fest und stark; in der Stunde aber, in der ich meinen Matthias in den Sarg legte, da wollte Ergebung und Demut fast nicht halten; der Glaube ward hart geprüft; da erst lernte ich verstehen, was es mit dem Menschenleben auf Erden auf sich hat. Was vorherging war nur Kinderspiel!«[312]

Nach langer Zeit findet Claudius jetzt wieder zu lied- und spruchhafter Versrede, als habe die Erschütterung noch einmal das Tor zur inständigen Sprechweise der Lyrik geöffnet, über die er nicht willentlich verfügte – als sei es ihm ein Bedürfnis, sich mit Tod und Ewigkeit, seinem alten Kardinalthema, nicht nur in der philosophisch-theologischen Reflexion zu befassen, sondern den Schmerz mit souveräner Einfachheit in der Sprachform zu halten und aufzuheben. So punktuell diese Freisetzung seiner dichterischen Kräfte auch ist, sie widerlegt das pauschale Urteil vom altersbedingten Versiegen des poetischen Vermögens.

»Und der Tod! er ist doch schrecklich [...] und der Wurm am Zaun krümmt sich vor ihm, denn er nimmt uns alles«, hatte Claudius wenige Jahre zuvor geschrieben und die Einsicht formuliert, dass der Glaube angesichts des Todes »nicht so zu Gebot« stehe. (270) Unter der Gegensatzspannung zwischen dem grausamen Faktum des Todes und der Hoffnung auf seine Überwindung stehen die nach dem Verlust der Kinder entstandenen Gedichte. Deshalb wird im Spruchgedicht »Der Tod« der Blick einzig auf den Augenblick des Sterbens gerichtet, ohne Hinweis auf ein Leben danach. Unmittelbar darauf folgt im Kontext der Werkausgabe der

Vierzeiler »Die Liebe«, der auf eine Raum und Zeit durchdringende, übergreifende Wirklichkeit verweist.

Der Tod

Ach, es ist so dunkel in des Todes Kammer,
Tönt so traurig, wenn er sich bewegt
Und nun aufhebt seinen schweren Hammer
Und die Stunde schlägt.

Die Liebe

Die Liebe hemmet nichts; sie kennt nicht Tür noch Riegel,
Und dringt durch alles sich;
Sie ist ohn Anbeginn, schlug ewig ihre Flügel,
Und schlägt sie ewiglich.

Beide Vierzeiler sind so kunstvoll aufeinander bezogen, dass man von einem einzigen Gedicht mit zwei Strophen sprechen kann, die im Kontrast der Bewegungsformen, der Raum- und Zeitvorstellungen vielfach miteinander verklammert sind. Im Bild der Kammer sind die Sterbestunden und -orte in Claudius' Leben enthalten, die Erinnerung an die alltäglichen Kranken- und Schlafkammern, das von Vorhängen umgebene Bett, in das sich Freund Hain »hereinhängt«, wie es der Kupferstich von Chodowiecki zu dem Gedicht »Nach der Krankheit 1777« in der ikonographischen Tradition der mittelalterlichen *ars moriendi*, der Kunst des guten Sterbens, festhält. Vielleicht führt über den sprachlichen Anklang sogar eine Spur zurück zu der »dunklen Kammer« und dem Hammer des Meisters der Freimaurer, deren Übergangsritual der lebens- und sterbenserfahrene Claudius freilich jetzt zu dem »Kinderspiel« rechnen mochte, das »vorherging«.

Einige der nach Christianes Tod entstandenen Gedichte und Prosatexte fügt Claudius im sechsten *Asmus* zu einer Kette formal und inhaltlich höchst unterschiedlicher Aussagen über Leben, Tod und Ewigkeit.[313] Sie umspannt das Persönliche wie das allgemein Menschliche und Überpersönliche und beleuchtet jeweils andere Aspekte, von der ergreifend schlichten Klage, bei der nur der Titel »Christiane« auf die dahinterstehende biographische Erfahrung hinweist, bis zu Auszügen aus der indischen Bhagavad-Gita (»Über die Unsterblichkeit der Seele« und »Über die Glückseligkeit«, 473 ff.)

Die Familienüberlieferung, »Christiane« sei an einem Sommerabend entstanden, als die ganze Familie, der Gewohnheit nach auf der runden Treppe vor dem Haus sitzend, mit dem trauernden Vater auf den Abendstern wartete, gehört zu den Anekdoten, die sich wie Patina auf ein Kunstwerk legen. Eine nicht verifizierbare Entstehungslegende. Zum Verständnis des Gedichts trägt sie nicht bei, erlaubt jedoch einen glaubwürdigen Einblick in den häuslichen Lebenszusammenhang des alten Claudius, in dem die Betrachtung der Natur und das Gespräch über Gedichte selbstverständlich zusammengehörten. Hier die erste und letzte Strophe:

Christiane

Es stand ein Sternlein am Himmel,
    Ein Sternlein guter Art;
Das tät so lieblich scheinen,
    So lieblich und so zart!

[...]

Das Sternlein ist verschwunden;
    Ich suche hin und her

Wo ich es sonst gefunden,
Und find es nun nicht mehr.

Es verwundert nicht, dass die Romantiker Achim von Arnim und Clemens Brentano das Gedicht in ihre Volksliedsammlung *Des Knaben Wunderhorn* (1808) aufnahmen. Ihr neuer Titel: »Der verschwundene Stern« tilgt allerdings den ursprünglichen biographischen Zusammenhang und damit das kunstvolle Spannungsverhältnis von verschwiegener Realität und poetischem Bild, die Aufbewahrung des Individuellen im Geheimnis des Namens.

⤙ *Hochzeiten* ⤚

Am 15. März 1797 feiern die Eltern Claudius ihre Silberhochzeit zusammen mit den neun noch verbliebenen Kindern. Caroline, die Älteste, ist dreiundzwanzig, der jüngste und letzte Sohn, Franz, zwei Jahre alt. Unter den Gästen der alte Trauzeuge Klopstock (72), Friedrich Heinrich Jacobi, der gerade im Schimmelmann-Schloss in Wandsbek logiert, und der junge Buchhändler Friedrich Christoph Perthes; vor einem Jahr hat er in Hamburg seinen Laden eröffnet. Ihn zieht es vor allem Carolines wegen nach Wandsbek; bei der letzten Weihnachtsfeier im Schloss, zu der ihn Jacobi geladen hatte, ist er ihr begegnet; die Familienüberlieferung spricht von Liebe auf den ersten Blick. Hartnäckiger als um die Tochter muss der junge Mann um den Vater werben. Claudius, der selbst so unkompliziert als Schwiegersohn akzeptiert worden war, tut sich schwer, seine Älteste einem anderen zu geben.

Davon ist am 15. März noch nicht die Rede. Claudius blickt zurück auf das gemeinsame Leben mit »Frau Rebecca«. Er hat ihr ein Festgedicht gewidmet, eine zärtliche Liebeserklärung, die auch das gemeinsam getragene Leid nicht verschweigt und in einigen Strophen über das bei solchen Gelegenheiten Übliche hinausragt:

Ich danke Dir mein Wohl, mein Glück in diesem Leben.
Ich war wohl klug, daß ich Dich fand;
Doch ich fand nicht. GOTT hat Dich mir gegeben;
So segnet keine andre Hand.

Im Sommer 1797 heiratet Caroline, von Klopstock »zum Schemel«
(zur Trauung) geführt. Im Jahr darauf geht auch Anna, die dritte
Tochter, aus dem Haus. Sie folgt Maximilian Jacobi, der eine Stelle als
Arzt in Vaals bei Aachen antritt. Claudius versucht mit allen Mitteln,
Anna und Max wieder in seine Nähe zu holen. »Die Entfernung ist ein
halber Tod.«[314] Doch im dänischen Gesamtstaat werden Arztstellen
nur an Landeskinder vergeben, und die Phantasie vom Badearzt
in Pyrmont bleibt ein Traum. Mit Hilfe des in Pyrmont praktizie-
renden Heinrich Matthias Marcard (1747–1817), Leibmedicus des
Herzogs von Oldenburg, den Claudius von seinen Kuraufenthalten
her kennt, gelingt es, Max eine Stelle als Arzt in dem zu Oldenburg
gehörenden Eutin zu verschaffen. Hier wohnt inzwischen auch Papa
Jacobi. Nun endlich sieht Claudius sein Enkelkind Julie, das dritte
nach den beiden Perthes-Kindern Agnes und Matthias. 1805 folgen
die jungen Jacobis ihrem Vater, der einen Ruf an die Bayerische
Akademie der Wissenschaften angenommen hat, nach München.
Claudius bemüht sich weiterhin, den Schwiegersohn wieder in seiner
Nähe unterzubringen. Doch Max und Anna ziehen schließlich nach
Salzburg. Zum letzten Mal sehen Vater und Tochter einander, als
Anna im Sommer 1808 nach Wandsbek kommt und die Kinder bei
den Großeltern lässt, um sich in Pyrmont zu erholen.

Der Abschied von den Kindern geht Claudius nahe. Bis ins Werk
hinein ist das zu spüren. Wenn in einem »Brief an Andres« in der
Auslegung der biblischen Geschichte des von Jesus wieder ins Leben
gerufenen Jünglings zu Nain plötzlich die Erinnerung an das Sterben
der eigenen Tochter hervorbricht und sich statt des jungen Mannes
»die Kranke« in den Text schiebt, dann ist Claudius »unvermerkt«[315]

ganz nah am eigenen Schmerz über den Tod von Christiane. In derselben Auslegung erscheint »die ungeratene Tochter, die ihres Vaters Haus mutwillig verlassen und sich selbst unglücklich gemacht hatte«. (485) Das bezieht sich im übertragenen Sinn auf das Gottesverhältnis jedes Menschen und nicht auf Caroline, doch nicht lange nach der Hochzeit seiner Ältesten muss dem Vater eine solche Möglichkeit auch als konkrete Befürchtung vor Augen gestanden haben, zumal wenn er, wie in der Familie überliefert, Caroline bei einem Besuch in Hamburg weinend angetroffen und »mit einer gewissen Genugtuung« geäußert haben soll, »dass es so kommen musste, wenn sie von Vater und Mutter weggehe«.[316]

⤝ Familienbriefe ⤞

Mit der Trennung von Eltern und Kindern beginnt die Serie zum Teil noch unveröffentlichter Familienbriefe, die einen lebendigen Eindruck von dem warmherzigen und humorvollen Umgangston und dem Alltagsleben in dieser Familie um die Wende vom 18. zum 19. Jahrhundert bis zu den Befreiungskriegen vermitteln. Praktisches klärt der Vater mit Caroline in Hamburg auf dem fast täglich genutzten Postweg; mit der weiter entfernten Anna (seiner Lieblingstochter, wie Enkelin Agnes überliefert) tauscht er sich auch über Schriftstellerisches aus und lässt sie an theologischen Überlegungen teilhaben. Anna hat um den »Auszug aus der christlichen Lehre« gebeten, an dem Claudius um die Jahrhundertwende arbeitet, um der von ihm beklagten Entwicklung der zeitgenössischen Theologie, in der »das Christentum zu einem puren moralischen Diskurs gemacht« werde (Br. II, 67), entgegenzusteuern. Als »EINFÄLTIGER HAUSVATER-BERICHT ÜBER DIE CHRISTLICHE RELIGION an seine Kinder / Nach der Heiligen Schrift« geht dieser Text 1803 in den siebten Teil der Werke ein. Im Sinne von Luthers *Kleinem*

Katechismus bekennt sich Claudius zum Laienamt des Hausvaters und verlängert die reformatorische Traditionslinie zurück in die Urväterzeiten des alten Israel. Zur Hausväterliteratur gehören auch die Lebensweisheiten und Ratschläge »An meinen Sohn Johannes« (1799), Common-Sense-Weisheiten aus dem bürgerlichen Wertekatalog, die sich mit Einstellungen verbinden, die Claudius zeitlebens als Autor vertrat – vom Misstrauen gegen »Gestikulation« und Gelehrtendünkel bis hin zu Anweisungen zur Askese oder spielerischen erkenntnistheoretischen Paradoxa: »Was im Hirn ist, das ist im Hirn; und Existenz ist die erste aller Eigenschaften.« (546) Den Weisheitston hat Claudius so gut getroffen, dass viele dieser Sprüche noch heute zitiert werden.

Familienbriefe werden auch durch die zeitweilige Trennung von den Kindern während der seit den 1790er Jahren unternommenen Badereisen nach Pyrmont veranlasst. Im sechsten *Asmus* druckt Claudius wie im Vorgriff auf literarische Verfahrensweisen des 20. Jahrhunderts einen Kinderbrief ab, einen echten, nach dem Bericht seines Sohnes Fritz. Wahrscheinlich war es der kleine Fritz selbst oder sein drei Jahre jüngerer Bruder Ernst, der einer seiner Schwestern diktierte, was er den Eltern und seinem ältesten Bruder in Pyrmont sagen wollte:

»Brief
Meine liebe Mama, ich grüße Dich, mein lieber Papa, ich grüße Dich. Mein lieber Hans, ich grüße Dich. Ich grüße Euch, so viel als ich kann.
Mein lieber Papa und Mama, ich danke Euch für den Brief, als ich danken kann.
Nun ist es schlechtes Wetter, und gestern auch; die zwei Tage gehen immer kalt weg.
Ich bin sehr lustig. Ich denke, daß ich nicht unartig bin. –
Ich habe Dich viel tausendmal lieb, alle drei.

Wenn Du wieder zu Hause kommst, so denke ich wohl, daß ich schon einen a auf der Rechentafel machen kann, und vielleicht auch einen c.

Ich will mich üben auf das Lernen allein. Lieber Hans, es ist erstaunlich, erstaunlich mit die Fliegen. Ich weiß gar nicht mehr, wie der Hans aussieht.

Aber meine liebe Mama, ich kann mir noch gut vorstellen, daß ich Dich leiden mag, und Papa und Hans auch, wenn sie auch nicht hier sind, und gar wenn sie hier sind.

Ich grüße noch einmal. Es ist wohl zu viel, aber ich muß doch noch einmal grüßen.

Es regnet.

Ich will eben zu Tische gehen. Wir haben nichts als gelbe Wurzeln, nichts anders. Das ist ein unmenschlich elendig Essen; und so geht es meist alle Mittag.

Das ist das letzte Mal, daß ich schreiben kann.

Den 18. August.« (463)

Kurt Tucholsky sind beim Lesen dieses von ihm für erfunden gehaltenen Kinderbriefs »beinah die Tränen in die Augen gekommen«. So mag es auch den Eltern Claudius gegangen sein, und sei es vor Lachen. Tucholsky hat es vor allem »der ganz unverständliche Satz ›es ist erstaunlich mit die Fliegen‹« angetan: »Wenn ich das erfunden hätte, würde ich aus meiner Karosse nur noch auf euch winken. So ich.«[316a]

In Anbetracht des ländlichen Wandsbeker Alltags mit Hunden, Hühnern und Kühen in Hausnähe ist der Satz des kleinen Fritz allerdings nicht ganz so unverständlich, wie der Großstädter Tucholsky meinte.

Der Brief vermittelt auch einen Eindruck davon, dass dieser Alltag für Claudius und die Seinen längst nicht dem idyllischen Bild entsprach, das die Nachwelt und schon manche Zeitgenossen sich ausmalten. Andererseits gab es für ihn in den letzten Jahrzehnten dank

Der Brunnenplatz in Pyrmont, 1784

der Unterstützung der Freunde und nicht zuletzt dank Rebeccas Haushaltungskunst auch keine wirklichen Nahrungssorgen mehr. Für den älteren Claudius trifft die Vorstellung einer fast »›verkrachte[n] Existenz‹ nach unseren üblichen Maßstäben«[317] nicht mehr zu. Glück und Lebenskunst (er würde sagen: die Gnade Gottes) hatten ihn an der Gefahr des Scheiterns immer wieder vorbeigeführt; im Alter war er so in einem zwar bescheidenen, aber durchaus gesicherten bürgerlichen Leben angekommen, das, wenn auch verklärt, kommenden Generationen zum Vorbild wurde, das Leben eines geachteten Schriftstellers und Gelehrten im Kreise seiner Familie.

Den Tageslauf des Hausvaters Claudius hat sein Sohn Fritz festgehalten: »Er stand früh auf, etwa 6 Uhr, in früheren Zeiten im Sommer oft schon um 3 bis 4 Uhr zu einem Spaziergang im Holz [...] und mochte dann gern bald seinen gekochten, nicht filtrirten starken Kaffee in seiner Studirstube oder im Sommer unter den Linden hinter dem Haus auf seinem kleinen runden Tisch haben. Er rauchte

Taback dabei aus seiner weißen holländischen Pfeife [...] Er las und schrieb viel und mochte dabei nicht gern gestört werden. Nachdem morgens meine Mutter, welche erst nach Mitternacht einschlafen konnte und deshalb später zu Bett ging und später aufstand, das Bett verlassen hatte und alle Kinder angekleidet waren, kam er in die Wohnstube und ward ein Kapitel aus dem Neuen Testament gelesen, indem jedes Kind in der Reihe nach dem Alter einige Verse lesen mußte. Er schloss mit einem Vaterunser. Dann ging er gewöhnlich wieder in seine Stube, um für sich zu arbeiten, oder ließ auch seine Söhne zum Unterricht im Lateinischen oder Griechischen dahin kommen. Ohngefähr 11 Uhr pflegte der Zeitungsbote den *Altonaer Merkur* und *Hamburger Correspondenten* zu bringen, welche in den damaligen unruhigen Zeiten von Cl. mit Ungeduld erwartet und ihm sogleich in seine Stube gebracht wurden. Um 1 Uhr ward zu Mittag gegessen, dann entweder ein Spaziergang in das Holz gemacht oder in früheren Jahren Unterricht in der Geographie erteilt oder von Cl. ein kleines Mittagsschläfchen genommen. Um 4 Uhr trank er wieder Caffee. Abends etwa 8 Uhr ward, nachdem die kleinen Kinder zu Bett waren, gemeinschaftlich am großen Tisch zu Abend gegessen, und um 9 Uhr ging Cl. gewöhnlich [...] zu Bett, während meine Mutter und die älteren Kinder noch sitzen blieben und oft bei offener Tür zu Papas Schlafstube noch Musik gemacht oder ohne Instrumentalbegleitung gesungen wurde.«[318]

·•· *Badeleben auf dem Land* ·•·

Nach der Geburt ihres fünften Sohnes, Ernst Augustinus Carl, im Juli 1792 war Rebeccas Gesundheit so angegriffen, dass Doktor Heise dringend einen Kuraufenthalt empfahl. Claudius kannte das berühmte Bad in der Grafschaft Waldeck-Pyrmont bis dahin nur aus Berichten seiner Freunde und Weggefährten. Herder, der in den 1770er Jahren von Bückeburg aus hierherkam, hatte ihm von der schönen Gegend vorgeschwärmt, doch aus einem Treffen, zu dem Claudius gern auch Hamann gelockt hätte, wurde nichts. Erst als das Revisorgehalt wirtschaftliche Stabilität brachte, erst als die älteren Töchter in der Lage waren, den Haushalt allein zu führen und die kleineren Geschwister zu versorgen, konnten sich Claudius und Rebecca den Luxus einer Badereise leisten, zu der allerdings Freunde aushelfen mussten – die geringen Beträge, die er selbst im Lauf des Jahres immer mal wieder für den Sommer zurücklegte, reichten nicht. Graf Christian Schimmelmann etwa, der Gutsherr von Wandsbek, stellte Claudius 1793 – eine Postkutschenreise war immer noch außerordentlich aufwendig – für die viertägige Fahrt nach Pyrmont einen Wagen zur Verfügung, seinen leichten Stuhlwagen lieh ihm 1799 ein »Herr Runge«. Es handelt sich wohl um den älteren Bruder des Malers Philipp Otto Runge, Daniel, der in Hamburg eine Speditionshandlung betrieb – die Brüder Runge gehörten zum Freundeskreis von Claudius' Schwiegersohn Perthes.

Quartier nahm das Ehepaar Claudius in der Regel im Haus des Forstrats Nölting am Brunnenplatz (heute Hotel Hemmerich), einer der beliebtesten Pensionen am Ort mit Fensterblick auf das Kurtreiben und vielgerühmter, reichhaltiger, aber dennoch nicht übermäßig kostspieliger Table d'Hôte,[319] von adligen und bürgerlichen Gästen gleichermaßen frequentiert. Von hier aus war es nur ein Katzensprung zum Brunnen, wo die Kurgäste frühmorgens »im nachlässigen Morgenanzug, ohne Zwang, ohne weitere Ceremonie«[320] unter den Klängen des Kurorchesters mehrere kleine Gläser des eisenhaltigen Mineralwassers zu sich nahmen und durch die Kolonnaden und die große Allee wandelten, ehe es zum gemeinsamen Dejeuner ging. Der Kurtag begann gegen sechs Uhr, eine Zeit, die dem Frühaufsteher Claudius nur recht sein konnte. Rebecca hingegen blieb oft noch länger im Bett. Während Claudius sich auf Trinkkur – »Mir gedeiht der Brunnen Gottlob! ziemlich gut« (Br. II, 27 [321]) – und Spazierengehen beschränkte oder sich zur Erholung ein Klavier suchte (Br. II, 32), ließ sie sich von Dr. Marcard Sol- oder Stahlbäder verordnen.

Pyrmont war teuer, nicht nur wenn, wie 1797, die Anwesenheit des preußischen Königs Friedrich Wilhelm II. in Begleitung seiner Mätresse, der Gräfin Lichtenau, und des Kronprinzen mitsamt Hofstaat die Preise in die Höhe trieb. In jenem Jahr kam Claudius erst kurz nach Abreise der königlichen Bagage nach Pyrmont. Auch deshalb wird es damals wohl nicht zu einem Wiedersehen mit dem alten Freund Haugwitz gekommen sein. Der Minister hielt sich im Juli in Pyrmont auf, um für den preußischen König mit einem Vertreter des Landgrafen Wilhelm IX. von Hessen-Kassel über Entschädigungen für die in den Revolutionskriegen verlorenen linksrheinischen Gebiete der beiden Staaten zu verhandeln. Der von ihnen im Juli 1797 geschlossene geheime Zusatzvertrag zum Basler Frieden mit Frankreich von 1795, die sogenannte Pyrmonter Convention, wird von Historikern als erster Schritt zum »Ausverkauf« des Heiligen Römischen Reiches bezeichnet.[322] Er sah die Säkularisation der geistlichen Staaten vor; aus der freiwerdenden Gebietsmasse gedachten beide Staaten sich für eigene Kriegsverluste schadlos zu halten.[323]

Von großer Politik ist in Claudius' Briefen nicht die Rede. Er erstattet den daheimgebliebenen Kindern Bericht von den für die Mutter oft anstrengenden Spaziergängen und Ausflügen zu den Sehenswürdigkeiten und Naturmerkwürdigkeiten der Umgebung – auf den Königsberg, zu den »Erdfällen« oder zur Glashütte und Messerfabrik der kleinen Quäkergemeinde, die sich hier seit 1792 mit Duldung Friedrichs von Waldeck-Pyrmont in der Kolonie »Friedensthal« angesiedelt hatte. Der Fürst sah in der pazifistisch-urchristlichen Glaubenspraxis der »Freunde« oder »Kinder des Lichts«, ihrer Verweigerung von Kriegsdienst, Eidesleistung und

Kirchengeld, zwar nichts als »Alfanzereyen«,[324] die von ihnen betriebenen Manufakturen aber waren dem hochverschuldeten Regenten durchaus willkommen. Claudius scheint sich und die Kinder mit wahrscheinlich nicht ganz ernst gemeinten Gedankenspielen unterhalten zu haben: Wie wäre es, wenn sie alle bei dieser eigensinnig freiheitsliebenden, frommen Gemeinschaft englischen Ursprungs einzögen? Im August 1794 schreibt er nach Wandsbek: »Das Friedensthal haben wir noch nicht besucht, weil das Wetter kalt und regnicht bisher gewesen ist. Platz ist übrigens für uns noch nicht da, Caroline; denn es steht nur noch ein einziges Haus, u. wer darin wohnen will, muss Messer machen helfen.« (Br. II, 32) Eine erbauliche Belehrung für seine Älteste, provoziert durch den Ortsnamen, schließt sich an: »Ob Friede im Friedensthal sey, kann ich Dir nicht sagen. Er könnte da sein, wie er überall sein kann, wo die Menschen ernstlich wollen.« (Näher an der Wirklichkeit sind die einige Jahre später von Claudius und Rebecca ausgesponnenen, zwischen Spiel und Ernst changierenden Pläne, in Pyrmont ein Baugrundstück zu erwerben, als Basis für eine brunnenärztliche Praxis von Schwiegersohn Max.) Zu Claudius' fünfundfünfzigstem Geburtstag kommt die Fürstin Gallitzin aus Münster, man wandert in das katholische Dörfchen Lügde und besichtigt dort das Kloster und die Kilianskirche – Formen ernstlicher religiöser Lebensgestaltung, welcher Denomination auch immer, haben Claudius seit jeher interessiert.

Das zum Fürstentum Waldeck gehörende Pyrmont war im 18. Jahrhundert eines der mondänsten Bäder Nordeuropas. Hierher kamen die preußischen Könige, Regenten kleinerer Fürstentümer, der dänische Kronprinz Friedrich, westfälischer und hannoverscher Adel, Schriftsteller und Gelehrte, viele von ihnen alte Bekannte von Claudius: die Grafen Stolberg, Heinrich Christian Boie, der preußische Staatsmann und Publizist Christian Wilhelm von Dohm – als Mitarbeiter des Pädagogen Johann Bernhard Basedow am Altonaer

Christianeum war er Claudius schon Anfang der 1770er Jahre begegnet –, weiter Justus Möser, der Osnabrücker Staatsmann und Historiker (Claudius lernte nur noch seine Tochter Jenny von Voigts kennen), der Verleger Friedrich Nicolai, bis 1795 auch der königlich-britische Leibarzt und gebürtige Schweizer Johann Georg Ritter von Zimmermann aus Hannover (1728–1795), der zeitweilig ebenfalls als Brunnenarzt am Ort wirkte, dazu eine Reihe namhafter Theologen wie die reformierten Freunde Lavaters, Jakob Ludwig Passavant (1751–1827) und Johann Ludwig Ewald (1747–1822).

Weder vom gesellschaftlichen Glanz des Bades, der in den 1790er Jahren freilich allmählich, nicht zuletzt aufgrund der Kriegswirren, zugunsten des böhmischen Karlsbads verblasste, noch von seiner kommunikativen, ebenso zwanglosen wie urbanen Atmosphäre, die den Aufenthalt im ausgehenden 18. Jahrhundert auch für bürgerliche »Gelehrte« trotz wachsender Spannungen der Aufklärungsgesellschaft so attraktiv machte, ist in den beiden dem Kurort gewidmeten Gedichten, die Claudius im sechsten Teil des *Asmus* veröffentlichte, die Rede. »An den Brunnen zu Pyrmont« (465), auf den 4. August 1797 datiert, mündet in die kindliche Bitte: »O du lieber Brunnen! Bitte, bitte! / Mache mir mein Liebchen doch gesund!« Auch wenn dahinter ein persönlicher Anlass stehen mag – Rebeccas »häßliches Kopfweh«, ständiges Thema der Briefe an die Kinder –, sind es Verse zum allgemeinen Gebrauch. Im zweiten Gedicht, »In der Allee zu Pyrmont, / Morgens beim Aufgang der Sonne«, einem chorischen Wechselgesang (ein von Claudius gern gebrauchtes musikalisches Schema), erinnern sich die Brunnengäste gegenseitig an den, der Sonne, Berg und Tal geschaffen hat und von seinem himmlischen Thron auf die Kurgäste sieht, die unten »traurig, arm und bleich / An Stock und Krücken gehn«, vom Brunnen hoffend, »daß er wieder reich / Und froh uns mach und schön!«.

Das sind nicht die Vorzüge des Badeortes, wie sie etwa das zeitgenössische *Journal des Luxus und der Moden* hervorhob, nicht der Parcours der großen Gesellschaft, der für viele Kurgäste oft anziehender war als die Sorge um ihre Gesundheit. Der Autor Claudius nahm von seiner Randposition aus das für ihn Wesentliche eines Heilbads in den Blick. Für den Kurgast Claudius aber war Pyrmont auch ein Ort der Geselligkeit und der damit verbundenen unterhaltsamen Annehmlichkeiten. Die beiden alten Claudiusse konnten zwar nach einem ermüdenden Wandertag am Abend zu Hause bleiben und das angesetzte »Feuerwerk Feuerwerk und Ball Ball sein lassen und lieber zu Bette« gehen (Br. II, 27), es ist aber auch von Frühstücks- und Abendeinladungen die Rede, gelegentlich auch eigens zu Claudius' Ehren veranstalteten wie das Diner, zu dem ihn der greise Samuel Collenbusch (1724–1803) ins Kaffeehaus einlud. (Walter Benjamin hat diesem ehrwürdigen Arzt und Pietisten aus dem Wuppertal in seiner Briefsammlung *Deutsche Menschen* ein Denkmal gesetzt.) Den beiden gottesfürchtigen Kant-Kritikern wird es nicht an Gesprächsstoff gemangelt haben. Das befremdende, fast sarkastisch anmutende Verdikt über Kants System, das Collenbusch dem Philosophen persönlich nach Königsberg schrieb, dürfte Claudius aus dem Herzen gesprochen sein: »Ein von aller Hoffnung ganz reiner Glaube und eine von aller Liebe ganz reine Moral, das ist eine seltsame Erscheinung in der Republik der Gelehrten.«[325]

Die Pyrmonter Begegnungen mit den Frommen und Gebildeten waren für den am Zeitgeschehen interessierten Claudius eine willkommene Gelegenheit, Neuigkeiten zu erfahren, die zu Hause trotz der vielfältigen Kontakte mit Besuchern und Freunden weniger leicht zu erlangen waren, eine Gelegenheit auch, zu politisieren und seine Besorgnis über den Gang der Welt zu äußern. Die erhaltenen Briefe schweigen über solche Themen, in Anbetracht der in Pyrmont anwesenden und von Claudius erwähnten Zeitgenossen lässt sich indes kaum denken, dass er sich nicht an dem lebhaften Gedankenaustausch beteiligt hat, der in den 1790er Jahren natürlich vor allem um die Folgen der Französischen Revolution und der »neuen Aufklärung« kreiste. Eine Reminiszenz von Johann Ludwig Ewald, bezogen auf eine Begegnung im Jahr 1799, bestätigt dies. »In Pyrmont«, schreibt der Detmolder Generalsuperintendent, »sprach ich viel mit Nicolai über seine Phantasmen [dessen manische Jesuitenriecherei], mit der Rudolphi [der auch mit Claudius befreundeten Dichterin und Leiterin des Mädchenpensionats in Hamm bei Hamburg] über Menschennatur und Kindernatur, und mit Claudius frey über alles, was im Himmel und auf Erden ist. Mein Democratensinn stieß mit seinem Aristocratism heftig aneinander; aber das Stiergefecht, wie er es nannte, endigte sich immer mit Lachen.«[326]

Spannungen zwischen Aufklärern und Antiaufklärern, die hier aufeinandertrafen, trübten nach der Französischen Revolution das intellektuelle Klima auch in dem Badeort. In den 1790er Jahren bestimmten französische Emigranten das Bild. Dass sich die Protagonisten der Gegenaufklärung hier wohlfühlten, legt beispielsweise die Anwesenheit eines Franz Graf von Hartig (1758–1797) nahe. Der böhmischstämmige Diplomat und Gelehrte, Freund Kaiser Josephs II. und entschiedener Antijakobiner, logiert ebenfalls bei Forstrat Nölting. Claudius erwähnt aber lediglich das im Haus zu hörende gräfliche Fortepiano, das seine Lust am eigenen Spiel weckt. (1794, Br. II, 32) Ob es zum Gespräch zwischen den beiden Männern gekommen ist, gar über Politik, ist nicht verbürgt, das mögen auch die von manchen Gästen beklagten »immer noch feststehenden Grenzsteine zwischen den Adeligen und Bürgerlichen« *(Journal des Luxus und der Moden 1797*[327]*)* verhindert haben.

Das Jahrzehnt hatte mit der Affäre um das in Pyrmont entstandene anonyme Stück *Dr. Bahrdt mit der eisernen Stirn* aus der Feder des Theaterschriftstellers August von Kotzebue begonnen, ein perfides Pasquill zur Abwehr von Angriffen auf seinen Freund, den Badearzt und Schriftsteller Johann Georg Zimmermann, der seinerseits die Berliner Aufklärer scharf und ausfällig attackiert hatte. Die

Verfasserschaft an dem Pasquill wurde dem Freiherrn von Knigge in die Schuhe geschoben. Zimmermanns Freund und Kollege Heinrich Matthias Marcard hatte Kotzebue aus seiner brunnenärztlichen Klatschkenntnis mit rufschädigenden Anekdoten versorgt. Im Zuge der über drei Jahre dauernden vieldiskutierten öffentlichen Fahndung nach dem wahren Verfasser der Schmähschrift ließ sich auch Marcards Beiträgerschaft nicht mehr verheimlichen. Nach Bekanntwerden der unglückseligen Intrige rückten viele von ihm ab, darunter auch Friedrich Nicolai, an dessen *Allgemeiner Deutscher Bibliothek* Marcard einst als entschiedener Aufklärer auf medizinischem Gebiet mitgearbeitet hatte. Nicht nur die Reputation der Beteiligten, auch »das offene Pyrmonter Gesprächsklima«[328] war durch den Streit dauerhaft beschädigt.

Während die Pyrmonter Badegesellschaft mehr und mehr auseinanderfiel, ging Claudius nicht nur mit Gleichgesinnten um. Sein gespanntes Verhältnis zu den Berliner Aufklärern hinderte ihn in Pyrmont beispielsweise nicht am geselligen Verkehr mit Nicolai, der sonst Begegnungen am Ort mit Kontrahenten wie Lavater, Jacobi und natürlich Marcard konsequent aus dem Wege ging. Immer noch gibt es gemeinsame Interessen jenseits der kontroversen Themen. Etwa die Musik: Nicolai leiht Claudius einen Satz Noten von Georg Friedrich Händel und Carl Friedrich Christian Fasch, dem damaligen Leiter der Berliner Sing-Akademie; um die Rückgabe der »Musiken«[329] (Konfusionsrat Claudius hat sie verlegt) ergibt sich ein Briefaustausch. (Br. I, 364) Insgesamt sind jedoch Claudius' Verbindungen mit der sich formierenden frühkonservativen Front stärker. So scheint er, wie schon erwähnt, nichts dagegen gehabt zu haben, dass das militant antiaufklärerische Hetzblatt *Eudämonia* eines seiner Gedichte nachdruckte. Ob es hier womöglich über den Hofrat Marcard, der Mitarbeiter dieses Journals war, eine Pyrmonter Verbindung gab, muss Gedankenspiel bleiben. Wie freundschaftlich eng die Beziehungen zu dem oldenburgischen Leibarzt sind, zeigt sich unter anderem daran, dass Claudius dessen Frau Julia 1795 die Patenschaft bei seinem jüngsten Sohn, Carl Peter Franziskus, genannt Franz, anträgt. Mit den Marcards fahren Claudius und Rebecca auch einmal zum Amtshaus in Ohsen, dem südlich von Hameln an der Weser gelegenen gastlichen Haus des Ehepaars von Grävemeyer, dessen Zirkel, die »Pyrmont-Ohsener Sipp- und Freundschaft«,[330] eines der Epizentren der gebildeten Pyrmonter Geselligkeit war – hier verkehrten neben vielen anderen Geistesgrößen sowohl Heinrich Christian Boie als auch Friedrich Nicolai. Man spaziert an der Weser, geht zum Fischen, trinkt Kaffee im Grünen und singt zum Klavier.[331] Dass auch Claudius mindestens ein Mal mit von der Partie war, wissen wir aus einem Briefchen an Madame Marcard, mit dem er ihren Regenschirm retourniert.

Allerdings: Dem häuslichen Familienleben kann der Badeort denn doch keine Konkurrenz machen. »Soviel auch hier zu besehen ist, so verlangt doch die Mama und mich von Herzen zu Hause«, schreibt Claudius 1793 den Kindern. »1/3 der Zeit ist Gottlob! vorbei, die 2/3 werden ja auch alle werden.« (Br. II, 28) Drei Wochen dauerte die Kur in der Regel, ihn zieht es schon nach einer Woche wieder nach Wandsbek zu den Kindern und in den Garten, in dem die türkischen Bohnen darauf warten, geerntet zu werden. Am 16. September 1794 meldet ein Brief an Anna: «Wir haben eine Tonne voll eingemacht, seit wir von Pyrmont zurück sind.« (Br. II, 98)

14.
ZEITWENDE

Der Jungfernstieg in Hamburg während der Belagerung im Dezember 1813

⁘ Die neue Kirche ⁘

Am ersten Adventssonntag des Jahres 1800, zu Beginn des neuen Kirchenjahrs, wird in Wandsbek die neue Kirche geweiht, die den lange schon schadhaften Fachwerkbau des alten Gotteshauses ersetzt. Der klassizistische Saalbau mit dem repräsentativen Säulenportikus, entworfen vom Hamburger Baumeister Johannes August Arens, bildet eine stilistisch würdige Nachbarschaft für die Schimmelmann'sche Grabkapelle.[332] (Ende des 19. Jahrhunderts fiel die Kirche einem Brand zum Opfer.) Generalsuperintendent Callisen hält die Festpredigt, »gar nicht übel«, wie Claudius notiert. Die Einweihungskantate in C-Dur für Tenor, Bass, Chor und Orchester hat der Hamburger Musikdirektor Christian Friedrich Gottlieb Schwencke komponiert, wohl auf Empfehlung von Claudius, von dem der Text stammt. Der Nachfolger Carl Philipp Emanuel Bachs ist Musiklehrer der Claudius-Töchter und Freund der Familie. Eintrittskarten werden ausgegeben, vorzugsweise an die Wandsbeker und ihre Gäste. Claudius ist froh, dass er trotz der Platznot Kinder und engste Freunde unterbringen kann. Nur die befreundete Dichterin und Erzieherin Caroline Rudolphi muss in dem großen Gedränge »am Ende von Schimmelmann mit in ihren Stuhl genommen werden«. An der Aufführung hat Claudius einiges zu bemängeln. Die Musik macht weniger Eindruck als erwartet, was nicht nur an der Akustik liegt, sondern an der unglücklichen Aufstellung der Sänger[333] und daran, dass insgesamt zu wenig geprobt wurde. Besser gefällt sie ihm, als Musiker und Sänger sie nach Tisch noch einmal bei ihm zu Hause zum Besten geben. Wie so oft zieht der alte Claudius die eigene Häuslichkeit der großen Gesellschaft vor und lehnt die Einladung des Grafen nach dem Gottesdienst ab. Der ebenfalls ins Schloss gebetene Musikdirektor schließt sich an. »So ließen wir das Diner, das überaus brillant gewesen sein soll, im Stich und behalfen uns mit dem, was unsere Magd gekocht hatte, und waren desto vergnügter dabei.« (Br. II, 116)

Ein fester Platz in der neuen Kirche ist teuer, aber Rebecca und Familie Behn gehören jetzt zwei »Stellen« im Kirchenschiff. Die Kinder stehen auf der Empore, auch Claudius sitzt lieber oben. An seinen Stammplatz neben der Orgel erinnern sich die Enkel: entfernt von den Honoratioren, aber mit Überblick, in der Nähe der Kinder und der Musik. So muss es nach Claudius' Geschmack gewesen sein. Da er die modernisierten Lieder des neuen dänischen Gesangbuchs ablehnte, kam er freilich oft erst zur Predigt in die Kirche.

⤛ Die neue Zeit ⤜

Das neue Jahrhundert beginnt, richtig gerechnet, 1801. »Gott stehe uns bei und helfe uns so weit hinein, als es denn sein soll«, schreibt Claudius an Anna, der er die »Saecular-Feierlichkeiten« schildert. (Br. II, 118) In Wandsbek werden sie mit »Illumination«, in Hamburg mit Salutschüssen begangen, die in weitem Umkreis zu hören sind. »Die erste Salve von 100 Kanonen warteten wir hier ab; während der zweiten fuhren wir nach Hamburg und hatten die dritte bei Perthes zum besten. Der Wall war, weil gerade schönes Wetter war, mit tausenden bespickt.« Claudius' Freude an der eigens für die Katharinenkirche komponierten »Saecular-Musik« am Neujahrsabend ist getrübt durch den überwiegend gesellschaftlichen und ästhetischen Charakter des Ereignisses, bei dem »Opernsängerinnen mitsangen, alle Menschen die Hüte auf den Köpfen hatten und überhaupt alle kirchliche Gebärde ab war«. (Br. II, 19) Die moderne Trennung der Sphären von Kunst, Kultur und Religion ist seine Sache nicht, so wenig wie ein rein ästhetischer Religionsgenuss.

Dass sich die Zeiten änderten, war an der ausbleibenden Publikumsresonanz auf seine Schriften zu spüren. In der Pränumerationsanzeige zum siebten Teil des *Asmus*, mit dem er sich 1803 von seinen Lesern verabschiedete (der 1812 nachgereichte Teil VIII wurde als Zugabe deklariert), schrieb er das den »christliche[n] Äußerungen« in seinen Werken zu, die den Wortführern der öffentlichen Meinung anstößig seien. Hier setzten sich die Kämpfe und Frontstellungen der älteren Generation der Spätaufklärer fort. In der jungen Generation der Romantiker dagegen fand Claudius Menschen, die mit seinem innerlichen Christentum übereinstimmten, so im Freundeskreis seines Schwiegersohns Friedrich Christoph Perthes den vielseitig begabten romantischen Maler Philipp Otto Runge (1777–1810), der mit großer Verehrung an »Papa Claudius« hing. 1810, nach Runges frühem Tod, dichtete Claudius ihm eine Grabschrift.

⤙ *Napoleon* ⤚

Der Krieg zwischen Frankreich und den europäischen Großmächten rückt im neuen Jahrhundert näher. Claudius verfolgt die politischen Ereignisse mit gespannter Aufmerksamkeit. Einmal noch setzt er zu einer literarischen Intervention zur Gegenwart an, doch kann er sich nicht zur Veröffentlichung entschließen, sollte er sie beabsichtigt haben. In der Claudius-Sammlung der Hamburger Staatsbibliothek hat sich ein Blatt mit einem von ihm geschriebenen und unterzeichneten französischen Text erhalten, undatiert und mit dem Bleistiftvermerk von fremder Hand: »An Napoleon gerichtet, aber nicht abgeschickt.« Briefe an Napoleon wurden damals in deutschen Landen gelegentlich von religiösen Phantasten geschrieben,[334] aber zu denen gehörte Claudius nicht. Helmut Glagla, der das Schriftstück erstmals veröffentlicht hat, bezweifelt mit guten Gründen, dass es sich überhaupt um einen Brief handelt und nicht vielmehr um die szenische Fiktion einer Audienz mit einem Herrscher, der niemand anders als Napoleon sein kann.[335] Der Rahmen wird mit wenigen Strichen skizziert: Ein »unbekannter, ergebener und wohlgesinnter Mann« erhält die in Anbetracht eines drohenden schrecklichen Unheils erbetene Privataudienz. Den Rest der Seite füllt die Ansprache, mit der er seinem hohen Gegenüber ins Gewissen redet: »Seigneur, Sie haben begonnen, Ihre Zeitgenossen in Unruhe zu versetzen, hören Sie auf, sie zu bedrängen.« Statt ein »Nachbarvolk zu unterwerfen«, solle der Gewaltherrscher sich auf die wahre Bestimmung des Menschen und seine unsterbliche Seele besinnen, um lieber »zu retten als zu verderben«. Wegen der Anrede (als Kaiser hätte Napoleon mit »Sire« angesprochen werden müssen) muss das Entstehungsdatum in den Jahren zwischen dem Staatsstreich 1799, mit dem Bonaparte sich an die Macht putschte, und 1804, dem Jahr seiner Selbstkrönung zum Kaiser, liegen. Der konkrete Anlass ist unbekannt. Man kann an Übergriffe der näherrückenden französischen Armee denken, die die deutsche Öffentlichkeit und mit ihr den Zeitungsleser Claudius um 1803 in Unruhe versetzten.[336]

Die alten publizistischen Reflexe funktionieren noch: Der nach geltenden Maßstäben unberufene Außenseiter tritt der weltlichen Macht im Namen eines Höheren entgegen, David gegen Goliath. Rätselhaft bleibt bei diesem fliegenden Blatt seine Bestimmung. In welchem Kontext hätte ein französischer Text veröffentlicht werden können? Handelt es sich um einen Entwurf, »ein Konzept zur Klärung seiner Gedanken«?[337] War der Text für eine separate Veröffentlichung bestimmt? Wichtig genug, ins Reine geschrieben und aufgehoben zu werden, war er Claudius. Alles andere bleibt offen.

Das Tagesgeschehen lässt sich auch aus den Familienbriefen nicht heraushalten, obwohl Claudius immer wieder betont, dass er von Politik schweigen wolle. Ab 1806 geschieht das auch mit Rücksicht auf die Postzensur unter der französischen Besatzung Hamburgs. Privates steht im Vordergrund: die Schwangerschaften der Töchter, Krankheiten der Enkel, das Studium der Söhne im renommierten Internat von Schulpforta, später an den Universitäten Kiel, Heidelberg und Berlin, ihre ersten Schritte im Beruf (drei von ihnen werden Pastoren, Fritz, der Jurist, später Procurator des Lübecker Rats), die kleinen Feste und Abendgesellschaften mit Nachbarn in Wandsbek, bei Sievekings in Neumühlen oder Heises in Hamburg (auch im Alter bleibt Claudius gesellig) und immer wieder das Musizieren – die Töchter Guste und Rebecca sind gefragte Sängerinnen bei Hausmusiken. Trotzdem sind die Zeitereignisse eine ständige Quelle der Beunruhigung. Das spiegelt sich in den Briefen.

·•· *Der Krieg aus Familienperspektive* ·•·

1801 Dänisches Militär unter Prinz Carl von Hessen rückt in Hamburg ein, wie es heißt, um die Stadt gegen mögliche Übergriffe der Franzosen zu schützen. Wegen seiner doppelten Loyalität – für »unser liebes Hamburg« und »unsere lieben Dänen« – ist Claudius bedrückt. Für alle Fälle verbrennt er große Teile seiner Korrespondenz, darunter auch die Briefe Herders und fast alle von Hamann. (Später lässt er sich auch seine eigenen Briefe von Hamanns Erben zurückgeben, sie werden nach seinem Tod mit seinem gesamten schriftlichen Nachlass vernichtet.)

1803 Marschall Mortier besetzt mit seinen Truppen das Kurfürstentum Hannover. (War das der Anlass für den ›Napoleonbrief‹?) Englische Schiffe blockieren die Elbmündung. Schildwachen stehen »vor allen Zugängen von Wandsbeck«, im Ort sind dänische Truppen stationiert. Claudius hat Husaren als Einquartierung. Er hält sich »reisefertig«.

1805 Truppenbewegungen in unmittelbarer Nachbarschaft – Hannoveraner, Russen, Schweden. Die Wandsbeker fühlen sich geschützt: »Die Dänen liegen dick um uns.«

1806 »Von Krieg und Kriegsgeschrei und Politik« mag Claudius nichts mehr schreiben: »Krieg wird, und ich werde ihn nicht wegschreiben und die Politik hole der T[eufel] – und das muss ich mir gefallen lassen.« Im November ziehen französische Truppen in Hamburg ein. »Viel Angst und Sorge«, doch zur Beruhigung der Eltern Claudius wird die Neutralität Wandsbeks »mit gewissenhafter Genauigkeit« respektiert. Perthes und Caroline in Hamburg kommen mit der Einquartierung napoleonischer Soldaten (zumeist Spanier) gut zurecht. Katastrophal ist infolge der jetzt verfügten Kontinentalsperre die wirtschaftliche Lage. In Wandsbek schließen immer mehr Fabriken. »Die Not und Armut ist auch so groß und allgemein, daß man nicht helfen kann, auch wenn man noch so gerne hülfe.«

1807 »Wir sind nun endlich königlich.« Graf Christian von Schimmelmann hat der Krone den Ort Wandsbek verkauft und nur Schloss und Gut behalten. Im Frieden von Tilsit bekräftigt Napoleon den Waffenstillstand mit Russland, um freie Hand gegen den Hauptfeind England zu gewinnen. Anfang August kreuzt eine englische Flotte im Öresund, »was die will begreift man nicht«. Die Engländer belagern Seeland und fordern die Übergabe der dänischen Flotte. Mitte August verfasst Claudius das anonyme *Schreiben eines Dänen an seinen Freund*: »gibt es denn keine Regel als die des eignen Vorteils, der Hinterlist und der Gewalt? Gibt es kein Recht und keine Gerechtigkeit zwischen Staaten?« (960) »Der Däne Asmus«, wie sich der Holsteiner Claudius schon 1792 gegenüber dem Kronprinzen Friedrich nannte (935), ruft jetzt zur Landesverteidigung gegen die britischen Angreifer auf. Johannes Claudius, der Kieler Theologiestudent, tritt in ein Jägerkorps zur Küstenbewachung ein, was Claudius »von einer Seite nicht lieb ist«. Anfang September, der Kronprinz ist auf ihre Forderungen nicht eingegangen, bombardieren die Engländer Kopenhagen und zerstören die dänische Flotte. Claudius: »Ich bin wirklich so ge- und zerdrückt von allem, was in der Welt vorgeht, daß ich fast an kein erfreuliches Vornehmen oder Ereignis Anteil nehmen kann.«

Briefkommentare zu dem von ihm missbilligten dänischen Bündnisvertrag mit Napoleon sind nicht überliefert.

1809 »Wegen der Politik« fällt die Badereise nach Pyrmont aus.

1811 »Ich alte Pandorenbüchse werde mürber und mürber.« Hamburg wird dem französischen Imperium einverleibt. Marschall Davout, Sieger von Jena und Auerstedt, wird von Napoleon nach Hamburg entsendet, um die Umwandlung der Stadt zum Regierungszentrum des neuen Elbdepartements zu beaufsichtigen. Claudius an Anna (16. Mai 1811): »Der Prinz von Auerstädt, Davoust, wohnt itzo hier auf dem Schloß, und der Ort ist etwas lebhafter dadurch. Der dänische König schickte ein Bataillon Grenadiere als Ehrenwache, die wollte Davoust aber nicht.«[338] Eine neue »Douanenlinie« (Zollgrenze) beeinträchtigt den familiären Austausch von Geburtstags- und Weihnachtsgeschenken zwischen Hamburg und Wandsbek.

Im napoleonisch besetzten Hamburg herrscht jetzt strenge Zensur. Der Zensor streicht Passagen aus Claudius' Ankündigung der Zugabe zu seinen Werken im *Hamburgischen Unpartheyischen Correspondenten*. Seinen Teil VIII, folgert Claudius, könne er in Hamburg nicht drucken lassen, wenn schon »die klare unbeleidigende Wahrheit« gestrichen werde. »Was kann denn nicht übel ausgelegt werden, auch mir der ich seit der Revolution und während derselben immer der Prediger der Fürsten-Rechte und des Gehorsams gewesen bin.« Er erkundigt sich bei Anna nach den Kosten von Druck und Papier in München. (Br. II, 270)

1813 Nach der Niederlage Napoleons in Moskau verlässt die verhasste französische Besatzungsmacht im März Hamburg angesichts der heranrückenden russischen Streitkräfte und von Tumulten der Bevölkerung. Der mit seinen Kosaken einziehende Oberst Tettenborn wird von den Hamburgern mit einem wahren Freudentaumel empfangen. Caroline verübelt dem Vater, dass er nicht in ihren Jubel einstimmt: »Es ist himmelschreiendes Unrecht,

daß Du mir nur – durch Gedankenstriche antwortest.« Nach zwei
Monaten vertreibt Davout Tettenborn, unterstützt von den Dänen,
die den Franzosen nach Hamburg hineinhelfen. Claudius sieht vor
seinem Haus die napoleonischen Regimenter vorbeiziehen. In Fa-
milienerinnerungen ist von seinem Entsetzen über das Verhalten
seiner dänischen Obrigkeit die Rede.[339]

⤳ Die letzten Jahre ⤳

»Wir sind ¾ Jahr auf Emigration gewesen und haben uns herumge-
trieben in Westensee, Lütgenburg, Kiel, wo die Caroline ohne ihren
Mann und ohne zu wissen wo und wie er sei, in die Wochen kommen
sollte, u. zuletzt in Lübeck 8 Wochen gewesen, und den 8ten Mai hier
wieder angekommen, wo wir immer noch Einquartierung haben.«
(Br. I, 422) Claudius' lakonischer Nachtrag zu einem Brief von Rebecca an Ernestine Voß in Heidelberg vom Juli 1814 verschweigt die
Unruhe, die mit Caroline geteilten Sorgen um den Verbleib von Perthes, der als hamburgischer Vaterlandskämpfer auf der Flucht und
Mitglied der Exilregierung als Staatsfeind von den Franzosen gesucht
wurde, den Tod des kleinen Enkels Bernhard, die Krankheiten im
kalten Emigrationswinter, die finanzielle Ungewissheit (das Gehalt
der Spezies-Bank wird nicht ausgezahlt, mit Jacobi in Verbindung
stehende fromme Elberfelder und Düsseldorfer Gönner veranstalten
eine Sammlung »für den Sänger des Rheinweinliedes«). Im August
1813 sind Claudius und Rebecca vor den zu erwartenden Kämpfen
um Hamburg zwischen Franzosen und antinapoleonischen Alliier-
ten geflohen. Zunächst finden sie eine »Interims-Heimat« (Br. II,
288) beim Pastor von Westensee, unweit von Emkendorf, besuchen
von dort aus verschiedene Verwandte und kommen schließlich in
Kiel in Carolines Nähe unter. Fritz (24 Jahre) und Trinette (32 Jahre)
halten im Wandsbeker Haus die Stellung. Es dient jetzt wechselnden

Truppen als Kaserne. Von Januar bis Mai 1814 kommen die Eltern Claudius in Lübeck unter, unterstützt von alten Bekannten wie dem reformierten Pastor Johannes Geibel (1776–1853), dem Vater des Lyrikers Emanuel Geibel. Bei ihrer Rückkehr finden sie das Haus in Wandsbek als »Schweinstall« vor, aber Mutter Rebecca »hat es so lange gewaschen und gekämmt«, bis es wieder bewohnbar ist (Br. II, 306), wenn auch weiterhin mit russischer Einquartierung. Ein russischer Major, der sich als Besucher anmeldet, sei ein Enkel »von unserem Rachette aus Petersburg«, schreibt Rebecca an Ernestine Voß in Heidelberg. So erleichtert der alte Baumfreund Claudius ist, dass die Linden und Eichen an seinem Haus in Wandsbek unversehrt geblieben sind, so sehr trauert er um die vielen abgeholzten oder zerschossenen Hamburger Bäume. »Die zerstörten Gebäude um Hamburg können in einigen Jahren wieder aufgebaut werden, aber die Spuren an Bäumen und Gärten, die verwüstet sind, können in 20 Jahren nicht verwachsen. Der Krieg ist eine schreckliche Sache, wenn er auch so endigt wie dieser.« (Br. I, 419 f.)

In Lübeck erscheint Claudius' letzte veröffentlichte Schrift, die *Predigt eines Laienbruders zu Neujahr 1814.* Ein letztes Mal die Laienrolle – im Titel mit einer Referenz auf den »treuherzigen Layenbruder« des weiland Freiherrn von Moser. Im Motto verbindet sich prophetischer Gestus mit Bescheidenheit: »Moses sprach zu Gott: Wer bin ich, daß ich zu Pharao gehe.« Claudius ist sich und seiner alten Autorenrolle treu geblieben. Unter dem Eindruck der Zeitereignisse aber findet er zu einer zuvor nicht gekannten geschichtlich-politischen Akzentuierung,[340] bei der die nationalen Impulse der Generation der Befreiungskriege sich mit seinen in langen Jahren gefestigten religiösen Vorstellungen verbinden. Die moralische und geistliche Krise, die den Krieg erst möglich gemacht habe, sei nur zu überwinden, wenn die Menschen die Züchtigung Gottes erkennen und umkehren würden. Der Zeitpunkt sei gekommen, »einen von Grund aus n e u e n B a u des Reiches Gottes zu gründen«. (698) Noch nie seien die Voraussetzungen dafür so gut gewesen. Dieses »Noch nie wie jetzt!«, eine Denkfigur, die sich in Krisenzeiten oft mit der Idee des nahe herangekommenen Gottesreichs verbindet, ist neu bei Claudius. »Der inneren geistlichen Beschaffenheit des Einzelnen, die allein Claudius früher interessiert hat, schreibt er nun geschichtsverändernde Macht zu.«[341] Dahinter steht aber nicht die Endzeiterwartung mancher pietistischen Gruppen als vielmehr eine Annäherung an frühkonservative christliche Denkansätze, wie sie auch im Kreis um Friedrich Christoph Perthes vertreten werden.

Mit der Familie feiert Claudius im August seinen vierundsiebzigsten Geburtstag und am 26. Oktober Rebeccas sechzigsten. Im Oktober nimmt er mit Perthes an der Gründungsveranstaltung der Hamburg-Altonaischen Bibelgesellschaft im großen Saal des Johanneums teil. Es ist der letzte öffentliche Auftritt des Greises. »Claudius Gedächtniss fasst gar keine Namen«, notiert einer seiner letzten auswärtigen Besucher.[342] Claudius selbst weiß: »Die Körper, wenn sie alt werden, nehmen keine raison mehr an.« Bis zuletzt aber bleibt ihm die Asmus-Rolle. Die Gräfin Katharina Stolberg schreibt Anfang Dezember von einem »herrlichen Brief an Vetter Andre«, den Claudius, obwohl »sehr krank und schwach«, geschrieben habe. Dieser letzte literarische Text von Claudius ist nicht erhalten.[343] Sein Gesundheitszustand verschlechtert sich so sehr, dass er mit Rebecca zu Perthes nach Hamburg zieht, in größere Nähe zum Hausarzt Dr. Heise. Caroline und Perthes räumen den Eltern in ihrem Haus am Jungfernstieg das große Wohnzimmer mit Blick auf die Alster ein. Hier stirbt Claudius am 21. Januar 1815.

In den Familienaufzeichnungen ist übereinstimmend von der fast forschenden Erwartung und Bewusstseinsklarheit die Rede, mit der er dem Tod entgegensieht. »Mein ganzes Leben hindurch habe ich an diesen Stunden studiert, nun sind sie da, aber noch begreife ich so wenig als in den gesundesten Tagen auf welchem

Wege es zum Ende gehen wird«, vertraut er dem Schwiegersohn an. »Er hatte gehofft, Gott solle ihm etwas mehr schenken, wie den Glauben«, erinnert sich die damals sechzehnjährige Agnes Perthes, »er sagte, es sei ihm nicht geworden, er hoffte aber bis zum letzten Augenblick darauf, der liebe Großpapa, er starb durch Gottes Gnade im Glauben, Lieben und Hoffen.«[344] Am 25. Januar wird er auf dem Friedhof an der Wandsbeker Kirche beigesetzt, unmittelbar neben dem Grab seiner Tochter Christiane. Rebecca überlebt ihn um siebzehn Jahre.

⸭· SCHLUSS ·⸭

Fünfundzwanzig Jahre nach Claudius' Tod, am 15. August 1840, wird im Wandsbeker Gehölz ein Gedenkstein zum 100. Geburtstag gestiftet. Pastor Friedrich Matthias Perthes (1800–1859) hält die Festrede. In christlich-restaurativem Sinn konzentriert er sich auf das fromme Spätwerk seines Großvaters und beklagt dessen Vernachlässigung zugunsten des volkstümlichen Liedersängers.[345] Die hier sichtbar werdende Polarisierung der Rezeption hatte schon in Claudius' letzten Lebensjahrzehnten eingesetzt. Sie sollte das Claudius-Bild bis weit ins 20. Jahrhundert hinein prägen. Wer den populären Liederdichter und Humoristen schätzte, ließ den religiösen Erbauungsschriftsteller links liegen und umgekehrt. Sein Gesamtwerk blieb jedoch, nicht zuletzt dank der verlegerischen Sorgfalt seines Schwiegersohns, immer greifbar. 1819 gab Friedrich Perthes die erste Gesamtausgabe heraus; die erste Biographie, verfasst von Wilhelm Herbst und in mehreren Auflagen weiter ergänzt, erschien dagegen (nach einem Anlauf von Philipp Nathusius) erst 1857. Früh schon tauchte die Frage auf, wie lebendig das Andenken des Wandsbecker Boten in Wahrheit noch sei. Der Topos des nur mit wenigen Liedern und Texten bekannten, im Grunde aber unbekannten Autors begleitet ihn bis heute. Oft verband sich das mit der Frage nach seinem Verhältnis zur Moderne, je nach Einstellung mit nostalgischem oder polemischem Akzent und dem Hinweis auf die gründlich veränderte Welt, der Claudius nicht mehr angehöre.

Claudius selbst hat schon zu seiner Zeit die mit dem Prozess der Aufklärung verbundenen Veränderungen der Lebensverhältnisse und Einstellungen registriert. Sein Einspruch entzündete sich an Tendenzen, die heute als Merkmale der entwickelten Moderne gelten. Wenn Asmus dem ›aufgeklärten‹ Gegner des klösterlichen Lebens entgegenhält: »Unser Leben hier ist ja doch kein bloßes Manufakturwesen und das Ende der Welt keine Frankfurter Messe« (202), dann wendet er sich gegen die bürgerliche Rationalisierung und Ökonomisierung des Lebens. Wenn er von Swedenborg schreibt, die »Abteilung der Gelehrten in Theologen, Philosophen etc. wollte ihm nicht in den Kopf«, wenn er die ursprüngliche Einheit von Kunst und Religion im Gottesdienst beschwört, dann geschieht das aus einem Unbehagen an der längst vollzogenen funktionalen Unterscheidung autonomer kultureller Bereiche heraus. Und wenn er mit der kleinen Exempelerzählung von dem Europäer, der angesichts des großen Wasserfalls in Amerika naturwissenschaftliche Untersuchungen anstellt, während der »Wilde« sich vor dem »Großen Geist« niederwirft, den »Unterschied von Natur und Kunst« (Kunst als Technik verstanden) demonstriert, dann stellt er sich eigensinnig in den Erfahrungsriss, der die neuzeitliche »Entzauberung« der Welt markiert.

Im Prozess der Modernisierung vertritt Claudius, so Wolfgang Frühwald, eine »ihm sehr wohl bewusste retardierende Position«.[346] Doch die »intendierte Rückständigkeit«, wie man seine Haltung mit einem Wort des Historikers Peter Hersche auch nennen könnte,[347] schließt die Zugehörigkeit zur Moderne nicht aus. Claudius gehört zu denjenigen Autoren seiner Zeit, die Aufklärung über die Aufklärung betrieben haben. In der frühen Aufklärung wurzelnd, bindet er sich als Schriftsteller und Familienvater an die Tradition, aber diese Selbstbindung ist das Ergebnis eigener Wahl, eines freien, hinter die zeitgenössische Orthodoxie zurückgreifenden individuellen Umgangs mit der Überlieferung. Besonders deutlich tritt diese Haltung in Claudius' tolerantem Verhalten gegenüber anderen Konfessionen und Religionen zutage. Die fremde religiöse Wahrheitssuche weist ihn zurück auf seine eigene.[348] Noch ist bei ihm die Schwelle zur Säkularisierung nicht überschritten. Im Sog der Relativierung, der von der Öffnung des Horizonts ausging, die sich zu seinen Lebzeiten anbahnte, hält er sich an das »alte apostolische Christentum« (498) – er »brauche etwas, darauf ich mich ruhen und verlassen kann«. (497)

Fast zweihundert Jahre nach seinem Tod sind die Auseinandersetzungen und Kämpfe des ausgehenden Jahrhunderts der Aufklärung, die theologischen und politischen Standpunkte, die Claudius darin vertrat, und die Gestalt seines Christentums Historie geworden. Wir können die Begrenztheit und die Gefahren seiner politischen Haltung, eines Obrigkeitsdenkens, das zur Grundlage der Restauration im 19. Jahrhundert werden konnte, und die Widersprüche seiner impliziten Anthropologie heute klarer erkennen. Claudius' im Alter verschärfter Dualismus von Geist, Leib und Sinnen ist für uns nicht mehr haltbar. Über die Zeiten hinweg aber berührt die Integrität und Konsequenz dieses Lebens, wie es sich in wechselnden literarischen Formen, »durch Ernst und Scherz« (498), in seinem Werk spiegelt. Dort, wo es von den einfachen Formen und Gegebenheiten des Daseins spricht, rührt es an einen menschlichen Erfahrungsgrund, der in allen Veränderungen der Lebenswelten bleibt: Geburt, Kindheit, die Endlichkeit des Lebens, der Tod, die Frage nach dem Transzendenten. In der Öffnung des Alltäglichen auf seinen tragenden Grund hin, in seiner Wertschätzung als von Gott gegeben, in der Entdeckung des Wunderbaren im Alltäglichen und der daraus entspringenden Sehnsucht nach einem Anderen und Besseren, liegt die »Botschaft«, die noch heute gehört werden kann, weil sie uns als Dichtung erreicht, in Ton und Rhythmus einer unverwechselbar einfachen, lebenskräftigen Sprache, alltagsnah und zugleich traditionsgesättigt und poetisch. Sie ist sein Beitrag zum Konzert der ›geheimen Theologie‹, das über die Jahrhunderte hin zu uns herüberklingt, von dem Mystiker Johannes Tauler über Martin Luther und Paul Gerhardt, von Angelus Silesius, dem »Cherubinischen Wandersmann«, bis zu Gerhard Tersteegen, dem reformierten Pietisten vom Niederrhein. Ihren Stimmen hat er zugehört und zu seiner Zeit seinen eigenen Ton hinzugegeben, mit einigem, das zum Schönsten unserer Literatur gehört.

Der Blick auf den Lauf des getrost gelebten, oft auch widersprüchlichen und spannungsreichen Lebens, auf das in diesem Leben entstandene Werk kann, so viel bei der Verschwiegenheit seines Autors im Letzten auch verborgen bleibt, etwas von dem ahnen lassen, worin dieses Werk gründet. Und vielleicht geht es bei der Annäherung an dieses Leben der einen oder anderen Leserin, dem einen oder anderen Leser so wie den Besuchern in seinem Hospital St. Hiob, von denen es heißt, dass sie am Ende sagen konnten: »Wir nahmen darauf Abschied und gingen weg, nicht ganz gleichgültig.« (259)

·➤· **ANHANG** ·➤·

1740 geboren am 15. August in Reinfeld als Sohn des Pastors Matthias Claudius und dessen zweiter Ehefrau Maria, geb. Lorck

1751 Tod der Geschwister Lucia Magdalena (2 Jahre), Lorentz (5 Jahre) und des ältesten Halbbruders aus erster Ehe, Friedrich Carl (19 Jahre)

um 1755 Lateinschule in Plön

1759 Beginn des Studiums der Theologie in Jena
Tod des zweiten Halbbruders Barthold Nicolaus (26 Jahre)

1760 Wechsel zur Juristischen Fakultät. 19. 11. Tod des Bruders Josias

1762 Beendigung des Studiums, Rückkehr nach Reinfeld

1763 *Tändeleyen und Erzählungen*

1764 als Sekretär des Grafen Ulrich Adolph von Holstein in Kopenhagen

1765 Rückkehr nach Reinfeld

1766 26. 5. Tod der Schwester Dorothea

1768–1770 Redakteur der *Hamburgischen Addreß-Comtoir-Nachrichten*

1770 Dezember: Claudius trifft Rebecca Behn in Wandsbek

1771–1775 Redakteur des *Wandsbecker Bothen*

1772 Februar: *Eine Disputation*
15. 3. Hochzeit mit Rebecca Behn im September Geburt und Tod des Sohnes Matthias

1773 Tod des Vaters

1774 2. 2. Geburt der Tochter Caroline
12. 8. Claudius wird Freimaurer

1775 *ASMUS omnia sua SECUM portans oder Sämmtliche Werke des Wandsbecker Bothen I. / II.*
22. 6. Entlassung als Redakteur des *Wandsbecker Bothen*
13. 11. Geburt der Tochter Christiane
Dezember: Reise nach Berlin, Treffen mit Zinnendorf und Nicolai

1776 31. 3. Umzug nach Darmstadt
17. 4. Beginn der Tätigkeit in der Oberlandkommission

1777 Redakteur der *Hessen-Darmstädtischen Privilegirten Land-Zeitung*
März: Kündigung und schwere Krankheit
21. 4.–4. 5. Rückreise nach Wandsbek
4. 6. Geburt der Tochter Anna

1778 Übersetzung der *Geschichte des egyptischen Königs Sethos*, Teil I und II, Ostern: *Asmus*, Teil III
1. 5. Friedrich und Georg Arnold Jacobi kommen als Zöglinge ins Haus

1779 2. 9. Geburt der Tochter Auguste

1780 Übersetzung von Ramsays *Reisen des Cyrus*
13. 7. Friedrich Heinrich Jacobi holt seine Söhne wieder ab, Holsteinreise mit Jacobi und Klopstock
1. 8. Besuch von Haugwitz und Bürde
21. 9. Tod der Mutter

1781 15. 2. Tod Lessings
16. 5. Geburt der Tochter Johanna Catharina Henriette (»Trinette«)
Kauf des Hauses an der Lübecker Straße

1782 Übersetzung von Saint-Martins *Irrthümer und Wahrheit*
15. 2. Tod von Graf Schimmelmann

1783 8. 5. Geburt des Sohnes Johannes
Juni: *Asmus*, Teil IV

1784 Reise nach Schlesien, Weimar und Halberstadt
15. 12. Geburt der Tochter Rebecca
Weyhnacht-Cantilene, in Musik gesetzt von Reichardt

1785 Jahresrente des dänischen Kronprinzen

1786 6. 12. Geburt des Sohnes Matthias

1788 Erster Revisor der Altonaer Species-Bank
2. 7. Tod des Sohnes Matthias

1789 17. 5. Geburt des Sohnes Fritz

1790 *Asmus*, Teil V

1792 19. 7. Geburt des Sohnes Ernst

1793 Besuch der Fürstin von Gallitzin und Lavaters. Ankündigung einer Wochenschrift gegen August Hennings *Genius der Zeit*
August: Badereise nach Pyrmont

1794 *Auch ein Beytrag über die Neue Politick*. Pyrmont-Reise
30. 12. Geburt des Sohnes Franz

1795 *Fabel.* Zerwürfnis mit Voß

1796 *Von und Mit dem ungenannten Verfasser* [d. i. August Hennings]
4. 7. Tod der Tochter Christiane
Pyrmont-Reise

1797 Caroline heiratet Friedrich Perthes
Xenienstreit

1798 *Asmus*, Teil VI
Anna heiratet Maximilian Jacobi

1800 Konversion Friedrich Leopold Stolbergs. Band I der Fénelon-Übersetzung

1803 *Asmus*, Teil VII

1804 Freundschaft mit Philipp Otto Runge

1805 *An den Naber mit Rat*

1807 *Schreiben eines Dänen*

1809 Band II der Fénelon-Übersetzung

1810 Mitarbeit an Perthes' *Vaterländischem Museum*
Tod Philipp Otto Runges

1811 Band III der Fénelon-Übersetzung

1812 *Asmus*, Teil VIII. Mitarbeit an Friedrich Schlegels *Deutschem Museum*

1813 Flucht nach Schleswig-Holstein und Lübeck

1814 Januar: *Predigt eines Laienbruders zu Neujahr 1814*
8. 5. Rückkehr nach Wandsbek
19. 10. Gründung der Hamburg-Altonaischen Bibelgesellschaft im Beisein von Claudius

Dezember: Umzug nach Hamburg zu Caroline und Friedrich Christoph Perthes

1815 21. 1. Claudius' Tod
25. 1. Beisetzung in Wandsbek

·–· *Abkürzungen* ·–·

ACN = *Hamburgische Addreß-Comtoir-Nachrichten*

ADB = Allgemeine deutsche Bibliothek

Auskunft = Auskunft. Zeitschrift für Bibliothek, Archiv und Information in Norddeutschland

Br. I = Briefe an Freunde

Br. II = Briefe an die Familie

DVjS = Deutsche Vierteljahrsschrift für Literaturwissenschaft und Geistesgeschichte

Jahresschriften = Jahresschriften der Claudius-Gesellschaft

N II = Hamann: *Sämtliche Werke* Bd. II

WB = *Der Wandsbecker Bothe*

Zirkelkorrespondenz = Zirkelkorrespondenz der Großen Landesloge der Freimauer von Deutschland

Zitierte Literatur

Claudius-Texte

Tändeleyen und Erzählungen, Faksimileausgabe, hg. und Nachwort v. Jörg-Ulrich Fechner, Hamburg 1998

Hamburgische Addreß-Comtoir-Nachrichten 1767–1768 und 1777

Der Wandsbecker Bothe 1770–1775, Nachdruck hg. v. Karl Heinrich Rengstorf und Hans-Albrecht Koch, Hildesheim/New York 1974

Hessen-Darmstädtische privilegirte Land-Zeitung. Faksimileausgabe des von Matthias Claudius redigierten Teils und Nachlese aus dem ersten Jahrgang (1777), hg. und Nachwort v. Jörg-Ulrich Fechner, Darmstadt 1978

Eine Disputation zwischen dem Herrn W-. und X-. und einem Fremden über H. Pastor Alberti »Anleitung zum Gespräch über die Religion« und über H. Pastor Goeze »Text am 5ten Sonntage nach Epiphanias« [...], [Hamburg] 1772

Briefe an Freunde, hg. v. Hans Jessen, Berlin 1938

Briefe an die Familie, hg. v. Hans Jessen und Ernst Schröder, Berlin [1940]

Sämtliche Werke, nach dem Text der Erstausgaben und den Originaldrucken hg. von Jost Perfahl, Nachwort Rolf Siebke, Anmerkungen Hansjörg Platschek, München 1984 (Textzitate – bis auf Gedichte – mit einfacher Seitenzahl)

Claudius' Zeitgenossen

BACH, CARL PHILIPP EMANUEL: *Briefe und Dokumente*, hg. v. Ernst Suchalla, 2 Bände, Göttingen 1994

BAGGESEN, JENS: *Poppenbüttel oder Reise ans Ende der Welt* (hg., eingeleitet und erläutert v. Reinhard Görisch), Jahresschriften 2004, S. 19–53

BOBÉ, LOUIS: *Efterladte Papirer fra den Reventlowske Familiekreds i tidsrummet 1770–1827*, Kopenhagen 1895 ff.

BOIE, HEINRICH: *»Ich war wohl klug, daß ich dich fand«*, Briefwechsel mit Luise Mejer, hg. v. Ilse Schreiber, München 1961

BÖTTIGER, CARL AUGUST: *J. J. C. Bodes litterarisches Leben*, Berlin 1795

BÜRDE, SAMUEL: *Erzählung von einer gesellschaftlichen Reise durch einen Theil der Schweiz und des obern Italiens nebst Auszügen aus Briefen über einige Gemälde*, Breslau bey Gottlieb Löwe, 1785

Frankfurter Gelehrte Anzeigen, Jahrgang 1772, Microfiche-Edition München 1998

GELZER, HEINRICH (Hg.): *Aus Herders Briefwechsel*, in: Protestantische Monatsblätter für innere Zeitgeschichte. Studien der Gegenwart für die evangelischen Länder deutscher Zunge, 14. Bd., 2.–4. Heft, Gotha 1859, S. 105–108

GERSTENBERG, HEINRICH WILHELM VON: *Tändeleyen*, Nachwort von Alfred Anger. Deutsche Neudrucke, Stuttgart 1966

Goethes Briefe an Charlotte von Stein, hg. v. Jonas Fränkel, Bd. 2, Berlin 1960

HAMANN, JOHANN GEORG: *Briefwechsel*, hg. v. Walther Ziesemer und Arthur Henkel, Bd. 1–7, Wiesbaden 1957–1979

Sämtliche Werke, hg. v. Josef Nadler, Bd. II, Wien 1950

HERDER, JOHANN GOTTFRIED: *Sämtliche Werke*, hg. v. Bernhard Suphan, Bd. 5, Berlin 1889

Briefe. Gesamtausgabe 1763–1803, bearb.v. Wilhelm Dobbeck und Günther Arnold, Bd. 1 und 2, Weimar 1977, Bd. 5, 1979

HESS, JONAS LUDWIG VON: *Hamburg, topographisch, politisch und historisch beschrieben*, 1. Teil, Hamburg 1787

Hessisches Staatsarchiv Darmstadt, G 23 D, Konv. 222, 225, Akte Eymes contra Backhaus 1775–1777

HÖLTY, LUDWIG CHRISTOPH HEINRICH: *Gesammelte Werke und Briefe*, hg. v. Walter Hettche, Göttingen 1998

JACOBI, FRIEDRICH HEINRICH: *Briefwechsel*. Gesamtausgabe, Reihe I, Bd. 3–5, hg. v. Peter Bachmaier, Michael Brügge, Walter Jaeschke u. a., Stuttgart-Bad Cannstadt 1987–2005

KNEBEL, KARL LUDWIG VON: *Literarischer Nachlaß und Briefwechsel*, hg. v. K. A. Varnhagen von Ense und Th. Mund, Bd. 2, 2. Aufl., Leipzig 1840

LAVATER, JOHANN CASPAR: *Rejse til Danmark i Sommeren 1793*, hg. v. Louis Bobé, Kopenhagen 1898

LESSING, CARL ROBERT: *Bücher- und Handschriftensammlung Bd. 2*, Berlin o. J.

LESSING, GOTTHOLD EPHRAIM: *Werke und Briefe*, Deutscher Klassiker Verlag, Bd. 6, hg. v. Klaus Bohnen; Bd. 9, hg. v. Klaus Bohnen und Arno Schilson; Bd. 11,2, hg. v. Helmut Kiesel, Frankfurt am Main 1985, 1993, 1983

LICHTENBERG, GEORG CHRISTOPH: *Briefwechsel,* hg. v. Ulrich Joost und Albrecht Schöne, Bd. 3, München 1990

MERCK, JOHANN HEINRICH: *Briefwechsel,* hg. v. Ulrike Leuschner mit Jutta Bohnengel, Yvonne Hoffmann und Amélie Krebs, Bd. 1, Göttingen 2007
  Fabeln und Erzählungen, Nach der Handschrift hg. v. Hermann Bräuning-Oktavio, Darmstadt 1962

MOSER, FRIEDRICH CARL VON: *Politische Wahrheiten,* Bd. I, Zürich 1796

MÜLLER, FRIEDRICH, GEN. MALER MÜLLER: *Briefwechsel.* Kritische Ausgabe, hg. von Rolf Paulus und Gerhard Sauder, Heidelberg 1998

NÖLTING, JOHANN HINRICH VINCENT: *Zwote Vertheidigung des Hrn. Past.* Schlossers, Hamburg 1769

PERTHES, AGNES: *Erinnerungen an Matthias Claudius.* Von seiner Enkelin, hg. v. Hansjörg Schmitthenner, München 1978

PERTHES, CLEMENS THEODOR: *Friedrich Perthes Leben nach dessen schriftlichen und mündlichen Mittheilungen.* Aufgezeichnet von Clemens Theodor Perthes, Bd. 3, Gotha 1855

RECKE, ELISA VON DER: *Tagebücher und Selbstzeugnisse,* hg. v. Christine Träger, München 1984

REICHARDT, JOHANN FRIEDRICH: *Autobiographische Schriften,* hg. v. Günter Hartung, Halle a. S. 2002

[REICHARDT, JOHANN FRIEDRICH]: *Freundliches Anschreiben des Vetter Andres an seinen lieben Vetter Asmus in Wandsbeck,* Hamburg 1793

SAILER, JOHANN MICHAEL: *Briefe,* hg. v. Hubertus Schiel, Bd. 2, Regensburg 1952

[SAINT-MARTIN, LOUIS CLAUDE DE]: *Irrthümer und Wahrheit oder Rückweiß für die Menschen auf das allgemeine Principium aller Erkenntniß,* Nachdruck der Ausgabe Breslau 1782, Hildesheim/Zürich/New York 2004

SCHRÖDER, JOHANNES VON: *Topographie des Herzogthums Holstein, des Fürstenthums Lübeck und der freien und Hanse-Städte Hamburg und Lübeck,* Bd. II, Oldenburg (Holstein) 1841

STOLBERG, FRIEDRICH LEOPOLD, GRAF ZU: *Briefe,* hg. v. Jürgen Behrens, Neumünster 1966

STRACKERJAN, C. F. (Hg.): *Gerhard Anton v. Halem's Selbstbiographie nebst einer Sammlung von Briefen an ihn [...].* Nachdruck der Ausgabe Oldenburg 1840, Bern 1970

STRODTMANN, ADOLF: *Briefe von und an Gottfried August Bürger,* Bd. 1, Berlin 1874

STURZ, HELFERICH PETER: *Klopstock,* in: Deutsche Dichtung im 18. Jahrhundert, hg. v. Adalbert Elschenbroich, München [o. J.], S. 270–276

VOSS, JOHANN HEINRICH: *Werke in einem Band,* Auswahl v. Hedwig Voegt, Berlin 1966

    Briefe nebst erläuternden Beilagen, hg. v. Abraham Voss, 2. Aufl., Leipzig 1840

⤙ *Darstellungen* ⤚

ALFTER, DIETER (HG.): Badegäste der Aufklärungszeit in Pyrmont. Beiträge zur Sonderausstellung »... bis wir uns in Pyrmont sehen«. Justus Mösers Badeaufenthalte 1746–1793, Pyrmont 1994

ANDRESEN, DIETER: Matthias Claudius' Schrift *An den Naber mit Rat* sprach- und theologiegeschichtlich, in: Fechner (1996), S. 265–275

BAUER, JOACHIM/RIEDERER, JENS: »Zwischen Geheimnis und Öffentlichkeit. Jenaer Freimaurerei und studentische Geheimgesellschaften, Jena/Erlangen 1991

BECKER-CANTARINO, BARBARA: Rebecca Claudius. Zur sozialgeschichtlichen Realität des »Bauermädchens«, in: Fechner (1996), S. 69–90

BERGLAR, PETER: Matthias Claudius, Reinbek (1972) 2003

BOENING, HOLGER: Periodische Presse, Kommunikation und Aufklärung. Hamburg und Altona als Beispiel, Bremen 2002

BOHNEN, KLAUS: Lessing und Claudius, in: Fechner (1996), S. 111–133

BOSSE, HEINRICH: Lenz in Königsberg, in: Stephan, Inge/Winter, Hans-Gerd (Hg.): »Die Wunde Lenz«, Bern/Berlin [u. a.] 2002, S. 209–239

BRÄUNING-OKTAVIO, HERMANN: Lessing und Claudius in Darmstadt, in: Archiv für das Studium der neueren Sprachen und Literaturen, Bd. 127, 1911, S. 1–19

BÜHRING, GERNOT: Qui bovem bis ungit bovem docet. Die Enträtselung der lateinischen Pseudo-Zitate, in: Auskunft, Jg. 16, Heft 2, 1996, S. 125–133

BÜLCK, RUDOLF: Unbekanntes von Matthias Claudius, in: Nordelbingen 4 (1925), S. 118–126

CONRAD, ANNE: Rationalismus und Schwärmerei. Studien zur Religiosität und Sinndeutung in der Spätaufklärung, Hamburg 2008

DEBUS, FRIEDHELM (HG.): Matthias Claudius. 250 Jahre Werk und Wirkung, Göttingen 1991

DEGN, CHRISTIAN: Die Schimmelmanns im transatlantischen Dreieckshandel, 3. Aufl., Neumünster 2000

DEUTER, JÖRG: Die Genesis des Klassizismus in Nordwestdeutschland, Oldenburg 1997

DONOVAN, SIOBHÁN: Der christliche Publizist und sein Glaubensphilosoph. Zur Freundschaft zwischen Matthias Claudius und Friedrich Heinrich Jacobi, Würzburg 2004

DZIERGWA, ROLAND: Lessing und die Freimaurerei, Frankfurt [u. a.] 1992

ERKER, BRIGITTE/SIEBERS, WINFRIED: »... von Pyrmont ab mit häßlichen Materialien beladen«. Das Bahrdt-Pasquill – Eine literarische Fehde zwischen Aufklärung und Gegenaufklärung, in: Alfter, S. 73–90, Pyrmont 1994

FECHNER, JÖRG-ULRICH (HG.): Matthias Claudius 1740–1815. Leben, Zeit, Werk, Tübingen 1996

Claudius und Herder, in: Fechner, S. 136–149

Matthias Claudius und die Literatursoziologie? Überlegungen und unvollständige Anmerkungen zum Abschiedsbrief des Addreßcomptoir-nachrichten-Schreibers; in: Herbert Anton u. a. (Hg.): Geist und Zeichen. Festschrift für Arthur Henkel zum 60. Geburtstag, Heidelberg 1977, S. 57–74

Matthias Claudius' »Neujahrswunsch«, in: Kolkenbrock-Netz, Jutta (Hg.): Wege der Literaturwissenschaft, Bonn 1985, S. 88–99

Literatur als praktische Ethik. Das Beispiel des *Wandsbecker Bothen* von Matthias Claudius, in: Lehmann, Hartmut/Lohmeier, Dieter (Hg.): Aufklärung und Pietismus im dänischen Gesamtstaat, Neumünster 1983, S. 217–230

»Auf Asmus Tod« – 1775. Zeitgenössische Claudius-Spuren in Schlesien, in: Jahresschriften 1 (1992), S. 22–33

»Claudius in Halberstadt«. Zu einer poetischen Epistel Klamer Eberhard Karl Schmidts über Claudius' Besuch bei J. W. L. Gleim, in: Jahresschriften 4 (1995), S. 19–42

»'Tame 'Haschmu, : 'Portolabi 'Paehu.« [...] zu Matthias Claudius' *Nachricht von meiner Audienz bey'm Kayser von Japan*, in: Jahresschriften 7 (2004), S. 22–30

Claudius – Bach –Reichardt – Schlabrendorf, in: Debus, S. 121–142

»die Meerkatze« – Bemerkungen über Johann Heinrich Merck im Briefwechsel von Johann Georg Hamann und Johann Gottfried Herder, in: Leuschner, Ulrike/Luserke-Jaqui, Matthias: Netzwerk der Aufklärung. Neue Lektüren zu Johann Heinrich Merck, Berlin/New York 2003, S. 105–120

FRAHM, WALTER: Wandsbeker Notopfer von 1800 bis 1820, in: Hamburgische Geschichts- u. Heimatblätter/Verein für Hamburgische Geschichte 8, 1934, S. 117–120

Matthias Claudius, der Wandsbecker Bothe, als Kurgast in Pyrmont, in: Der Klüt. Heimatkalender für das Oberwesergebiet, Hameln 1935, S. 66–72

FREUND, WOLFGANG: Matthias Claudius. Eine Untersuchung zur Frömmigkeit des Wandsbecker Boten und dessen Stellung in der Zeit, Diss. Jena 1988

FRÜHWALD, WOLFGANG: Der Sonne und des Mondes Philosoph. Matthias Claudius in seiner Zeit, in: Debus, S. 13–40

FUNK, KARL: Die dem Kongreß zu Verona 1822 eingereichte Denkschrift des Grafen Curt von Haugwitz, eine Legende, [Berlin] 1941

GEFFKEN, J.: Der Streit um die Sittlichkeit des Schauspiels im Jahre 1769, Zs. d. Vereines f. hamburgische Geschichte, Bd. 3, 1851, S. 56–77

GERLACH, ANNETTE: Matthias Claudius als Rezensent im »Wandsbecker Bothen« (1771–1775), Magisterarbeit, Hamburg 1989

GLAGLA, HELMUT/LOHMEIER, DIETER: [Katalog] Matthias Claudius 1740–1815. Ausstellung zum 250. Geburtstag, Heide i. H. 1990

GLAGLA, HELMUT: Matthias Claudius als Student in Jena, in: Auskunft 1991, S. 309–314

Ein Weihnachtsgeschenk für Anna Rebecca Claudius 1781, in: Festschrift für Horst Gronemeyer zum 60. Geburtstag, hg. von Harald Weigel, Herzberg 1993, S. 381–420

Von »krummen Lorenzen« und anderem. Zu einigen niederdeutsch-mundartlichen Ausdrücken bei Matthias Claudius, in: Auskunft 1996, S. 134–153

Matthias Claudius an Napoleon Bonaparte und an den Kaiser von Japan, in: Auskunft 2007, S. 221–286

Matthias Claudius und seine »Heiligenfiguren«. Zu den Exempeln für »Tugendhaftigkeit« im V. Teil des »Asmus omnia sua secum portans«, Kiel 2010

GÖRISCH, REINHARD: Matthias Claudius und der Sturm und Drang. Ein Abgrenzungsversuch, Frankfurt a. M. [u. a.] 1981

Matthias Claudius oder Leben als Hauptberuf, Hamburg/Freiburg, Schweiz 1985

»Der Mensch ist hier nicht zu Hause«. Matthias Claudius' Gedanken über Tod und Ewigkeit, in: Zeitwende, Jg. 61, 1990, S. 228–243

Die Claudius-Feier in Wandsbek, in: In Wandsbek zu Hause, hg. v. Georg-Wilhelm Röpke, Hamburg 1990, S. 102–124

GÖTZ, CARMEN: Friedrich Heinrich Jacobi im Kontext der Aufklärung. Diskurse zwischen Philosophie, Medizin und Literatur, Hamburg 2008

GROLLE, INGE: Friedrich Christoph Perthes, Hamburg 2004

HAMMERMAYER, LUDWIG: Der Wilhelmsbader Freimaurerkonvent von 1782, Heidelberg 1980

HEINEMANN, GERHARD: Die Parforcejagd des Ludewig von Hessen, in: Archiv für Hessische Geschichte und Altertumskunde, NF 47, 1989, S. 181–210

HEMPEL, DIRK: Friedrich Leopold Graf zu Stolberg (1751–1819). Staatsmann und politischer Schriftsteller, Weimar [u. a.] 1997

HERMELINK, HEINRICH: Das Christentum in der Menschheitsgeschichte von der französischen Revolution bis zur Gegenwart, Bd. 1, Stuttgart 1951

HERBST, WILHELM: Matthias Claudius der Wandsbecker Bothe. Ein deutsches Stilleben, 3. Aufl., Gotha 1863, 4. Aufl. 1878

HERSCHE, PETER: Intendierte Rückständigkeit. Zur Charakteristik des geistlichen Staates im Alten Reich, in: Schmidt, Georg (Hg.): Stände und Gesellschaft im Alten Reich, Stuttgart 1987, S. 133–149

HILD, JOACHIM: August Hennings, ein schleswig-holsteinischer Publizist um die Wende des 18. Jahrhunderts, Erlangen 1932

JANSEN, HEINZ: Aus dem Göttinger Hainbund. Overbeck und Sprickmann. Ungedruckte Briefe Overbecks, Münster 1933

JANSSEN, JOHANNES: Friedrich Leopold Graf zu Stolberg, Bd. 1, Freiburg 1877

JOHANNISLOGE HAMBURG (HG.): Geschichte der Hamburger Rosenloge, Hamburg 1995

KADELBACH, ADA: Matthias Claudius und die Gesangbücher im dänischen Gesamtstaat, in: Fechner (1996), S. 209–238
    Matthias Claudius, Paul Gerhardt, Thomas Mann – verborgene Beziehungen, in: Jahresschriften 10 (2001), S. 5–18

KAISER, GERHARD: Pietismus und Patriotismus im literarischen Deutschland, Wiesbaden 1961

KLESSMANN, ECKART: Der Dinge wunderbarer Lauf. Die Lebensgeschichte des Matthias Claudius, Weinheim 1995

KNEISNER, FRIEDRICH: Matthias Claudius als Logenbeamter, in: Zirkelkorrespondenz, Jg. 33, 1904, S. 57–62
    Der Landes-Großmeister Jakob Mumssen, in: Die Landes-Großmeister der Großen Landesloge der Freimaurer von Deutschland, Teil I, Berlin 1916

KOCH, HANS-ALBRECHT/SIEBKE, ROLF (HG.): Unbekannte Briefe und Texte von Matthias Claudius, Jahrbuch des Freien Deutschen Hochstifts, 1972, S. 1–35

KÖHLER, MATHILDE: Amalie von Gallitzin. Ein Leben zwischen Skandal und Legende, Paderborn 1993

KÖNIG, BURKHARDT: Matthias Claudius. Die literarischen Beziehungen in Leben und Werk, Bonn 1976

KOEPPEN, WOLFGANG: Nach Russland und anderswohin. Empfindsame Reisen, Stuttgart 1958

KOPITZSCH, FRANKLIN: Grundzüge einer Sozialgeschichte der Aufklärung in Hamburg und Altona, 2. Aufl., Hamburg 1990

KUHNERT, REINHOLD P.: Urbanität auf dem Lande. Badereisen nach Pyrmont im 18. Jahrhundert, Göttingen 1984
    Badereisen im 18. Jahrhundert. Sozialleben zur Zeit der Aufklärung, in: Alfter S. 12–17

LEITHÄUSER, JOHANNES: Die Hamburgischen Addreß-Comtoir-Nachrichten. Analyse des 1. Jahrgangs (1767), Magisterarbeit Hamburg 1987

LEHMANN, HARTMUT: Probleme einer Sozialgeschichte der Frommen im Zeitalter der Aufklärung, in: Debus, S. 143–169

LENNHOFF, EUGEN: Die Freimaurer. Geschichte, Wesen, Wirken und Geheimnis der königlichen Kunst, Zürich 1932

LEUSCHNER, ULRIKE: Johann Heinrich Merck, Hannover 2010

LOHMEIER, DIETER: Matthias Claudius und Schleswig-Holstein, in: Debus, S. 215–239

MÜLLER, WOLFGANG J.: Emkendorf und Knoop, Heide i. H. 1984

LOOFS, FRIEDRICH: Zum Gedächtnis des Wandsbecker Boten, in: Theologische Studien und Kritiken, 88 Jg. 1915, S. 174–366

LOSCH, PHILIPP: Kurfürst Wilhelm I. Landgraf von Hessen, Marburg 1923

LÜCHOW, ANNETTE: »Die heilige Cohorte«. Klopstock und der Göttinger Hainbund, in: Klopstock an der Grenze der Epochen, hg. v. Kevin Hilliard und Katrin Kohl, Berlin 1995, S. 154–220
    Claudius und Klopstock, in: Fechner (1996), S. 91–109

LÜPKE, JOHANNES VON: Wege der Weisheit. Studien zu Lessings Theologiekritik, Göttingen 1989

MALMS, TITUS: Fürst Friedrich von Waldeck-Pyrmont und seine Zeit, Schriftenreihe des Museums im Schloss Bad Pyrmont, 1989

MAURER, MICHAEL: Die Biographie des Bürgers, Göttingen 1996

MAURICE, FLORIAN: Esoterische Traditionen in der Freimaurerei, in: Neugebauer-Wölk, S. 274–287

MENNECKE-HAUSTEIN, UTE: Die Nordwestpassage entdecken, in: Pietismus und Neuzeit 26, Göttingen 2001, S. 117–146

MEYER, JOCHEN/BONITZ, ANTJE (HG.): »Entlaufene Bürger«. Kurt Tucholsky und die Seinen, Ausstellungskatalog 45, Marbach 1990

MILCH, WERNER: Christoph Kaufmann, Frauenfeld/Leipzig 1932

MIX, YORK-GOTTHARD: Die deutschen Musenalmanache des 18. Jahrhunderts, München 1987

NAHRSTEDT, WOLFGANG: Die Entstehung der Freizeit. Dargestellt am Beispiel Hamburgs. Ein Beitrag zur Strukturgeschichte, Göttingen 1972

NEUGEBAUER-WÖLK, MONIKA (HG.): Aufklärung und Esoterik, Hamburg 1999

»Höhere Vernunft« und »höheres Wissen« als Leitbegriffe in der esoterischen Gesellschaftsbewegung, in: Neugebauer-Wölk, S. 170–210

PATSCH, HERMANN: Johann Friedrich Reichardts Anti-Asmus. Edition einer verschollenen Schrift. Freundliches Anschreiben des Vetter Andres an seinen lieben Vetter Asmus in Hamburg. 1793, in: Jahresschriften 11 (2002), S. 16–30

»Die Leute aus der großen Welt haben Ihm ein Seil gedreht«. Matthias Claudius und Reichardt, in: Salmen, Walter (Hg.): Johann Friedrich Reichardt und die Literatur, Hildesheim 2003, S. 291–321

PLATH-LANGHEINRICH, ELSA: Heute will ich fröhlich, fröhlich sein ... Von der Freundschaft zwischen der Uetersener Konventualin Augusta Louise Gräfin zu Stolberg-Stolberg und dem Wandsbecker Bothen Matthias Claudius, Neumünster 2005

RECKNAGEL, DOMINIK: Jugend und freimaurerisches Wirken eines preußischen Staatsministers. Studien zur Biographie des Christian August Heinrich Curt Graf Haugwitz, Magisterarbeit, Halle a. S. 2005

REDLICH, CARL: [Selbstanzeige] Matthias Claudius Werke. Neunte Original-Ausgabe, revidirt und mit einer Nachlese vermehrt von Dr. C. Redlich, Gotha 1871, in: Zs. für Deutsche Philologie, Bd. 4, 1873, S. 370–372

(Hg.): Ungedruckte Jugendbriefe des Wandsbecker Boten, Hamburg 1881

ROEDL, URBAN: Matthias Claudius. Sein Weg und seine Welt, Berlin 1934

RÖPKE, GEORG-WILHELM: Zwischen Alster und Wandse. Stadtteil-Lexikon des Bezirks Wandsbek, Hamburg 1985

ROWLAND, HERBERT: Matthias Claudius, München 1991

»Language as ›Infamous Funnel‹ and Its Imperatives«, Cranbury [u. a.] 1997

SCHARFF, ALEXANDER: Weltanschauliche Kämpfe in Schleswig-Holstein und an der Kieler Universität in der Zeit der Aufklärung und der Französischen Revolution, in: Fuhrmann, Horst u. a. (Hg.): Aus Reichsgeschichte und Nordischer Geschichte, Stuttgart 1972, S. 321–346

SCHMIDT-BIGGEMANN, WILHELM: Politische Theologie der Gegenaufklärung, Berlin 2004

SCHÖNE, ALBRECHT: Säkularisation als sprachbildende Kraft, 2. Aufl., Göttingen 1968

SCHÖNERT, JÖRG: »Wie können Sie alle Tage das Elend so ansehen?« Matthias Claudius: »Der Besuch im St. Hiob zu **«, in: Stephan, Inge/Winter, Hans-Gerd (Hg.): Hamburg im Zeitalter der Aufklärung, Berlin/Hamburg 1989, S. 333–356

SCHRÖDER, ERNST: Aus dem Reinfelder Elternhaus des Wandsbecker Boten, Eckart 14 (1938), S. 433–439 und S. 483–489

SCHULTZ, HANS-JÜRGEN: Es gibt was Bessres in der Welt. Ein Matthias Claudius Buch, München 1989

SEIDEL, ROBERT: Literarische Kommunikation im Territorialstaat. Funktionszusammenhänge des Literaturbetriebs in Hessen-Darmstadt zur Zeit der Spätaufklärung, Tübingen 2003

SONNENBERG, ULRICH: Hans Christian Andersens Kopenhagen, Frankfurt 2004

STAMMLER, WOLFGANG: Gleim und Claudius, in: Zs. des Harzvereins für Geschichte und Altertumskunde 47 (1914), S. 103–140

Matthias Claudius, Halle a. S. 1915

Claudius und Gerstenberg, in: Archiv für das Studium der neueren Sprachen und Literaturen, Sonderheft 1920, S. 21–58

STAUSBERG, MICHAEL: Zoroaster im 18. Jahrhundert: zwischen Aufklärung und Esoterik, in: Neugebauer-Wölk, S. 117–139

STEIGER, JOHANN ANSELM: Matthias Claudius (1740–1815). Totentanz, Humor, Narretei und Sokratik, Heidelberg 2002

STENZEL, JÜRGEN: »Si vis me flere ...«, in: DVjS 48, 1974, S. 650–671

STOCK, KLAUS JÜRGEN: Die sogenannten »kryptographischen« Notizen im *Wandsbecker Bothen* 1773–1775, in: Quatuor Coronati 17, 1995, S. 2212–2234

STÜCKEMANN, FRANK: Eine Asmus-Andres-Parodie Johann Moritz Schwagers im Vorfeld des Wöllnerschen Religionsregimes, in: Jahresschriften 16, 2007, S. 22–38

SUDHOFF, SIEGFRIED: Fürstin Gallitzin und Claudius, in: Euphorion 53, 1959, S. 25–91

THIELE, GÜNTHER: Freimaurerische Unterweisung in III, in: Zirkelkorrespondenz, Jg. 109, 1981, S. 246–255

TOLKEMITT, BRIGITTE: Der Hamburgische Correspondent, Tübingen 1995

TREPP, ANNE-CHARLOTT: Sanfte Männlichkeit und selbständige Weiblichkeit. Frauen und Männer im Hamburger Bürgertum zwischen 1770 und 1840, Göttingen 1996

WALD, WILHELM: Aus dem Archiv der Großen Landesloge. Briefe des Brs. Matthias Claudius, in: Zirkelkorrespondenz, Jg. 34, 1905, S. 301–318

WEIGELT, HORST: Lavater und Claudius, in: Fechner (1996), S. 165–178

WEINHOLD, KARL: Heinrich Christian Boie, Halle a. S. 1868

WHALEY, JOACHIM: Religiöse Toleranz und sozialer Wandel in Hamburg 1529–1819, Hamburg 1992

WIECKENBERG, ERNST-PETER: Johan Melchior Goeze, Hamburg 2007

WINKLE, STEFAN: Johann Friedrich Struensee, 2. Aufl., Stuttgart 1989

WITTMANN, REINHARD: Geschichte des deutschen Buchhandels, München 1991

WITZEL, KARL: Friedrich Carl Moser, Darmstadt 1929

ZIMMERMANN, HARRO: Aufklärung und Erfahrungswandel, Göttingen 1999

·⤙· Abbildungsverzeichnis ·⤚·

Seite 17
Älteste Ansicht von Reinfeld, Lithographie eines unbekannten Künstlers, 1813
Heimatmuseum Reinfeld

Seite 38
»Thialf auf dem Eise«. Der Begleiter des Gottes Thor aus der jüngeren Edda
galt als Patron des Eislaufs, Radierung von C. W. Kolbe d. Ä., um 1790
Hamburger Kunsthalle Kupferstichkabinett

Seite 47
Hamburg vor dem Dammtor. Lithographie ca. 1780, Privatarchiv

Seite 75
»Durchsicht nach Hamburg im Wandsbecker Gehölz«, Lithographie von
J. C. C. Meyn, Druck ca. 1835, Helmut Jacobi, Erlangen

Seite 82
Die erste Nummer des *Wandsbecker Bothen* mit der von Claudius entworfe-
nen Titelvignette, Katalog Museum für Hamburgische Geschichte

Seite 107
Julius Gustav Alberti, Kupferstich von Christian Fritzsch, 1761
Staatsarchiv Hamburg
Johan Melchior Goeze, Kupferstich von Christian Fritzsch, 1756
Museum für Hamburgische Geschichte

Seite 117
Frontispiz und Titelblatt von ASMUS omnia sua SECUM portans I. und
II. Teil , Hamburg 1775 bei Bode

Seite 136
Matthias Claudius. Gipsmedaillon von Dominique Jacques Rachette, um 1775
Matthias C. Tümpel, Erkrath

Seite 139
Das Rheintor in Darmstadt, Gouachemalerei von E. A. Schnittspahn, 1867
Schlossmuseum Darmstadt

Seite 157
Freund Hain am Krankenbett, Kupferstich nach Daniel Chodowiecki
Aus ASMUS omnia sua SECUM portans III. Teil, Breslau [1778]

Seite 159
Claudius' Wohnhaus in Wandsbek, nach einer Radierung von F. Schröder,
1840, Museum für Hamburgische Geschi chte

Seite 177
Freimaurerritual Meistererhebung. Der Aspirant wird in den »Sarg« gelegt
Englischer Stich nach einem französischen Original von 1745
Deutsches Freimaurermuseum Bayreuth

Seite 203
Tanz in Otaheite, Kupferstich von J. K. Sherwin nach einer Zeichnung von
J. Webber, um 1777, Museum für Völkerkunde Hamburg

Seite 215
Das Altonaer Bank- und Börsengebäude um 1780, nach W. C. Prätorius:
Grund-Riss der Stadt Altona, 1780, Museum für Hamburgische Geschichte

Seite 221
»Die Sophisten«, Kupferstich nach einer Zeichnung von Daniel Chodowiecki
Aus ASMUS omnia sua SECUM portans V. Teil, Hamburg [1790]

Seite 239
»Die Fürstin Gallitzin im Kreise ihrer Freunde«, Historiengemälde von Theo-
bald von Oer, 1864, Bistum Münster

Seite 247
Asmus' Familie feiert den »Herbstling«. Kupferstich nach Daniel Chodowiecki, Aus ASMUS omnia sua SECUM portans IV. Teil, [1783]

Seite 256
Brunnenplatz mit Brunnenhaus in Pyrmont, Zeichnung von Georg Weitsch,
Stich von C. F. Geyser, Aus Heinrich Matthias Marcard: Beschreibung von
Pyrmont, Leipzig 1784, Schlossmuseum Pyrmont

Seite 267
Der Jungfernstieg in Hamburg während der Belagerung im Dezember 1813
Lithographie nach einer Zeichnung von C. Suhr, Museum für Hamburgische
Geschichte

1 Handschrift SUB Hamburg, Matthias-Claudius-Sammlung, NMC 09:04.

2 Bis zum Erscheinen der von Jörg-Ulrich Fechner vorbereiteten kritischen Briefausgabe müssen Claudius' Briefe nach der oft ungenauen Ausgabe von Jessen zitiert werden. So auch hier bis auf wenige Ausnahmen, in denen ich die Handschriften einsehen konnte. Im Text zitiert: Br. I, Seitenzahl.

3 Kadelbach, in Fechner (1996) S. 211 f.

4 Koeppen, S. 8.

5 Fechner (1996), S. XVIII.

6 Schöne, S. 9 ff.

7 Bosse, S. 216.

8 V. Schröder, Bd. II, S. 267, Beilage IV.

9 Glagla: Matthias Claudius als Student, S. 309.

10 Schröder, Ernst, S. 434–437.

11 In einem französisch abgefassten Brief an einen namentlich nicht bekannten Adressaten, 21. 8. 1813, Handschrift SUB Hamburg, Nachlass Matthias Claudius, NMC 09:01.

12 Helmut Glagla danke ich für den Hinweis auf das »Verzeichnis verschiedener sehr interessanter Bücher-Sammlungen [...]«, Hamburg

1833, dessen »Dritte Sammlung« Bücher aus Claudius' Nachlass enthält.

13 Bauer/Riederer, S. 149.

14 Darjes, zit. nach Bauer/Riederer, S. 158, 136.

15 Seidel, S. 159.

16 Zit. nach Stammler: Claudius und Gerstenberg, S. 23.

17 Zit. nach Fechner (Hg.): *Tändeleyen*, S. 86

18 Zit. nach Fechner (Hg.): *Tändeleyen*, S. 104.

19 Ebd., S. 82.

20 Zit. nach Bauer/Riederer, S. 174.

21 Ebd.

22 Blasche, zit. nach Fechner: *Tändeleyen*, S. 93.

23 Bosse, S. 238 u. ö.

24 Fechner: *Tändeleyen*, S. 73.

25 Fechner, ebd., S. 76 f.

26 Carl Robert Lessing, Bd. 2, Teil 2, S. 270, Nr. 2924.

27 Zit. nach Stammler: Claudius und Gerstenberg, S. 25.

28 Knebel, Bd. 2, S. 109 f.

29 Carl Robert Lessing, S. 271, Nr. 2929.

30 Zit. nach Stammler: Claudius und Gerstenberg, S. 25.

31 Ebd., S. 24.

32 Ebd., S. 28.

33 Glagla/Lohmeier: Katalog, S. 67.

34 Sonnenberg, S. 148.

35 Sturz, S. 273.

36 Plath-Langheinrich, S. 93.

37 Ebd.

38 Glagla: Von »krummen Lorenzen«, S. 134 f.; Stammler, Matthias
Claudius, S. 103.

39 Lüchow: Claudius und
Klopstock, S. 102 f.

40 Herder: Briefe, Bd. 2, S. 252.

41 Lüchow: Claudius und
Klopstock, S. 109.

42 Leithäuser, S. 24 f.

43 Mylius, nach Kopitzsch, S. 307 f.

44 Tolkemitt, S. 36.

45 Leithäuser, S. 28.

46 Böttiger, S. X, spricht von
Bodes »hartnäckig behaupteter
literarischer Namenlosigkeit«.

47 Leithäuser, S. 44.

48 Tolkemitt, S. 35 f.

49 *ACN* 1769, S. 350 f.

50 Görisch (1985), S. 9.

51 Rowland: Language, S. 85–134.

52 Bach, Bd. 2. D, S. 173.

53 Kopitzsch, S. 375.

54 Merck: Briefwechsel, Bd. 1,
S. 649.

55 Lessing, Werke und Briefe,
Bd. 6, S. 187.

56 König, S. 172.

57 Bohnen, S. 122.

58 Geffken, S. 65.

59 Wieckenberg, S. 117–126.

60 Nölting, S. 169 ff.

61 Freund, S. 41 ff.; Rowland:
Language, S. 123 f.

62 1. 1. 1771. Lessing, Werke und
Briefe, Bd. 11, 2.

63 Zit. nach Bülck, S. 129.

64 Böttiger, S. XXVIII.

65 Hamann: Briefwechsel, Bd. 3,
S. 118.

66 Herder: Briefe, Bd. 1, S. 186.

67 Fechner: Claudius und Herder,
S. 137.

68 Zit. nach Herbst, 4. Aufl., S. 108.

69 Merck: Briefwechsel, Bd. 1, S. 159.

70 Fechner: Claudius und Herder,
S. 141.

71 Herder an Caroline Flachsland,
23. 10. 1771.

72 Merck: Briefwechsel, Bd. 1,
S. 278.

73 Herder: Briefe, Bd. 2, S. 79 f.

74 Hamann: N II, S. 197.

75 Ebd.

76 Stammler: Matthias Claudius,
S. 43 und 221.

77 Fechner: Matthias Claudius
und die Literatursoziologie?, S. 61.

78 Die alte Schreibweise des Orts-
namens – ck mit niederdeutschem
Dehnungs-c – wurde 1877 mit der
preußischen Einheitsorthographie-

regelung aufgehoben. Für vor diesem Zeitpunkt entstandene Texte wird diese Schreibweise beibehalten.

79 Nach Fechner: Claudius in Halberstadt, S. 26.

80 Deuter, S. 67.

81 Stammler: Matthias Claudius, S. 222.

82 Böning, S. 122 f.

83 Nahrstedt, S. 84 und 91.

84 Hamann: Briefwechsel, Bd. 3, S. 65.

85 Gerlach, S. 70.

86 WB 1771/157. Dazu Mennecke-Haustein, S. 125.

87 Zit. nach Hamann: Sokratische Denkwürdigkeiten, N II, S. 76.

88 Tolkemitt, S. 45 und 56.

89 Winkle, S. 249.

90 WB 1771/8.

91 Stückemann, S. 22.

92 WB 1775/65.

93 WB 1772/104.

94 WB 1772/1.

95 Loofs, S. 202.

96 Becker-Cantarino, S. 71.

97 Voß: Briefe, Bd. 2, S. 20.

98 Meiners, zit. nach Maurer, S. 40.

99 Sprickmann, zit. nach Stammler: Matthias Claudius, S. 104.

100 Sprickmann, zit. nach Jansen, S. 45.

101 Becker-Cantarino, S. 73.

102 Trepp, S. 79.

103 Sprickmann, zit. nach Stammler: Matthias Claudius, S. 103.

104 Glagla/Lohmeier: Katalog, S. 118.

105 Reichardt, S. 124.

106 Glagla: Weihnachtsgeschenk, S. 384.

107 Zit. nach Sudhof, S. 89.

108 Zit. nach Stammler: Matthias Claudius, S. 106.

109 Hölty, S. 392.

110 Zit. nach Plath-Langheinrich, S. 128.

111 Becker-Cantarino, S. 81 ff.

112 Trepp, S. 319.

113 Gerlach, S. 82.

114 WB 1772/190.

115 Zitate aus dieser ebenfalls bei Bode gedruckten Schrift.

116 Whaley, S. 34 f.

117 Bühring, S. 127 ff.

118 Glagla: Von »krummen Lorenzen«, S. 142.

119 Hess, zit. nach Kopitzsch, S. 695.

120 Frankfurter Gelehrte Anzeigen, 31. 7. 1772, S. 483 und 485.

121 Steiger, S. 37, spricht von Claudius' »narrativ-poetische(r) Theologie«.

122 Bd. VIII, 2, S. 177.

123 Lüchow: Claudius und Klopstock, S. 105.

124 WB 1775/24, 11. 2. 1775.

125 Glagla/Lohmeier: Katalog, S. 128.

126 Voß: Briefe I, S. 158.

127 Voß an Brückner, 17. 11. 1774, HS Schleswig-Holsteinische Landesbibliothek Kiel, zit. nach Lüchow: Claudius und Klopstock, S. 108.

128 Lüchow: »Die heilige Cohorte«, S. 164.

129 Voß, Briefe I, S. 158.

130 Mix, S. 59 ff.

131 Voß, 28. 4. 1775, Glagla/Lohmeier: Katalog, S. 126.

132 Johannisloge Hamburg, S. 86.

133 Lennhoff, S. 89.

134 Dziergwa, S. 102 f.

135 Stock, S. 221–234.

136 Maurice, S. 278 ff.

137 So Claudius in einer Rede an die Brüder der Schottenloge am Andreastag 1780; Kneisner: Matthias Claudius als Logenbeamter, S. 61.

138 Wald, S. 304.

139 Neugebauer-Wölk, S. 171.

140 Stausberg, S. 131.

141 Neugebauer-Wölk: Aufklärung und Esoterik, Einleitung, S. 32.

142 Ebd., S. 198.

143 Vgl. Thiele, S. 246–255.

144 Brief an Merck, 28. 12. 1775. Merck: Briefwechsel, Bd. 1, S. 602. Nicolais Mitteilung aus Leipzig:

»Ich habe hier Claudius gesehen« meint das Berliner Treffen.

145 Fechner: »Auf Asmus Tod«, S. 31.

146 Hempel, S. 83 ff.

147 Bülck, S. 123.

148 Mennecke-Haustein, S. 135 f.

149 Herder: Werke, Bd. 4, S. 656.

150 Fechner: Claudius und Herder, S. 148.

151 Elise Reimarus an Hennings, 8. 7. 1775, HS SUB Hamburg, Nachlass Hennings, Bd. 45. Eva Horváth danke ich für die Auskunft.

152 Bürger an Boie, in: Strodtmann, S. 235.

153 Hamann: Briefwechsel, Bd. 3, S. 142.

154 Fechner: »Auf Asmus Tod« – 1775, S. 22–33.

155 Fechner (1996), S. XXVI f.

156 Koch/Siebke, S. 7.

157 Elise Reimarus an Hennings, HS SUB Hamburg, Nachlass Hennings.

158 Nach Sprickmanns Bericht vermutlich 200 Reichstaler, zit. nach Stammler, S. 204.

159 Herder: Briefe, Bd. 3, S. 218, an Gleim, Oktober 1775.

160 Witzel, S. 67.

161 Ebd.

162 Moser an Herder, zit. nach Fechner: Land-Zeitung, S. 222.

163 Ebd., S. 223.

164 Kaiser, S. 116 u. ö.

165 Zit. nach Br. I, 165 und Fechner (1996), S. X.

166 Stenzel, S. 656.

167 Fechner: Claudius – Bach – Reichardt [...], S. 122.

168 Leuschner: Johann Heinrich Merck, S. 82.

169 Hamann: Briefwechsel, Bd. 3, S. 75; vgl. Fechner: »Meerkatze«, S. 112 f.

170 Hamann, N II, 201.

171 Fechner: Land-Zeitung, S. 232.

172 Brief vom 28. 6. 1776, zit. nach Fechner in: Glagla/Lohmeier: Katalog, 12/1, S. 134.

173 Merck: Briefwechsel, Bd. 1, S. 649.

174 Lichtenberg: Briefe, Bd. 3, S. 297.

175 Zit. nach Bräuning-Oktavio: Lessing und Claudius, S. 16.

176 Hamann: Briefwechsel, Bd. 3, S. 232.

177 Seidel, S. 199 f.

178 Zit. nach Fechner: Matthias Claudius' »Neujahrswunsch«, S. 90.

179 Moser: Politische Wahrheiten I, S. 33.

180 An Georg Ludwig Bokelmann, 28. 6. 1778, zit. nach Glagla/Lohmeier: Katalog, 12/1, S. 134.

181 Fechner: Landzeitung, S. 251.

182 An Miller, 23. 6. 1776, zit. nach Glagla/Lohmeier: Katalog, 12/10, S. 138.

183 Merck: Briefwechsel, Bd. 1, S. 655.

184 Leuschner: »Wir sind doch nur in so fern etwas, als wir was für andere sind.« Vortrag anlässlich der Jahresversammlung der Claudius-Gesellschaft in Hamburg-Wandsbek 2010.

185 Müller: Briefwechsel, Teil 1, S. 52.

186 Müller: Briefwechsel, Teil 2, S. 697 f.

187 Milch, S. 14.

188 Fechner: Landzeitung, S. 239.

189 Hess. Staatsarchiv Darmstadt, G 23 Konv. 222, 225, Eymes contra Backhaus, 1775–1777.

190 Schreiben an das Ober-Appellationsgericht vom 19. 11. 1776, zit. nach Witzel, S. 125.

191 Müller: Briefwechsel, Teil 1, S. 51.

192 Nach Bräuning-Oktavio: Lessing und Claudius, S. 6 f.

193 Ebd., S. 16.

194 HS SUB Hamburg, NMC 9:4.

195 Wald, S. 303 f.

196 Hamann: Briefwechsel, Bd. 3, S. 99.

197 Kadelbach: Claudius, Gerhardt, Mann, S. 9.

198 Götz: Friedrich Heinrich Jacobi, S. 186.

199 Glagla/Lohmeier: Katalog, S. 120.

200 Voß: Briefe, Bd. 2, S. 20 f.

201 Erstdruck *ACN* 11. 9. 1777.

202 HS UB Kiel. Martin Grieger danke ich für den Hinweis und seine Transkription.

203 Boie, S. 18.

204 Stammler: Matthias Claudius, S. 123.

205 13. 5. 1777, Merck: Briefwechsel, Bd. 1, S. 730.

206 12. 10. 1778, Merck: Briefwechsel, Bd. 2, S. 168.

207 Heinemann, S. 181–210.

208 Merck: Fabeln. Einleitung Bräuning-Oktavio, S. 24 ff. Ulrike Leuschner macht mich dankenswerterweise darauf aufmerksam, dass es aufgrund lückenhafter Überlieferung von Mercks Manuskript unklar ist, ob das gejagte Tier ein Hirsch und welche Jagdform gemeint ist. Bräuning-Oktavio unterstellt, es handle sich um die Parforcejagd.

209 Fechner: 'Tame, 'Haschmu, S. 23.

210 Vgl. Fechner, ebd., S. 30.

211 Ebd., S. 29.

212 Lessing: Werke und Briefe 8, S. 312. Zu Lessings Wertschätzung des Christen Claudius vgl. Bohnen, S. 116 ff.

213 Lessing: Werke und Briefe 11, 2, S. 132.

214 Von Lüpke, S. 92.

215 Berglar, S. 45

216 Loofs, S. 305 ff., 336 f.

217 Lessing: Werke und Briefe 9, S. 57.

218 Herbst, 4. Aufl., S. 236.

219 Bürde, S. 310 f.; s. auch Nachdruck, hg. v. Reinhard Görisch, Jahresschriften 17 (2008), S. 18–21.

220 Fechner: Claudius – Bach – Reichardt [...], S. 135.

221 Goethe: Dichtung und Wahrheit, IV, 18.

222 Hammermayer, S. 57.

223 Recknagel, S. 66.

224 In einem von Hamann zitierten, nicht erhaltenen Brief von Claudius. Hamann: Briefwechsel, Bd. 4, S. 288.

225 Janssen, Bd. I, S. 414.

226 Stammler, in: Matthias Claudius, billigt Saint-Martin nur geringen »Einfluss« auf Claudius zu. Differenzierte Hinweise zu Claudius' Saint-Martin-Rezeption in: Glagla: Napoleon, S. 252–267.

227 Hamann: Briefwechsel, Bd. 5, S. 62

228 Lennhoff/Posner, Sp. 1436.

229 Zit. nach Stammler: Gleim und Claudius, S. 122

230 Ebd., S. 133, Brief vom 11. 3. 1781.

231 Krünitz: Oeconomische Encyclopädie, Bd. 78, S. 533

232 Zit. nach Fechner: Claudius – Bach – Reichardt [...], S. 136.

233 Hamann: Briefwechsel, Bd. 5, S. 470.

234 ADB 1783, Nr. 53, S. 147 f.

235 Glagla: Ein Weihnachtsgeschenk, S. 413 ff.

236 Schönert, S. 347 f.; Hess, S. 366.

237 Voß: Briefe, Bd. 3, 1, S. 179.

238 ADB 60, Bd. 1. St. 1785.

239 Teutscher Merkur, August 1783.

240 Jacobi: Briefwechsel, Bd. I, 3, S. 164.

241 Donovan, S. 211.

242 Jacobi: Briefwechsel, Bd. I, 2, S. 253.

243 Jacobi: Briefwechsel, Bd. II, 2, S. 76.

244 Jacobi: Briefwechsel, Bd. 1,2 S. 253.

245 Götz, S. 193.

246 Jacobi: Briefwechsel, Bd. I, S. 310

247 Hamann: Briefwechsel, Bd. 6, S. 261.

248 Donovan, S. 86–89.

249 Zit. nach Glagla/Lohmeier: Katalog, S. 149.

250 Baggesen, S. 49–53.

251 Hamann: Briefwechsel, Bd. 5, S. 253.

252 Fechner: Claudius –Bach – Reichardt [...], S. 135.

253 Jacobi: Briefwechsel, Bd. I, S. 117.

254 Bürde, S. 311.

255 Funk, S. 8.

256 Bobé, Bd. VII, S. 287.

257 Goethe, 25. 9. 1784.

258 Gelzer, S. 106.

259 »Claudius ist hier nicht warm geworden.« Herder an Hamann, 28. 10. 1784, in: Hamann: Briefwechsel, Bd. 5, S. 246.

260 Caroline Herder an Carl Ludwig von Knebel, in: Herder: Briefe, Bd. 5, S. 69.

261 Görisch: Sturm und Drang, S. 371 ff.

262 Claudius an Herder, 17. 4. 1782: »Ich habe Schlosser seine Metempsychose nicht gelesen« (Br. I, 296).

263 Zit. nach Herbst, 3. Aufl., S. 323, 5. 10. 1784.

264 Fechner: Claudius in Halberstadt, S. 21.

265 Ebd., S. 29.

266 Bobé, Bd. IV, S. 318.

267 Hamann: Briefwechsel, Bd. 5, S. 251.

268 Boie, S. 64.

269 Lohmeier, in: Glagla/Lohmeier: Katalog, S. 207.

270 Hempel, S. 176.

271 Zit. nach Degn, S. 327.

272 [Reichardt], S. 15.

273 Zit. nach Roedl, S. 319.

274 Frahm, S. 117–120.

275 Vgl. Glagla: Heiligenfiguren, S. 14

276 Dazu Zimmermann, S. 146–173.

277 Rowland: Matthias Claudius, S. 80.

278 [Reichardt], S. 11.

279 Von der Recke, S. 213.

280 Ebd., S. 211.

281 Zit. nach Roedl, S. 320.

282 Süllwold, S. 44–60 u. ö.

283 [Reichardt], S. 15.

284 Glagla/Lohmeier: Katalog, S. 200.

285 Ebd., S. 202.

286 1796, Bd. 1, S. 399

287 Hild, S. 150.

288 Scharff, S. 337 f.

289 Voß: Werke, S. 383.

290 Reichardt: Autobiographische Schriften, S. 203.

291 Lohmeier: Matthias Claudius und Schleswig-Holstein, S. 236.

292 Scharff, S. 345.

293 Andresen, S. 269–273.

294 Donovan, S. 132 ff.

295 Ebd., S. 178.

296 Stammler, S. 179.

297 Claudius: Werke, S. 943 ff. und 1054.

298 Lehmann, S. 153.

299 Lavater, S. 7.

300 Weigelt, S. 176.

301 Ebd., S. 105.

302 Fechner: Matthias Claudius (1996), S. XXII.

303 Müller: Briefwechsel, Teil 1, S. 62.

304 Agnes Perthes, S. 404.

305 Zit. nach Glagla/Lohmeier: Katalog, S. 185 f.

306 Hamann, Briefwechsel, Bd. 7, S. 271.

307 Zit. nach Roedl, S. 301.

308 Köhler, S. 185–188.

309 9. 9. 1800, Abschrift SUB Hamburg.

310 Stolberg: Briefe, S. 366.

311 Sailer, S. 217.

312 Brieflich überliefert von Friedrich Perthes, in: Perthes Leben, Bd. 3, S. 177.

313 Görisch: Matthias Claudius oder Leben als Hauptberuf, S. 24 f.

314 Herbst, 4. Aufl., S. 360. An Katharina Stolberg, 9. 9. 1799.

315 Schultz, S. 29.

316 Grolle, S. 34.

316a Meyer/Bonitz, S. 700 f.

317 Görisch: Matthias Claudius oder Leben als Hauptberuf, S. 36.

318 Schröder, Ernst, S. 213 f.

319 Frahm, Matthias Claudius [...] Kurgast, S. 68.

320 Heinrich Matthias Marcard, zit. nach Kuhnert, S. 181.

321 Zitiert nach der Transkription der Briefe an Anna, SUB Hamburg.

322 Kuhnert, S. 238, Anm. 161.

323 Losch, S. 225.

324 Malms, S. 9.

325 Collenbusch in: Detlev Holz (d. i. Walter Benjamin): Deutsche Menschen, S. 29.

326 Ewald an von Halem, 3. 11. 1799, in: Strackerjahn, S. 207.

327 Kuhnert, in: Alfter, S. 14.

328 Erker/Siebers, S. 85.

329 Claudius: Brief vom 31. 12. 1796, nach der Handschrift, Staatsbibliothek Berlin, Nachlass Nicolai.

330 August Wilhelm Rehberg, Brief an Boie, 9. 7. 1788, zit. nach Kuhnert, S. 171.

331 Kuhnert, S. 174 f.

332 Deuter, S. 209.

333 Röpke, S. 61.

334 Hermelink, Bd I, S. 224.

335 Glagla: Napoleon, S. 221–286.

336 Ebd., S. 226 und 228.

337 Ebd., S. 286.

338 Transkription HS SUB Hamburg

339 Agnes Perthes, S. 30 f.

340 Görisch: Sturm und Drang, S. 155.

341 Görisch, in: Glagla/Lohmeier: Katalog, S. 220.

342 Friedrich Gottlieb Welcker, zit. nach Fechner (1996), S. XVII.

343 Redlich (1873), S. 371 f.

344 Agnes Perthes, S. 43.

345 Görisch: Die Claudius-Feier in Wandsbek, S. 102–124.

346 Frühwald, S. 27; Zimmermann, S. 158 u. ö.

347 Hersche, S. 133–149.

348 Conrad, S. 140 ff. und 155.

·•· *Register* ·•·

⤙ *Dank* ⤚

Auch für dieses Buch gilt, was Matthias Claudius in seiner handfesten Botensprache so ausdrückte: »Hab's gemacht wie die andern: Fremd Kraut, und meine Brühe drüber.« (29) Oder mit den Worten der Vorrede zum fünften Teil seines Asmus: »Das Beste darin gehört anderen Leuten.« Von den vielen anderen, ohne deren Unterstützung und Hilfsbereitschaft mein Buch nicht zustande gekommen wäre, danke ich an erster Stelle den Claudius-Forschern Jörg-Ulrich Fechner, Helmut Glagla, Annette Lüchow und insbesondere Reinhard Görisch. Wertvolle Hinweise verdanke ich Heinrich Bosse, Martin Grieger, Eva Horváth, Ulrich Joost, Kornelia Küchmeister, Ulrike Leuschner, Oliver Recknagel, Reinhard Renger, Christina Reuter, Thad Paterson und Ernst-Peter Wieckenberg, der auch den Anstoß zu dieser Biographie gab. Und schließlich bedanke ich mich bei den Gesprächspartnern und »Erstlesern«, die mir in verschiedenen Stadien der Arbeit mit Anregungen, Kritik und Ermutigung geholfen haben: Christhart Burgmann, Almut Eichner, Efrat Gal-Ed, Heidi und Jürgen Gidion, Hans Graubner, Hanns Grössel, Annette Krüger und Gerhard Richter vom Verlag Ellert & Richter, Ulla Lachauer, Christiane Schmidt, Jürgen Stenzel sowie meinen Geschwistern Dirk Kranefuss und Helen Wild.